MÉMOIRES
SUR LE DIX-HUITIÈME SIÈCLE
ET LA RÉVOLUTION FRANÇOISE.

MÉMOIRES
INÉDITS
DE MADAME LA COMTESSE
DE GENLIS.

PARIS. — IMPRIMERIE DE FAIN, RUE RACINE, N°. 4,
PLACE DE L'ODÉON.

Mme DE GENLIS
À 83 ANS.

MÉMOIRES

INÉDITS

DE MADAME LA COMTESSE

DE GENLIS,

SUR LE DIX-HUITIÈME SIÈCLE

ET

LA RÉVOLUTION FRANÇOISE,

DEPUIS 1756 JUSQU'A NOS JOURS

TOME NEUVIÈME.

A PARIS,

CHEZ LADVOCAT, LIBRAIRE
DE S. A. R. MONSEIGNEUR LE DUC DE CHARTRES,
AU PALAIS-ROYAL.

M. DCCC. XXV.

TABLE

PAR ORDRE ALPHABÉTIQUE

DES NOMS

CITÉS DANS LE NEUVIÈME VOLUME.

ABÉONE et ADÉONE, divinités, pag. 289, 290.
ABSENCE (réflexions sur l'), 379.
ADISSON, cité, 268.
ALBARET (le comte d'), IV.
ALEMBERT (M. d'), 87, 413.
ALFRED LE GRAND, 403.
AMBOINA (l'), tragédie, 260, 261, 262.
ARNAUD (l'abbé), 101.
AUTEROCHE (M. d'), 123, 124, 125, 126.
AVARICE (traits d'), 208, 256, 257.

BACON, cité, 366.
BAGAROTTI (mademoiselle), 59, 331.
BALINCOURT (le maréchal de), 226, 227, 230, 231.
BALZAC, cité, 93.

TABLE ALPHABÉTIQUE.

Baron (l'acteur), 292, 293.
Beaujon (M. de), 129, 130.
Beaumont (Élie de), 303, 304, 305.
Beauvau (le prince de), 189.
Beniousky (le comte), 209.
Bergers des Pyrénées; leurs mœurs, 239 *et suiv.*
Bernard (Samuël) le financier, 128.
Bernis (le comte de), 146.
Besenval (le baron de), 139.
Biron (madame de), 364.
Bissy (le comte de), 25, 26, 27.
Blackmore, poëte anglois, 327.
Blot (madame de), 89, 131, 216, 217, 218.
Borde (M. de La), 88, 89, 129.
Bouflers (Amélie de), 58, 123.
Bouflers (la comtesse de), 211.
Boulainvilliers (M. de), 309, 310.
Boulainvilliers (madame de), 319, 320, 321, 322.
Bouret (M.), 198.
Bossuet, cité, 219.
Bransky (M. de), 152.
Breteuil (le baron de), 103.
Buffon (M. de), 293, 294, 295, 296.
Bussy (M. de), 77.

Canillac (M. de), 227, 349, 350.
Cases (madame de), 109, 110.
Caylus (madame de), 223.

TABLE ALPHABÉTIQUE.

CHABOT (le comte de), 345, 346.
CHAMPCERON (M. de), 190.
CHAMFORT (M. de), 144.
CHARDIN, 224.
CHARLATAN (amateur), 299.
CHARTRES (la duchesse de), 84, 85, 86, 87, 186, 187.
CHASTELLUX (le chevalier, depuis marquis de), 8, 9, 53, 54, 78, 79, 80, 94, 259.
CHAUVELIN (l'abbé de), 301, 302.
CHAUVELIN (M. de), 34, 35.
CHIRAC (médecin), 139.
CHOISEUL (le marquis de), 135, 236, 137, 138, 139
CHOISEUL (madame de), 135 *et suiv.*
CIBBER, auteur anglois, 272, 273.
CIMETIÈRE DE ZUG, 152, 153, 154.
CLERMONT (le marquis de), 53, 54.
COASLIN (madame de), 141, 142.
COLLINS (Antony), 328.
COMÉDIES ANGLOISES, 268, 278, 279.
CONDÉ (le Grand), 147.
CONGRÈVE (le poëte), 269, 270, 271.
CONTI (le prince de), 141.
CONTI (la princesse de), 331.
CORNEILLE, cité, 34, 257.
CROY (M. de), 28, 29.
CROUZAS (madame de), 30

DACIER (madame), 305, 306, 307.
DESPOTISME, 383 *et suiv.*

TABLE ALPHABÉTIQUE.

Deuils, 156, 157.
Devises, 143.
Dialogues — entre un académicien et un jeune voyageur, 162 et suiv. — Entre une femme savante et son médecin, 333 et suiv. — Des frondeurs, 391 et suiv.
Donnesan (M. de), 78 et suiv.
Dryden, cité, 226, 227, 274, 275 et suiv.
Durfort (le chevalier de), 140.

Egmont (madame d'), 29, 30.
Égoïsme (trait d'), 222.
Égoïste, 32, 33.
Éloges funèbres, 87.
Emploi du Temps, 232, 233, 234, 235.
Enfant devenu imbécile, 185.
Epée (l'abbé de l'), 8, 9.
Espionnage, 380, 381, 382, 383.
Étrehan (M. d'), 131, 132, 133, 134.
Exagérations des gens du monde, 81, 82, 83.

Farquhar, 271, 272.
Fielding, 273, 274.
Flacour (madame de), 135.
Flahaut (M. de), 182.
Flatterie (distinction entre la) et l'enthousiasme, 297, 298.
Fleury (madame de), 97, 106, 107.
Fontenelle, 207, 411.

FOUQUET, 144.
FOURNELLE, avocat, 536 *et suiv.*
FRIVOLITÉ FRANÇOISE (réflexions sur la), 280 *et suiv.*
FRONDEURS (les), dialogue, 391 *et suiv.*

GENS D'ESPRIT, plus faciles à démonter que les sots, 171.
GENS MÉTHODIQUES, 348, 349.
GENS NATURELS, 209 *et suiv.*
GENLIS (le marquis de), 103, 311.
GENLIS (madame de), 235 *et suiv.*, 300, 302, 303, 351.
GEOFFRIN (madame), IV.
GESSNER, 157, 158, 159.
GIBBON, 300, 301.
GILLIER (M.), 351.
GLUCK, 54.
GLUCKISTES ET PICCINISTES, 53.
GRANJEAN, oculiste, 256, 257.
GRESHAM (Thomas), 298.
GUINES (le duc de), 359, 360.

HARMONIE DU STYLE, 95.
HARPE (M. de La), 402 *et suiv.*
HARVILLE (la comtesse d'), 31, 119.
HÉNIN (madame d'), 27, 28.
HENRI IV, 299.
HISTOIRE DE DEUX SOEURS, 172, 173, 174.
HISTOIRE D'UNE JEUNE SUISSE, 368 *et suiv.*
HISTOIRE DE GUSTAVE DE ***, 42 *et suiv*

TABLE ALPHABÉTIQUE.

Histoire du philosophe Théophile, 191 et suiv.
Histoire d'un sourd et muet, 9 et suiv.
Honegger, magistrat, 368 et suiv.

Impatience (réflexions sur l'), 205, 206.
Incrédules, 366.
Intrigantes, 400, 401.

Jeu; enfant guéri de la passion du jeu, 39.
Jeu des bateaux, 123.
Jeunesse (réflexions sur la), 378.
Joseph II, 146 et suiv.
Journal d'un voyage en Italie, 60 et suiv.

Klopskrakerstock (éloge de la baronne de), par un Allemand, 372 et suiv.

Labat (M.), négociant, 212, 213.
Laistre (madame de), 32, 33.
Lamartinière, médecin, 69.
Lamothe (le poëte), 293, 305, 306.
Langage sentimental, 123, 181.
Langue françoise, 123.
Larive (l'acteur), 352.
Laval (M. de), 217.
Lavaupalière (madame de), 311, 312.
Lauzun (M. de), 102.
Lawater, 159, 160.
Lecksinska (la reine Maria), 28.

TABLE ALPHABÉTIQUE. vij

Lecomte (madame), 355.
Lekain, 27.
Lemonier (l'abbé), 172.
Lescar (l'abbé), 332.
Letorière (M.), 64.
Liancourt (M. de), 167, 168.
Lieux communs, 176, 352, 353, 354.
Littérateurs (les), 324 *et suiv.*
Logny (madame de), 112 *et suiv.*
Logny (mademoiselle de), 111 *et suiv.*
Loi suisse, citée, 367.
Loi des Turcs sur les femmes, 174.
Louis XIV, 35.
Louis XV, 25, 26, 27, 34, 35, 64, 65, 66, 67, 68, 69, 104.
Louise (madame), 56, 57, 58.
Louvois (M. de), 113, 114.
Louvois (madame de), 111, 113, 114, 115, 117.
Lutzbourg (madame de), 106.
Luxembourg (la maréchale de), 214.

Mailly (madame de), 24.
Marche (le comte de La), 310.
Marmontel (vers de), 81.
Matha, 223.
Maurepas (M. de), 75 *et suiv.*
Méchanceté (la) est plus ingénieuse que la bonté, 178, 179.
Meere (M.), 143.

MÉMOIRE (la), 316, 317, 318.
MESDAMES, filles de Louis XV, 69.
MODES. *Voy* MOUCHES.
MONBAREY (M. de), 297.
MONTAU (madame de), 58.
MONTESQUIOU (M. de), 68.
MONTESSON (madame de), 315.
MONTESSON (mademoiselle de), 322.
MONTMARTEL (M. de), 128.
MONTPENSIER (le duc de), 318, 319.
MOUCHES (mode des), 221.
MUSIQUE (réflexions sur la), 402 *et suiv.*

NECKER (madame), 355.
NÉDONCHEL (M. de), 70.
NÈGRES (courage des), 171.
NOAILLES (la comtesse de), 182.

OSMOND (M. d'), 216, 349.

PARIS (extravagance des), 104.
PARLER; faire parler de soi, réflexions sur cette phrase, 31.
PAYSAN; réponse d'un paysan à un gentilhomme, 364.
PÉNITENTE (la belle), comédie angloise, 260.
PENSEUSE; réflexions sur ce mot, 7.
PENTHIÈVRE (le duc de), 37, 38.
PÉRIGNY (le président de), 110, 111, 112, 115, 116, 117, 118.
PLEUREUSES A GAGES, 85.

Poix (le petit prince Charles de); mot de cet enfant, 188.
Polignac (madame de), 85.
Polignac (la marquise de), 104, 105, 106.
Pommes d'or des Hespérides, 40, 41, 42.
Pompadour, 222.
Pompignan (M. de), 326.
Pont (M. de), 313.
Pope, cité, 327.
Popelinière (M. de La), 128, 129.
Princes François craignant de manquer de grâces, 122.

Quintilien, cité, 92.

Racine, 258.
Reynière (madame de La), 103.
Richelieu (le maréchal de), 231, 232.
Rivarol (M. de), 365.
Rochambeau (madame de), 131.
Roquefeuille (M. de), 51, 52.
Rousseau (J.-J.); sa mort, 208.
Rousseau (J.-B.), 326.
Rulhières, 36, 37.

Sainval (mademoiselle), 33.
Saint-Chamand (M. de), 134.
Saint-Germain (M. de), 175, 176.
Saller (madame de).
Samuel. *Voy.* Bernard.
Sauvage amené en France par M. de Bougainville, 96, 97, 98.

SCHOMBERG (M. de), 84, 259, 413.
SCIPION, petit nègre, 308, 309.
SECTES SENTIMENTALES, 71, 72, 73.
SENS (l'archevêque de), 360, 361, 362, 363.
SENSIBILITÉ (la fausse), 90.
SERCEY (M. de), 329.
SÉVIGNÉ (madame de), 224.
SHAKSPEARE, 262 et suiv.
SHUPPACH (Michel), 149, 150.
SILLERY (mademoiselle de), 323, 324.
SOLIDITÉ ANGLIOSE, 280 et suiv.
SOLITUDE (la), 179, 180.
SOUVENIRS de madame de Caylus, iij ; de Félicie (Préface);
— de madame de Necker, iij, iv, v, vj.
SPENCE, critique anglois ; 327.
STEEL (Richard), 274.
SUBORDINATION MILITAIRE (trait de), 213, 214.
SUICIDES, 314, 315.
SULLY, 148.
SURNOMS donnés dans la société, 134.

TESTAMENT du cardinal de Richelieu, 30.
THÉATRE ANGLOIS, 260.
THIARS (M. de), 24, 25, 26, 27, 96.
THOMAS, 36.
TISSOT (le docteur), 151, 152.
TRONCHIN (docteur), 120.

VALETS ET SOUBRETTES de comédie, 100, 101.
VALLIÈRE (la duchesse de La), 30, 31.

TABLE ALPHABÉTIQUE.

Vatelet (M.), 355, 363.
Vaubecourt (M. de), 126, 127.
Vaucanson, 255, 256.
Vaudreuil (M. de), 28.
Vers contre les académiciens et les encyclopédistes, 36.
Vieillards, 226, 227, 228, 229.
Villette (madame de), 184.
Viotti, 406.
Vol (restitution d'un), 354.
Voltaire, 30, 183, 184, 185, 218, 263, 264, 358.
Voyer (madame de), 108, 109.

Walpole (Horace), 107.
Wicherley, 271.

Young, 89.

Zaïre, tragédie, 356 *et suiv.*
Zimmermann (M.), 151, 152.

FIN DE LA TABLE ALPHABÉTIQUE.

A
M. DU CREST.

Mon cher frère,

C'est à vous que j'offre mes Souvenirs; vous, mon premier ami, vous à qui j'en dois de si doux! Vous ne trouverez point ceux-là dans ce recueil, ils ne pouvoient intéresser que nous, et je n'avois pas besoin de les écrire pour les conserver. Que cet ouvrage, que je vous consacre, soit un monument de cette inaltérable amitié qui nous unit dès l'enfance, et qui, dans nos fortunes diverses, fit toujours le charme ou la consolation de notre vie.

D. GENLIS.

PRÉFACE

DE LA PREMIÈRE ÉDITION.

Nous avions déjà en françois deux ouvrages qui portent ce titre de *Souvenirs*. Le premier est le charmant volume intitulé : *Les Souvenirs de madame de Caylus*. Tout est parfait dans ce petit ouvrage, les sentimens, la manière de conter, la grâce, le naturel; d'ailleurs, il faut avouer que les *Souvenirs* de Louis le Grand et de sa cour, sont plus intéressans que ceux du règne de Louis XV. Quant aux *Souvenirs* de madame Necker, le public les a jugés d'une manière qui a pu paroître sévère aux partisans de l'auteur, mais qui n'est qu'équitable : j'ose même dire que, sans la réputation si méritée de cette femme célèbre, sans la pureté de sa conduite et de sa vie, ce triste ouvrage eût fait beaucoup de tort à son caractère dans l'opinion de toutes les personnes sensibles : on n'eût point excusé celle qui se permet la critique et la moquerie la plus piquante sur son amie au lit de la mort, et à laquelle elle avoit prodigué tant d'éloges et les assurances d'une si tendre et si vive affection [1] : on eût été révolté de ce ton méprisant avec lequel l'auteur parle souvent des gens de sa société, et même de ses amis [2] : enfin on eût trouvé aussi peu de bonté que de grâce et de goût dans cette multitude de petites anecdotes insipides et malignes, et la plupart fausses, dont ce recueil est rempli. Rien dans cet ouvrage n'a dû me blesser personnellement ; je n'y suis citée que d'une manière agréable et flatteuse ; mais

---

[1] Madame Geoffrin.

[2] Entre autres, du comte d'Albaret, homme très-estimable, rempli de talens agréables, et qui fut l'un des plus sincères amis de madame Necker.

l'auteur y parle avec une extrême injustice et très injurieusement d'une personne que je chéris, et l'anecdote insignifiante qu'elle rapporte à ce sujet est un mensonge. Ainsi j'avoue que, sensiblement offensée, je fus en même temps encouragée à publier une partie de mes journaux sous le nom supposé de Félicie L***. Avec une manière d'écrire simple et naturelle, on pouvoit se flatter d'offrir au public, en ce genre, un ouvrage moins ennuyeux que celui de madame Necker. J'avoue encore que l'Avertissement qui précède mes *Souvenirs* n'étoit qu'une petite critique de ceux de madame Necker. Mes ressentimens particuliers ne me rendront jamais injuste, même dans mes premiers mouvemens ; cette critique étoit parfaitement fondée ; je ne l'ai point supprimée dans cette édition, et l'on conviendra qu'il m'eût été bien facile de la rendre plus piquante. Je ne veux point me faire un mérite de cette modération, le seul bon goût auroit suffi pour la prescrire; le respect dû aux vertus et au mérite si distingué de madame Necker ne permet de la critiquer qu'avec ménagement, ou avec le ton de l'estime.

SOUVENIRS DE FÉLICIE.

Penseuse!... Pourquoi ce mot n'est-il pas françois? Il seroit beau de mettre cette expression à la mode; mais je crains bien qu'elle ne prenne jamais. *Penseuse!...* cela est si ridicule à l'oreille!... ne nous en fâchons point. On croit que nous n'avons besoin ni d'étude ni de méditation, et que le sentiment nous suffit. Ce n'est pas nous refuser une faculté, c'est reconnoître en nous ce don précieux de la nature qui nous caractérise. Nous nous plaignons des hommes qui veulent que nous ne soyons ni *esprits forts*, ni *philosophes*, ni *politiques*, ni *penseuses*; mais ils nous répètent : *Pour être charmantes et toujours adorées, soyez femmes.* Que peuvent-ils donc nous dire de plus aimable et de plus flatteur?

Le chevalier de Chastellux [1] est venu ce matin déjeuner chez moi. A midi, nous avons été avec lui, pour la troisième fois, chez l'abbé de l'Épée. Je ne me lasse point de contempler cet homme si pieux, si respectable, au milieu de ces enfans infortunés qu'il instruit et qu'il régénère; ce bienfaiteur de l'humanité, qui répare les omissions de la nature, et qui rend au Créateur les êtres qu'il a formés pour le connoître et pour l'adorer. J'aime aussi à considérer tous ces muets; ils ont tant de physionomie, un air si curieux, des regards si vifs, si perçans : c'est avec les yeux qu'ils écoutent et qu'ils interrogent... J'ai entendu là un sourd et muet de naissance qui parle fort distinctement : il a dit en latin, et ensuite en françois, le *Pater* et le *Credo*. Mais ce langage, dépourvu d'inflexions justes, est affreux; cette voix rauque, dont les sons discordans n'expriment rien, paroît être produite par une machine; on croit entendre parler un automate. En sortant de chez l'abbé de l'Épée, nous avons été nous promener au bois de Boulogne. A propos

---

[1] Elle parle de l'auteur, qui n'a pris le titre de marquis de Chastellux que peu de temps avant sa mort.
(Note de l'éditeur.)

des muets, le chevalier de Chastellux nous a conté une histoire dont je veux orner mon journal. Je me suis promis de ne jamais ajouter un seul mot aux *anecdotes* que je pourrai recueillir. Je n'en écrirai point, non-seulement de fausses, mais de douteuses, et je les rapporterai avec toute l'exactitude de l'historien le plus fidèle. Quant aux petites historiettes de société, dont les personnages ne seront point connus, je serai beaucoup moins scrupuleuse ; je les conterai à ma manière ; elles ne seront pour moi que des espèces de romans. Celle du chevalier de Chastellux est dans ce genre ; il assure néanmoins qu'elle est vraie : il me semble que, sur ce sujet, on pourroit faire une jolie Nouvelle ; mais je vais l'écrire sans art et sans développement, à peu près comme on me l'a contée.

L'un des infortunés élèves de l'abbé de l'Épée, nommé Darmance, fils unique d'un gentilhomme de Normandie, perdit son père à vingt-cinq ans, et se trouva possesseur d'une terre de dix mille livres de rente, et d'une jolie maison de campagne, près de Paris, à Saint-Mandé. Ce fut là qu'il s'établit. Darmance, sourd et muet de naissance, avoit reçu de son vertueux instituteur tout ce qui pouvoit contribuer à le consoler d'une telle infortune. D'ailleurs, il sembloit que la nature eût pris plaisir à le dédommager d'une grande injustice, en lui prodiguant des dons qu'elle accorde rarement réunis : une figure charmante, un esprit juste, étendu, une âme sensible et généreuse. Il aimoit passionnément la lecture, il dessinoit supérieurement; mais ne pouvant se plaire dans le monde, il crut que son malheur le condamnoit à vivre dans une profonde solitude. Je ne puis, se disoit-il, communiquer avec les hommes que par mes actions, ne cherchons donc que ceux que l'on peut servir, toucher et soulager par sa conduite et non par des discours. Le pauvre, en recevant mes bienfaits, comprendra ces pensées que je ne saurois exprimer; et même l'infortuné que je ne pourrois secourir m'entendra, il me verra pleurer avec lui..... Ces douces idées consoloient le bienfaisant Darmance : il auroit pu être, sinon heureux, du moins paisible, sans la réflexion accablante que jamais une compagne aimable n'achèveroit d'embellir sa retraite. Il ne pouvoit entrevoir une belle femme sans éprouver une sensation douloureuse; il n'osoit se livrer au plaisir de la regarder; son cœur ému répétoit alors en gémissant : *Ce n'est pas moi qu'elle aimera....*

Dans l'une des belles matinées du mois de mai, Darmance, après une longue promenade dans le bois de Vincennes, s'assit au pied d'un arbre. Ses regards erroient, avec distraction, sur une allée qui se trouvoit vis-à-vis de lui, lorsqu'il aperçut une jeune personne qui s'avançoit lentement, en tenant par la main un enfant de douze ou treize ans. La vue d'une femme qui paroissoit jolie fit soupirer Darmance. La solitude du bois, désert alors (il n'étoit que huit heures), ajoutoit à son émotion, qui s'augmentoit à chaque pas que faisoit l'inconnue; car plus elle se rapprochoit de lui, et plus il la trouvoit belle..... Tout à coup il la vit chanceler et tomber. Aussitôt Darmance se lève, court à elle; l'inconnue étoit couchée sur le gazon, et sans connoissance, dans les bras du jeune garçon fondant en larmes; elle avoit passé sur une souche d'arbre, et venoit de se donner une entorse. L'enfant parloit vainement à Darmance; mais ce dernier tirant un flacon de sel de sa poche, le fit respirer à l'inconnue, qui, presque au même instant, ouvrit les yeux. Darmance attendoit ce premier regard, et il s'étonna de n'y pas trouver l'expression de la surprise que sa présence devoit inspirer, car il étoit à genoux devant elle. L'inconnue avoit les plus beaux yeux du monde, mais l'indifférence et la mélancolie s'y peignoient d'une manière frappante. Darmance, ne sachant pas qu'elle s'étoit donné une entorse, voulut l'aider à se lever. A peine eut-il touché sa main, qu'il la vit rougir et s'étonner..... Il tressaille, il vient de s'apercevoir qu'elle est aveugle..... Son cœur sensible saisit avec transport le doux prétexte d'une tendre pitié pour se livrer à l'amour. Un lien puissant que rien ne pourra rompre, la sympathie du malheur, l'attache pour jamais à cette jeune infortunée.... Il prend ses tablettes, il écrit quelques lignes, et les présente à l'enfant qui, par bonheur, savoit lire, et même écrire. Alors la conversation s'établit entr'eux. Darmance apprend que l'enfant, appelé Léon, est le frère de la belle Herminie, que cette dernière a le pied droit démis, qu'elle souffre beaucoup, et qu'il est impossible qu'elle puisse regagner sa maison, qui n'est cependant qu'à un demi-quart de lieue. Après cette explication, Darmance écrivit, et fit lire à Léon ces mots : *Conduisez-nous au lieu que vous habitez.* Ensuite il prit dans ses bras Herminie, quoiqu'elle se débattît un peu ; et, chargé de ce doux fardeau, il se mit en marche. Au bout d'un quart d'heure, Léon s'arrêta devant une petite maison isolée, placée sur la lisière du bois. On frappe ; on entend aussitôt les aboiemens d'un gros chien, et le pas lourd et traînant d'une vieille servante qui accourt et qui vient ouvrir. Léon se précipite vers une salle basse pour aller prévenir sa grand'mère ; Darmance le suit, entre dans la salle, et pose Herminie dans un fauteuil de cuir noir ; que vient de quitter la grand'mère pour aller au-devant de sa petite-fille. Léon se jette au cou de Darmance pour le remercier ; Darmance l'embrasse tendrement, et disparoît. Tout, dans cette humble maison, annonçoit, non la misère, mais la pauvreté ; et cette remarque fut pour Darmance un nouveau sujet d'intérêt. Elle est pauvre, se disoit-il ; elle est malheureuse, elle est charmante, peut-être ne serai-je jamais son époux ; mais je suis sûr, du moins, de devenir son appui. Cependant, comment parviendrai-je à lui faire connoître mes sentimens ? Quelle communication peut exister entre nous ?.... Ah ! malgré son malheur et le mien, si son âme est sensible, nous saurons nous deviner et nous entendre.

Le lendemain matin, Darmance envoya chez Herminie une corbeille remplie de fruits et de fleurs. Ce présent fut reçu avec une joie naïve : Herminie déjà s'intéressoit à Darmance ; elle compatissoit à son malheur ; elle étoit vivement touchée de sa bonté : d'ailleurs, Léon lui avoit fait une description si charmante de sa figure et de ses manières !... Herminie n'étoit aveugle que depuis trois ans ; à douze ans, une cataracte s'étoit formée sur ses yeux ; peu de mois après, elle avoit entièrement perdu la vue. Les médecins, consultés, avoient répondu que l'on ne pourroit faire l'opération avec sûreté que lorsqu'Herminie auroit atteint sa dix-septième année : elle n'avoit encore que seize ans et demi. Privée de son père depuis le berceau, elle avoit reçu de sa mère une première éducation très-soignée, mais qui s'étoit trouvée totalement suspendue dans son adolescence, par la mort de sa mère, par la privation de la vue, et par la ruine entière de sa famille.

Herminie, confinée dans une retraite absolue depuis l'âge de douze ans, avoit conservé l'innocence et toute la naïveté de l'enfance ; son humeur seule avoit changé : elle étoit devenue profondément mélancolique ; elle regrettoit et pleuroit sa mère comme dans les premiers jours de son deuil. Rien n'ayant pu la distraire de sa douleur, elle la ressentoit chaque jour toute entière comme la veille. Dans les ténèbres qui l'environnoient, dans la tristesse et la monotonie de sa vie, le temps pour elle sembloit être immobile. Nul changement, nulle révolution ne l'avertissoit de son mouvement et de sa fuite.

Cependant Darmance, après le dîner, se rendit chez Herminie; il la trouva souffrante encore, mais assise à côté de sa vieille grand'mère; cette dernière, âgée de quatre-vingts ans, avoit un petit rouet posé sur ses genoux, et filoit ; Herminie, placée devant un vieux clavecin discord, tâchoit, suivant sa coutume, de se rappeler les leçons de sa première jeunesse; elle chantoit une romance en s'accompagnant. Au milieu d'un couplet, elle s'étoit arrêtée tout à coup en rougissant... Elle avoit entendu ouvrir la porte, et sentant en même temps une odeur d'ambre se répandre dans la chambre, elle reconnut ce parfum qu'elle avoit senti la veille dans les cheveux de Darmance; elle devina que c'étoit lui, et elle prononça son nom.... Le jeune Léon en fut si surpris, que lorsque la conversation par écrit fut établie entre lui et Darmance, il lui rendit compte de ce trait. Herminie, interrogée par Léon, avoua qu'elle devoit sa pénétration à la poudre ambrée que portoit Darmance, et elle ajouta que ce parfum, nouveau pour elle, lui paroissoit préférable à celui de toutes les fleurs. Le soir même, elle reçut un coffre rempli de sachets d'ambre; elle le serra soigneusement, et ne s'en parfuma point : car, dit-elle à Léon, si j'en portois, je ne distinguerois plus Darmance, et quand il est dans le salon, je ne saurois plus s'il s'éloigne ou s'il se rapproche de moi. Souvent Herminie, dans l'absence de Darmance, alloit ouvrir son coffre, et respirer avec délice ce parfum si doux. Ah! disoit-elle, il me semble *qu'il est là!*... et cependant ses pleurs couloient; mais pour elle, verser des larmes, c'étoit aimer. Elle avoit tant pleuré sa mère !.... Depuis long-temps, dans son âme et dans son imagination, le sentiment étoit inséparable de la douleur.

Néanmoins, un intérêt nouveau formoit enfin une époque dans son existence, depuis qu'elle connoissoit Darmance; les jours se succédoient pour elle; le matin, elle attendoit le soir avec impatience; le soir, en se couchant, elle pensoit au lendemain.

Darmance, de son côté, n'étoit occupé que d'Herminie : instruit de tous les détails de sa vie par Léon, il pensoit, avec plaisir, que non-seulement aucun éloge de sa beauté n'avoit altéré son innocence, mais qu'elle-même ignoroit ses charmes : il avoit appris avec joie, qu'elle conservoit l'espérance de recouvrer la vue; il se représentoit, avec ravissement, le bonheur de la voir fixer sur lui ses regards; cependant il n'envisageoit pas sans inquiétude une telle révolution dans le sort d'Herminie. N'ayant plus alors qu'à se louer de la nature, auroit-elle les mêmes sentimens pour le malheureux Darmance ? Et comment se contenter désormais de sa seule compassion ?.... La présence d'Herminie dissipoit facilement ces craintes affligeantes : il étoit si bien accueilli dans cette petite maison dont tous les habitans recevoient de lui tant de marques d'intérêt ! Il donnoit de l'argent à la servante, de la soie pour filer à la vieille grand'mère, des joujoux à Léon, des fruits et des fleurs à la belle Herminie, et des gimblettes au gros chien. Aussi, quand il arrivoit, tout le monde étoit en mouvement; la servante accouroit tout essoufflée, le chien venoit le caresser, Léon se jetoit dans ses bras et s'établissoit sur ses genoux, la bonne vieille mère s'égayoit à sa vue, Herminie rougissoit et soupiroit. Tous les matins elle recevoit, dans la corbeille qu'on lui apportoit de la part de Darmance, un bouquet de violettes qu'elle portoit tout le jour. Chaque soir, on prenoit du thé; alors Darmance demandoit le bouquet de violettes d'Herminie; elle le tiroit de son sein, Darmance l'effeuilloit, et le prenoit en infusion au lieu de thé.

Darmance, sachant que le clavecin d'Herminie étoit discord, le fit accorder pendant qu'elle étoit à la promenade. Léon, dans le secret de cette attention, pressa sa sœur de jouer du clavecin, qu'elle négligeoit beaucoup depuis qu'elle connoissoit Darmance : Non, dit Herminie, je n'aime plus la musique. Et pourquoi? demanda Léon, tu chantes si bien! Mais à quoi bon? reprit Herminie en soupirant.... Elle répondoit à sa pensée, et elle ajouta qu'elle ne désiroit qu'un talent, celui *d'écrire*. Si Dieu me rend la vue, poursuivit-elle, ce sera la première chose que je rapprendrai. Darmance, instruit de cet entretien, vole à Paris; il va chez le vertueux instituteur des aveugles [1], il en obtient la machine ingénieuse avec laquelle on peut écrire en relief et lire par le tact. Il revient à Saint-Mandé. Herminie, transportée de joie de cette invention, devient l'écolière de Darmance; pouvoit-elle ne pas faire de rapides progrès! Elle avoit su écrire, elle forma toutes les lettres avec facilité, et bientôt le nom de *Darmance* se trouva tracé sous ses doigts; bientôt elle fut en état de s'entretenir avec lui. Combien ces premiers entretiens leur parurent délicieux! ils y goûtoient tout le bonheur que deux amans éprouvent en se retrouvant après une longue absence. Ils n'avoient pas besoin de se connoître mieux, depuis long-temps leurs cœurs s'entendoient si bien! Mais ils jouissoient du charme de n'être plus séparés et de pouvoir se communiquer, avec détail, leurs pensées et leurs sentimens. Ce fut ainsi que s'écoula l'été. Herminie vit arriver le mois

[1] M. Haüy.

de septembre avec une vive émotion : dans quelques jours, disoit-elle, je verrai Darmance, ou j'aurai perdu, pour jamais, l'espérance de le voir...

Darmance voulut se charger du soin de choisir le chirurgien qui devoit faire cette opération intéressante, et au jour indiqué, il amena l'oculiste le plus célèbre de Paris. Darmance désira qu'il se fît accompagner de l'un de ses élèves, jeune chirurgien, d'une jolie figure; car Darmance vouloit éprouver, non le cœur, mais l'instinct d'Herminie. L'amour est crédule et superstitieux; les prodiges ne sauroient l'étonner, il croit avoir le pouvoir de les produire tous. Darmance prit un habit noir, semblable à celui du jeune chirurgien, et pendant l'opération, il se tint à côté de lui. L'opération réussit parfaitement. La vue et la lumière furent rendues à Herminie; son premier mouvement fut pour la nature, elle se jeta dans les bras de sa grand'mère, elle embrassa Léon; ensuite, se retournant, elle vit Darmance et le jeune chirurgien; ils avoient l'un et l'autre à peu près la même taille et la même couleur de cheveux; ils étoient tous les deux vêtus de même, et tous les deux immobiles; mais Herminie avoit tant questionné Léon sur la figure de Darmance, qu'il étoit, impossible qu'elle pût le méconnoître ; d'ailleurs, sa physionomie avoit une expression si frappante..... Herminie n'hésita pas. Elle tira de son sein le bouquet qu'elle avoit, comme de coutume, reçu le matin ; et elle l'offrit à **Darmance** qui, pénétré de joie, de reconnoissance et d'amour, saisit sa main, et la baigna des plus douces larmes.

Herminie fut bientôt guérie, il sembloit que le bonheur hâtât sa convalescence. Darmance lui avoit fait promettre qu'elle ne se regarderoit dans une glace qu'en sa présence, et le jour où elle pourroit sortir de sa chambre. Il n'y avoit dans toute la maison qu'un petit miroir fêlé, dont se servoient tour à tour la grand'mère, la servante et Léon ; mais Herminie, fidèle à sa promesse, n'auroit pas souffert qu'on l'apportât dans sa chambre.

Darmance, plus amoureux encore depuis qu'Herminie avoit recouvré la vue, étoit aussi beaucoup plus agité. Elle va donc perdre, se disoit-il, cette aimable ignorance de ses charmes et de leur pouvoir ! elle va se connoître, elle s'enorgueillira peut-être de sa beauté... du moins elle en sera surprise, elle en verra l'effet dans tous les yeux...... et moi, je la verrai l'objet de l'admiration universelle, et je n'entendrai ni ce qu'on lui dira, ni ses réponses; je pourrai tout craindre et tout supposer...... Effrayé de ces réflexions, Darmance, craignant d'exposer le bonheur de celle qu'il adoroit, la fit lire dans son cœur. Il avoua qu'il seroit jaloux : Laissez-moi toujours la gloire et la douceur de me charger de votre sort (écrivoit-il), soyez ma sœur, je ne suis pas digne de devenir votre époux. Oh ! combien il est facile de rassurer l'objet qu'on aime passionnément !.... on sent si bien tout ce qu'il faut dire ! toutes les expressions qu'on emploie ont tant de force et d'énergie !.... Herminie, en deux lignes, dissipa toutes les inquiétudes de Darmance. Elle prit l'engagement de renoncer à jamais au monde et à de vains amusemens dont Darmance ne pourroit jouir. Enfin, elle proposa de quitter pour toujours les environs de Paris, et d'aller se fixer dans la terre que Darmance possédoit en Normandie.

Deux jours après cet entretien, Darmance, un matin, arrive chez Herminie; elle étoit avec sa grand'mère et son frère. Darmance fit poser dans la chambre une grande glace couverte d'un voile ; ensuite, prenant Herminie par la main, il la conduisit vers la glace qu'il découvrit ; Herminie se regarda : « Oh ! comme je suis grandie » ! s'écria-t-elle. En disant ces paroles, elle fixe ses yeux sur la glace, elle examine sa figure avec un air de complaisance dont l'inquiet Darmance fut blessé. Comme elle se contemple ! se disoit-il ; quelle expression sur son visage ! Ah ! dans une femme la vanité satisfaite ressemble si bien au sentiment !... Herminie se regardoit toujours avec émotion. Tout à coup elle fond en larmes, et se tournant vers Léon : « Hélas ! dit-elle, comme je ressemble à ma mère ! » C'étoit là tout ce qu'elle avoit remarqué.... Darmance reçoit de Léon l'explication d'un mouvement qui lui paroît si extraordinaire. Pénétré jusqu'au fond de l'âme, il tombe aux pieds d'Herminie : oh ! que, dans ce moment, surtout, il la trouvoit belle !... Darmance épousa la sensible Herminie ; il ne la sépara ni de sa grand'mère, ni de son frère. Il partit pour la Normandie, avec cette nouvelle famille dont il étoit le bienfaiteur ; Herminie, dans une profonde retraite, conserve son bonheur et ses vertus ; Darmance, le plus heureux des époux et des pères, pardonne à la nature, et chaque jour il s'applaudit de son sort et remercie le ciel.

Voici l'anecdote que j'ai recueillie du comte de Thiars, et dans laquelle il joue un grand rôle.

Dans la jeunesse du roi [1] (et par conséquent la sienne, car ils sont du même âge), M. de Thiars, se trouvant à Fontainebleau, à l'un des voyages de la cour, logea au château dans un appartement situé au-dessous de celui de madame de Mailly, qui n'étoit point encore *maîtresse déclarée*, et dont même personne, à cette époque, ne soupçonnoit l'intrigue avec le roi. Une espèce de terrasse ou de plate-forme, tenant à l'appartement de madame de Mailly, contenoit quelques tuyaux de cheminée des étages inférieurs, entre autres le haut de la cheminée du comte de Thiars, dont la chambre à coucher étoit en partie placée sous cette terrasse.

Un soir que M. de Thiars se retiroit à deux heures après minuit pour s'aller coucher, il

[1] Louis XV.

rencontra dans un corridor le comte de Bissy son frère; et ayant à lui parler, il l'emmena chez lui. On étoit aux derniers jours de l'automne, il faisoit froid; les deux frères s'établirent au coin du feu, et après avoir causé de quelques affaires, la conversation tomba sur le roi; ils étoient tous les deux dans un moment de mécontentement et d'humeur, et le roi ne fut pas épargné : ils parlèrent de ses défauts et de ses vices, non-seulement avec aigreur et mépris, mais avec exagération; ils avoient sur ce sujet épuisé tous les traits de la satire, lorsque tout à coup un son terrible, parti du haut de la cheminée, leur coupa la parole; une voix foudroyante (c'étoit celle du roi) prononça distinctement ces mots : *Taisez-vous, insolens....* M. de Thiars et son frère restèrent muets, immobiles; ils se crurent perdus sans retour.... Ils ne s'étoient point trompés, c'étoit en effet le roi qui, en sortant de chez madame de Mailly, et en s'arrêtant sur la terrasse, les avoit écoutés par le tuyau de la cheminée. Quand le premier mouvement de surprise et de terreur fut passé, on délibéra sur le parti qui restoit à prendre dans cette effrayante conjoncture, et l'on pensa que la fuite étoit impossible, qu'il falloit se résigner et attendre avec courage l'événement. Le reste de la nuit parut bien long. Les deux frères, qui ne doutoient pas qu'on ne vînt les arrêter pour les conduire à la Bastille, n'entendoient pas le moindre bruit sans frémir. Le grand jour augmenta leur frayeur; le mouvement qui se fit dans le château sembloit à chaque instant réaliser leurs craintes sinistres; cependant rien ne parut, ils commencèrent à se rassurer un peu; ils entendirent sonner dix heures, et ils prirent la courageuse résolution d'aller au lever du roi. Ils s'y rendirent : tout le monde fut frappé de leur pâleur et de leur changement. Le roi jeta sur eux un regard fixe et sévère, ensuite il détourna les yeux. Ils eurent encore, pendant quarante-huit heures, la crainte d'être arrêtés ou exilés, ou du moins bannis de la cour; rien de tout cela n'arriva. Le roi qui, jusqu'alors, les avoit traités avec distinction, cessa totalement de leur parler et de les regarder. Depuis cette époque, trente ans se sont écoulés, et dans cet espace de temps, jamais le roi n'a démenti cette froideur vindicative; jamais il ne leur a donné le moindre signe de bienveillance, ni ne leur a fait essuyer la plus légère injustice. Ils ont fait leur chemin, ils ont été privés des faveurs de la cour, mais ils ont obtenu des récompenses méritées, ils n'ont point éprouvé de passe-droits. Le roi s'est toujours souvenu de leur offense, et ne s'en est jamais vengé. Qui ne jugeroit le roi que sur ce trait, lui croiroit autant de caractère que d'équité. Un prince d'un mérite supérieur, mais enivré de sa gloire, ne se seroit peut-être pas aussi bien conduit en pareil cas; c'est que, malgré des qualités éminentes, l'orgueil est souvent un obstacle à la véritable grandeur.

―――

J'ai vu aujourd'hui Lekain donner à un débutant une leçon de déclamation; ce jeune homme, au milieu de la scène, saisit le bras *de la princesse;* Lekain, choqué de ce mouvement, lui a dit : *Monsieur, si vous voulez paroître passionné, ayez l'air de craindre de toucher la robe de celle que vous aimez.*

Que de sentiment, et combien de choses délicates dans ce mot ! On les retrouve toutes dans le jeu parfait de cet acteur inimitable. Aussi madame d'Hénin a-t-elle dit qu'elle ne connoît que deux hommes qui *sachent parler aux femmes* : Lekain et M. de Vaudreuil.

« Je viens de passer huit jours à Braine, chez madame d'Egmont la mère; j'ai vu là M. de Croy, que la feue reine [1] appeloit l'*invalide de Cythère*. Il est impossible de mieux peindre en deux mots. M. de Croy est un vieillard écloppé, goutteux, boiteux, avec des cheveux blancs bien parfumés, un habillement négligé en apparence, mais de la plus grande recherche; il porte beaucoup de bijoux gothiques, chargés de vieux chiffres et d'emblèmes, devenus, avec le temps, si communs, qu'on les trouve sur tous les écrans. Tout ce qui vient du sentiment ne vieillit point; mais la galanterie subit le sort des modes; ce qui étoit du meilleur goût, dans ce genre, il y a trente ans, paroîtroit ridicule aujourd'hui. Les tabatières de M. de Croy sont d'un poids énorme, parce qu'elles sont toutes *à secret*, c'est-à-dire qu'elles renferment de vieux portraits cachés là mystérieusement depuis un demi-siècle, et que l'on pourroit montrer maintenant sans

[1] La femme de Louis XV.

indiscrétion, car assurément personne ne les reconnoîtroit. M. de Croy, bien loin d'être galant avec les jeunes personnes, les regarde et leur parle avec une froideur et une sécheresse qui vont jusqu'au dédain; il n'a plus l'espoir *des conquêtes :* cela donne de l'humeur, quand on avoit placé là tout son orgueil; mais il vante avec extase les beautés célèbres de son temps; et ses éloges sont toujours mêlés de quelques épigrammes sur la jeunesse actuelle. Il a de la causticité; il est sombre et mélancolique; je le plains : que peut-il faire d'un amour-propre, ardent et désœuvré, qui ne sait plus où se prendre ? C'est un malheureux être qu'un *vieil invalide de Cythère.*

Qui n'a pas l'esprit de son âge,
De son âge a tout le malheur¹.

Le jour de mon départ pour Braine, j'ai déjeuné avec madame de Puisieux, chez madame d'Egmont la jeune². Cette dernière, quand elle n'est pas souffrante ou préoccupée, est aussi agréable à entendre qu'à regarder; son esprit ressemble à son charmant visage,

¹ Voltaire.
² Fille du maréchal de Richelieu.

il est rempli de grâces et de finesse. Durant cette conversation, madame d'Egmont m'a confirmée dans l'opinion que j'avois sur le Testament du cardinal de Richelieu; elle nous a dit que le maréchal de Richelieu avoit écrit et répété à Voltaire qu'il étoit inconcevable qu'il s'obstinât à révoquer en doute l'acte le plus authentique, dont l'original existoit, etc.; mais qu'à tout cela Voltaire avoit répondu que, dans cette occasion, la vérité étoit si peu vraisemblable qu'il ne se rétracteroit point.

Comment se fait-il qu'un homme, avec une jolie figure, infiniment d'esprit, des talens agréables, de la douceur et de la bonté, soit ennuyeux et ridicule?... C'est M. de P*** qui me cause cet étonnement; point de goût, peu d'usage du monde, et beaucoup d'amour-propre : voilà, je crois l'explication de cette espèce de phénomène.

Le seul beau visage de soixante ans que j'aie jamais vu, c'est celui de la duchesse de la Vallière; quoiqu'elle ait dans la taille un défaut très-visible, sa figure a dû être céleste. On dit que lorsqu'elle parut à la cour, le vieux duc de Gêvres, bossu comme Ésope, s'écria en la voyant : *Nous avons une reine !*

Il y a des manières de parler et des phrases vulgaires qui méritent d'être méditées, car elles ne sont devenues aussi communes, que parce qu'elles ont un sens d'une profonde moralité : par exemple, rien n'exprime mieux que les deux phrases suivantes, les différences de qualités et de conduite, qui doivent se trouver entre les hommes et les femmes.

Il a fait parler de lui, est toujours un éloge; cela veut dire qu'un homme s'est distingué par ses talens ou ses actions.

Elle a fait parler d'elle, est toujours un blâme... Cette phrase signifie que la conduite d'une femme n'est pas irrépréhensible !... Il est donc évident que, pour nous, la véritable gloire ne sera jamais dans la célébrité !... Cela fait rentrer en soi-même.

J'ai passé hier une délicieuse soirée chez mon amie la comtesse d'Har.... Nous étions tête à tête, elle m'a lu une charmante comédie de sa composition; je lui proposai d'en faire une lecture à sept ou huit personnes de notre connoissance : Non, m'a-t-elle répondu, c'est une indiscrétion d'amour-propre, qui n'est excusable qu'avec ses amis intimes. Madame d'Har.... ne veut pas *faire parler d'elle*: que cela est sage !

On cite d'un monsieur de Laitre, homme d'esprit, mort il y a quelques années, des traits singuliers d'égoïsme; en voici un qui, selon moi, surpasse tous les autres.... M. de Laitre étoit l'ami de madame de B***; et durant un hiver, livré à la dissipation du grand monde, il fut long-temps sans la voir, quoiqu'il la sût malade. Quand il retourna chez elle, il la trouva sur sa chaise longue. Elle lui reprocha son absence, en ajoutant qu'ayant toujours été malade, elle avoit souffert les plus cruelles douleurs.—Mais depuis quand êtes-vous donc malade? demanda M. de Laitre. — Depuis six semaines. — Bon Dieu ! six semaines ! comme le temps passe !....

Ce même M. de Laitre contoit un jour l'histoire suivante : — Vous savez comme j'aime S*** : j'étois hier à la chasse avec lui, son cheval se cabra et se renversa sur lui. Je volai à son secours. J'avois un saisissement affreux. Je dégageai S*** de dessous son cheval; il n'avoit aucune blessure, mais il étoit d'une pâleur effrayante; je vis qu'il alloit s'évanouir. Heureusement que je porte toujours sur moi un flacon plein d'eau-de-vie; je le tirai de ma poche et je l'avalai, car je sentis que j'allois moi-même me trouver mal.

Ainsi, dans l'émotion même d'une vive pitié, cet homme trouvoit encore le moyen d'être profondément égoïste.

——

— Mademoiselle Sainval (la cadette), qui m'a donné des leçons de déclamation, me demanda, ces jours passés, d'aller à la Comédie-Françoise lui voir jouer Chimène; j'y allai. Mademoiselle Sainval me parut charmante dans ce rôle; mais je lui dis, le lendemain, que je n'approuvois point qu'elle vînt demander vengeance avec autant de force et de chaleur que si le meurtier lui eût été indifférent. J'aurois désiré qu'en remplissant ce devoir de piété filiale, en criant : « *Sire, Sire, justice !* elle eût joué de manière à faire entrevoir ce qu'elle devoit souffrir en demandant la mort de son amant. — On a déjà fait cette remarque, m'a répondu mademoiselle Sainval; mais il n'est permis à aucune actrice d'y avoir égard, une tradition très-respectable nous en empêche. Nous savons que le grand Corneille défendit expressément à l'actrice qui jouoit Chimène de mettre dans ce rôle la nuance que vous désirez, parce que, dit-il, Chimène vient de voir le corps de son père dont *le sang fume encore*, et qu'après un tel spectacle et dans un tel moment, rien ne peut en elle rappeler le souvenir de son amour; elle doit être toute entière à la nature.

— Cette explication m'a fait rougir de ma critique. Qu'elle est belle cette tradition! Il faut louer aussi les comédiens qui savent la respecter comme ils le doivent à tous égards.

M. de Chauvelin, l'ami du roi [1], a été frappé d'apoplexie dans les petits appartemens, et est mort subitement en jouant avec le roi. Il est universellement regretté. Il joignait à beaucoup de finesse dans l'esprit le caractère le plus aimable. Peu de jours après sa mort, le roi fut à Choisy; un des chevaux de son attelage s'abattit et mourut sur la place. Quand on vint dire cet accident au roi, il répondit :

[1] Louis XV.

C'est comme ce pauvre Chauvelin! Tout le monde cite avec indignation ce mot étrange, et peut-être n'a-t-il pas l'atrocité qu'on y trouve; ce n'est peut-être qu'une bêtise, qu'une espèce de naïveté ridicule. Quelqu'un qui étoit dans la voiture du roi m'a protesté qu'il a fait cette odieuse comparaison avec *attendrissement*. Cependant le roi ne manque pas d'esprit. On cite de lui plusieurs bons mots, et il écrit, dit-on, fort bien. Mais on juge trop légèrement les rois sur des mots irréfléchis et sur des phrases déplacées qui leur échappent quelquefois. On ne songe pas qu'ils n'ont *aucun usage du monde*. Ils ne causent point; quand ils parlent, c'est beaucoup, c'est tout. Leurs mauvaises plaisanteries ne tombent point; ils ne sont jamais rectifiés par une repartie piquante, ni formés par la conversation. D'après tout cela, il faut avouer qu'un roi qui a du goût et qui n'en manque en rien est une espèce de prodige. Voilà ce qu'étoit Louis XIV, quoiqu'il eût eu l'éducation la plus négligée. Mais aussi, loin de craindre les gens d'esprit, il se plaisoit à les rassembler autour de lui, et toutes les femmes qu'il aima furent très-distinguées par leur esprit.

— Je viens de lire une satire en vers de M. C******, contre certains académiciens et les encyclopédistes.

Quoi! dit l'auteur,

> Je ne pourrai trouver d'Alembert précieux,
> Dorat impertinent [1], Condorcet ennuyeux,
> Et Thomas assommant, quand sa lourde éloquence
> Souvent, pour ne rien dire, ouvre une bouche immense!

La *bouche immense* de M. Thomas est une expression très-plaisante, et qui peint à merveille l'emphase de cet écrivain. Nous avons bien encore quelques auteurs qui ouvrent aussi des *bouches immenses* pour dire pompeusement des trivialités, ou pour se louer eux-mêmes, ou pour débiter des phrases inintelligibles.

—J'ai dîné aujourd'hui avec M. de Rulhières. Il a beaucoup d'esprit; mais la manie de tirer des résultats piquans des plus petites choses, le fait souvent tomber dans la puérilité. Il me semble que son esprit a plus de finesse que d'étendue. Il est de ces gens qui se croient *observateurs*, parce qu'ils sont curieux et malins.

[1]. Dorat n'étoit ni académicien, ni encyclopédiste.
(Note de l'éditeur.)

Je croirois que, pour bien observer, il faut surtout une parfaite impartialité, et la méchanceté n'est jamais impartiale. Pendant le dîner, M. de Rulhières m'a conté que, voyageant il y a quelques années, il se trouva dans une voiture publique avec une très-jeune religieuse; il lui demanda à quel âge elle avoit fait ses vœux. — Ah! monsieur, répondit-elle en soupirant, il y a un an; j'avois seize ans, j'étois bien jeune alors!... Ce trait est joli, je répondrois qu'il est vrai; je ne crois pas que M. de Rulhières puisse inventer un mot naïf.

———

Je viens de passer trois semaines à Rambouillet; j'ai observé que les étiquettes sont beaucoup plus rigoureusement suivies là que chez les autres princes, et cela doit être : les princes légitimés ont toujours une sorte d'inquiétude vague sur leurs prérogatives, que ne sauroient avoir les véritables princes du sang. Cette réflexion n'a certainement pas pour objet M. le duc de Penthièvre, qu'une vertu parfaite (parcequ'elle vient de la véritable source de la perfection) met au-dessus de toutes les petitesses de l'orgueil. L'observance minutieuse des étiquettes n'est en lui qu'une habitude contractée dès l'enfance, et entretenue, à dessein, par les gens qui lui sont attachés. Mais ce qu'il ne doit qu'à ses propres lumières et à la sagesse de son esprit, c'est cette politesse exacte, attentive, qui le distingue entre tous les princes : il n'y a point de particulier qui en ait une aussi recherchée, et nul homme de la société ne montre aux femmes plus d'égards, et ne les traite avec plus de respect : aussi la noblesse (toujours en querelle avec les princes) ne lui a-t-elle jamais rien disputé. M. le duc de Penthièvre est trop pieux, trop charitable pour avoir du faste. Il ne donne point de fêtes, point de bals; il donne rarement de grands soupers. Il sait faire de sa fortune un autre usage, et cependant, dès qu'il ouvre sa porte, tout le monde y court avec empressement; en lui rendant des hommages, on ne pense point se soumettre à une vaine formalité, on croit remplir un devoir indispensable. Disons à la gloire des gens du monde, que si l'intérêt et le plaisir leur font faire tant de démarches, la vertu bien reconnue les attire aussi : ils y croient difficilement; mais lorsqu'elle ne leur paroit ni douteuse, ni suspecte, ils savent l'honorer.

J'ai vu à Rambouillet mademoiselle Bagarotti, sur laquelle le chevalier de Bouflers a fait une chanson si plaisante; elle m'a conté, d'un de ses amis, un trait qui m'a frappée. C'est un financier très-riche, qui n'a qu'un fils unique. Ce jeune homme, né avec de l'esprit et de l'intelligence, avoit une telle passion pour le jeu, qu'il employoit tous ses momens de loisirs à jouer aux cartes, et sans cesse distrait par ce goût, il n'apprenoit rien. Cette passion bien avérée (l'enfant avoit alors douze ans), le père lui ôta tous ses maîtres, et lui dit : « Je vois
» avec peine que vous n'avez de goût que pour
» le jeu; vous n'aurez par conséquent aucun
» agrément dans la société; mais, comme vous
» serez joueur, je veux du moins que vous ne
» soyez dupe que le moins possible. Ainsi, au
» lieu des maîtres que vous aviez, je vous en
» donnerai de tous les jeux imaginables. » En effet, on lui donna des maîtres de piquet, de wisk, de quadrille, de tri, d'hombre, de comète, de trictrac, d'échecs, de dames, etc. On le réveilloit avec le jour pour prendre ses leçons, on ne le laissoit pas un moment en repos, il falloit jouer sans relâche du matin au soir; ce qui lui inspira une telle aversion pour

le jeu, qu'il l'a toujours détesté depuis. Il demandoit avec instance ses anciens maîtres, on se fit long-temps prier; enfin on les lui rendit au bout de six mois. Il se remit à l'étude avec ardeur et constance. Il a maintenant vingt-deux ans, et est un excellent sujet.

―――

Si jamais je deviens auteur, je ferai un ouvrage sur la mythologie, mais avec un système tout nouveau, et dont la simplicité me plaît. Il me semble qu'en citant un trait d'histoire ou de fable, il faudroit bien examiner, avant d'y chercher un sens allégorique, si le fait par lui-même est possible ou non. Mais les mythologues veulent surtout donner des *explications ingénieuses*, et dans ce dessein, tout leur paroît énigmatique. L'amour du merveilleux a sans doute mêlé beaucoup de fables à l'histoire; mais la fureur de commenter, de découvrir et d'expliquer des allégories, a métamorphosé en fables une multitude de faits très-réels; et voilà ce que je m'attacherois à prouver, si j'écrivois sur la mythologie. Par exemple, les diverses explications que des auteurs très-savans ont données de la fable du Jardin des

Hespérides, ne me paroissent ni heureuses ni vraisemblables. Celle de Varron, citée par Chambers, est étrange; il prétend que ces pommes d'or *n'étoient autre chose que des moutons* [1]. D'autres soutiennent que ces pommes étoient des oranges : pour moi, malgré mon ignorance, j'ai là-dessus une opinion toute particulière ; je crois que tout simplement ces fameuses pommes étoient en effet des pommes d'or, et voici sur quoi je me fonde. C'étoit une chose fort commune chez les anciens, de voir, dans les temples et dans les palais, des arbres et des fruits d'or. Quand Nicias conduisit la pompe sacrée que les Athéniens envoyoient tous les ans à Délos, il planta devant le temple *un superbe palmier de bronze*. Il y avoit dans le temple de Delphes une statue d'or de Pallas. Elle étoit posée sur un palmier de métal dont le *fruit étoit d'or*. Les Métapontins, après le retour d'Aristée l'historien, qui vivoit du temps de Cyrus, lui consacrèrent un *laurier d'or*, qu'ils mirent dans la grande place de Métapont. Aristobule envoya à Pompée *une vigne* ou *un jardin d'or*, qu'on estima cinq cents talens; c'est-à-dire, à peu près

[1] Voyez *Cyclopædia by Chambers*.

quinze cent mille francs. Cette vigne fut ensuite consacrée dans le temple de Jupiter Olympien, etc., etc. Ainsi donc, sans avoir recours à des explications forcées, on peut croire qu'Atlas étoit un prince riche et magnifique, qui avoit dans son palais un pommier dont les fruits étoient d'or. Il me semble que cette opinion est beaucoup plus raisonnable que celles que j'ai citées, et qu'une infinité d'autres dont je ne rends pas compte. Mais les idées les plus simples et les plus vraies ne se présentent guère qu'aux ignorans. Le bon sens vaudroit-il donc mieux que la science ? Que cela seroit heureux et commode !

Il existe un homme, jeune, beau, sensible, né avec les passions les plus impétueuses et l'imagination la plus ardente ; et cet homme, libre, indépendant, presqu'entièrement livré à lui-même depuis dix ans, aimant le monde et la société, a toujours été à l'abri des pièges du vice et des séductions de l'amour et de la volupté. Qui peut donc le maîtriser ainsi ? Les principes ? — Non. Entièrement dominé par son imagination, il est incapable de réfléchir. — Une grande passion ? — Non. L'ardeur de ses sens le porte sans cesse à l'inconstance; et la délicatesse de son goût, *l'exigence* naturelle d'une âme passionnée que des sentimens foibles ne sauroient satisfaire, suffiroient encore pour le préserver d'un attachement véritable. Tout l'attire et rien ne le fixe : qui l'empêche donc de se livrer à l'attrait du plaisir ? qui peut le garantir de la contagion de l'exemple ? — Raisonneurs et philosophes, humiliez-vous.... C'est un prestige qui le retient; c'est une folie qui produit en lui tous les résultats d'une profonde sagesse. Réfléchissez, analysez, dissertez, mais ne contestez pas; le fait est vrai. Ce seroit le sujet d'un beau roman : pour moi, je me borne à le conter avec précision et simplicité; le voici :

Le vertueux comte de ***, devenu veuf à cinquante ans, se retira du monde et des affaires, donna la démission de tous ses emplois, et alla s'établir dans une terre éloignée de Paris, avec son fils unique âgé de cinq ans. Le comte avoit servi trente ans avec distinction; il crut avoir acquis le droit de vivre enfin suivant son goût, et il se consacra, sans distraction et sans réserve, au devoir si doux d'élever son fils. Le jeune Gustave répondit parfaitement à ses soins; il joignoit aux plus heureuses dispositions, un attachement passionné pour son père: et quelle éducation peut manquer de réussir, lorsque l'élève, par son cœur et par son esprit, est en état d'apprécier le dévouement d'un excellent instituteur! Gustave devint un jeune homme accompli. Quand il eut atteint sa dix-huitième année, son père voulut le faire voyager; et désirant qu'il connût, avant tout, son propre pays, il le mena d'abord à Paris. Mais au bout de trois semaines, le comte y tomba malade; et bientôt réduit à l'extrémité, il ne s'abusa point sur son état, et il eut besoin de toute sa piété pour se résigner, non à quitter la vie, mais à laisser son fils sans mentor et sans guide, à l'époque dangereuse où toutes ses passions se développoient avec énergie. Le comte, fils d'un Allemand et veuf d'une Irlandaise, n'avoit point de parens en France, et son cœur se déchiroit, en pensant à tous les dangers qui alloient environner l'unique objet de son affection et de ses espérances; mais la religion, toujours utile et secourable, en lui commandant de se soumettre, lui offrit les seules consolations qu'il fût en état de recevoir. Il remit, avec confiance, son fils sous la protection de l'Être tout-puissant, et ses mortelles inquiétudes se calmèrent. Quelques instans avant d'expirer, il appela son fils pour l'embrasser encore, et pour lui donner sa dernière bénédiction. Le désolé Gustave, se précipitant à genoux, au chevet du lit, saisit la main glacée de son père, et l'arrosa de larmes. Mon fils, dit le vieillard mourant, je t'ai consacré quinze années de ma vie, afin de jeter dans ton âme les semences de la vertu; j'ai mis en usage tout ce que Dieu m'avoit donné de talens et de lumières; je n'ai pensé que pour toi, je n'ai vécu que pour ton avenir. La mort ne sauroit rompre ces liens d'amour et de reconnoissance qui nous unissent; tes vertus m'appartiennent, j'en recevrai le prix dans l'éternité, ce sera jouir de mon ouvrage; oui, mon fils, dans ce livre de vie, où toutes nos œuvres sont retracées en caractères ineffaçables, tes bonnes actions me seront comptées, tu n'en feras point dont je ne doive partager avec toi la récompense. Mon père, s'écria Gustave, que deviendrai-je, et que serai-je, sans vous ?..... Mon fils, reprit le comte, je veillerai sur toi.... O mon vertueux père ! interrompit Gustave avec enthousiasme, si jamais je suis tenté de m'égarer, daignez m'apparoître sous cette forme vénérable et chérie, et je reprendrai le sentiment de mes devoirs et l'amour sacré de la vertu. A ces mots, le vieillard élevant vers le ciel ses mains défaillantes : Grand Dieu ! s'écria-t-il ; écoute la voix de cet enfant... Au pied du tribunal suprême, où je vais paroître, s'il est permis d'espérer un prodige, j'oserai te demander d'exaucer le souhait formé par l'innocence craintive et par la piété filiale, et.... tu ne rejetteras point ma prière. Ces paroles, prononcées avec force, émurent Gustave jusqu'au fond de l'âme ; elle restèrent gravées dans sa mémoire, et produisirent sur son imagination une impression profonde et ineffaçable....

Il se souleva pour embrasser son père expirant : et au moment même, il reçut son dernier soupir....

La douleur de Gustave fut violente et durable. Il passa une année entière dans la retraite, et dans cette solitude, se rappelant sans cesse le dernier discours de son père, il acheva, par ses méditations mélancoliques, d'égarer son imagination et de la frapper sans retour.

Le comte, par son testament, avoit donné
pour tuteur à son fils un homme d'une probité
parfaite, mais d'un caractère indolent et facile,
qui ne lui permettoit ni de surveiller, ni de
guider son pupille. Il l'introduisit dans le
monde et dans la bonne compagnie ; ensuite
il cessa totalement de s'occuper de lui. Gustave,
aimable, intéressant, d'une figure charmante ;
eut les plus brillans succès dans la société. Il
se lia intimement avec un jeune homme sans
mœurs et sans principes, mais d'un extérieur
agréable et doux ; il se nommoit Selnange. Un
jour, il mena Gustave au concert spirituel,
pour lui faire entendre une Italienne nouvellement arrivée, qui chantoit d'une manière ravissante. Gustave aimoit la musique avec passion ;
la cantatrice étoit jeune et belle, il en devint
éperdument amoureux. Selnange, amant d'une
sœur de la chanteuse, donna le lendemain un
grand souper, où les Italiennes qui possé-
doient différens talens furent invitées, et Gustave s'y trouva. Rosara, c'est ainsi que se
nommoit la cantatrice, acheva de séduire Gustave par ses talens, ses grâces et ses agaceries,
Gustave n'ignoroit pas que sa Rosara n'étoit
qu'une courtisane ; mais il n'avoit jamais vu

réunis tant de charmes et de moyens de plaire. Rosara n'étoit occupée que de lui; elle avoit de la décence et de l'ingénuité dans les manières, avec une physionomie pleine d'expression et de sentiment; il n'en faut pas tant pour tourner une tête de dix-neuf ans. Gustave promit d'aller chez elle le lendemain, et Selnange se chargea de l'y conduire, car sa maîtresse, sœur de Rosara, logeoit dans la même maison.

Le jour suivant, à dix heures du soir, Gustave, mené par Selnange, se rendit dans la rue Traversière, où demeuroient les deux Italiennes. La voiture ne pouvant entrer dans la cour, on s'arrêta devant la porte, on descendit. Gustave étoit ému de plus d'une manière; un souvenir frappant, qu'il vouloit vainement repousser, troubloit tout le bonheur qu'il se promettoit..... Le cocher demande les ordres de Selnange, qui lui répond : *A trois heures du matin*... On entre dans la maison, la cour n'étoit point éclairée; au milieu d'une obscurité profonde, à peine Gustave a-t-il franchi le seuil de la porte, à peine a-t-il fait les premiers pas dans le sentier du vice, qu'il recule en frémissant; son imagination frappée lui présente un objet imposant et terrible.... Il voit la figure vénérable de son père percer la terre, s'élever lentement, se placer sur son chemin, et s'arrêter devant lui, dans une effrayante immobilité, comme pour l'obliger à retourner en arrière... Gustave chancelle et s'appuie contre le mur. Un cri de terreur s'échappe de sa bouche... Qu'est-ce donc? lui demande Selnange. Dieu !.... dit Gustave d'une voix étouffée, Dieu ! c'est lui, c'est lui-même, il est là !.... Et quoi ? reprit Selnange; que vois-tu donc ?... Ah !... s'écria Gustave éperdu, je vois.... *je vois ma conscience.* En prononçant ces mots, il tomba évanoui dans les bras de Selnange. Ce dernier n'entendit pas les paroles étranges que venoit de proférer Gustave, il attribua cet accident à des causes purement physiques. Il appela du secours, un domestique accourut avec une lumière. On porta Gustave dans la maison ; là, Gustave reprit aussitôt l'usage de ses sens. Son ami lui dit qu'il n'avoit point fait avertir Rosara, dans la crainte de l'inquiéter. Ce nom de *Rosara* ranima Gustave. Quoi ! dit-il, est-elle ici ?..... Viens, répondit Selnange, sa vue seule achèvera de te guérir. En parlant ainsi, il entraîna Gustave troublé, égaré, n'osant résister, mais cédant avec crainte et remords.... A la porte d'un cabinet, Selnange s'arrête, ouvre cette porte et disparoît. Gustave se trouve à l'entrée d'un cabinet délicieux qui lui parut le temple de l'Amour, au fond duquel il aperçut la belle Rosara assise sur un canapé. Transporté, hors de lui, il alloit oublier sa terreur et son père, Rosara elle-même lui rendit ses remords; elle se leva pour aller à sa rencontre, elle auroit dû l'attendre.... Elle s'avança vers lui les bras ouverts. Gustave ne vit plus en elle qu'une courtisane... Au même instant il pâlit, ses cheveux se hérissèrent sur sa tête.... il apercevoit le fantôme tutélaire se plaçant entre lui et Rosara.... Oh! pardonne, s'écriat-il, pardonne.... je vais t'obéir. A ces mots, laissant Rosara pétrifiée d'étonnement, il s'élance hors du cabinet, traverse les appartemens comme un éclair, descend rapidement l'escalier, et sort de cette dangereuse maison pour n'y rentrer jamais.

Depuis cette aventure, l'imagination de Gustave a toujours reproduit à ses yeux le spectre de son père, toutes les fois qu'il a voulu s'écarter de ses principes. Il s'est marié; et quoiqu'il n'ait point d'amour pour sa femme, il est le plus fidèle des époux, car il est le plus irréprochable de tous les hommes. Il est donc quelquefois des illusions salutaires.

———

Tous les gens distraits réussissent dans le monde; chacun les aime, non-seulement parce qu'ils amusent, et fournissent sans cesse de nouveaux sujets de conversation, mais aussi parce qu'ils sont hors d'état de feindre et de dissimuler. Les deux hommes les plus distraits que je connoisse sont M. d'Osmond et M. de Roquefeuille; le dernier m'a dit que son frère est infiniment plus distrait que lui, ce qui est difficile à croire; il m'en a conté une infinité de traits : j'en citerai deux assez plaisans. Le comte de Roquefeuille fut nommé par M. le duc de Penthièvre, gouverneur de M. le prince de Lamballe, âgé alors de sept ans. Le soir même de cette nomination, M. de Roquefeuille, suivant l'usage, vint s'établir dans la chambre du jeune prince pour y passer la nuit. Le prince dormoit depuis long-temps, lorsque le nouveau gouverneur, qui joignoit à sa distraction une vue extrêmement basse, voulant se coucher, se trompa de lit, et prenant son élève endormi pour un grand chien danois, qui jusqu'alors avoit couché dans sa chambre, il poussa de toutes ses forces le prince, et le culbuta rudement dans la ruelle, en criant : *A bas, Patau*. Le prince, froissé, meurtri, jeta des cris perçans, toute la maison fut en rumeur. Heureusement que l'enfant en fut quitte pour quelques légères contusions, et M. de Roquefeuille pour la plus vive frayeur qu'il eût éprouvée de sa vie. Le lendemain, il s'agissoit de présider aux leçons; on étoit en hiver, et à cinq heures après-midi. Le prince, le précepteur et M. de Roquefeuille passèrent dans un petit cabinet; le gouverneur s'assit auprès d'une table sur laquelle étoient posées deux bougies, et le précepteur commença une lecture tout haut. M. de Roquefeuille qui, jusqu'à cette époque, avoit eu la coutume, lorsqu'il étoit couché, de faire lire tous les soirs son valet de chambre, se crut dans son lit, et sentant qu'il alloit céder au plus doux sommeil, tout à coup il interrompit le lecteur, en disant : *C'est assez*; en même temps, il souffla les deux bougies, et s'endormit profondément. Il ne fut réveillé que par les éclats de rire et les niches de son élève, qui trouvoit cette manière de présider aux lectures beaucoup plus amusante que les lectures mêmes.

La guerre est plus terrible que jamais entre les *Gluckistes* et les *Piccinistes*. Les deux partis écrivent, déraisonnent, se disent des injures ; personne ne s'entend, mais l'on se hait avec fureur. C'est une odieuse et ridicule chose que l'esprit de parti, ou, pour mieux dire, l'amour-propre qui produit tous ces excès. Je ne m'accoutume point à voir des gens qui ne sauroient pas déchiffrer un air, ni distinguer dans un prélude un accord faux d'une dissonance, juger du mérite d'une *partition*. Je m'afflige de voir le chevalier de Chastellux, qui n'a pas la moindre notion de musique, déclamer d'une manière si extravagante contre *Alceste* et *Iphigénie*, et soutenir que Gluck est un *barbare*. L'autre jour, en présence de beaucoup de témoins, il voulut engager une dispute sur ce sujet avec le marquis de Clermont, qui est très-bon musicien [1]. Mon ami,

---

[1] Celui qui fut depuis ambassadeur à Naples.

(Note de l'auteur.)

lui répondit M. de Clermont, je vais te chanter un air, et si tu peux en battre juste la mesure, je disputerai ensuite avec toi tant que tu voudras sur Gluck et sur Piccini. Le chevalier eut la prudence de se défier assez de son oreille pour ne pas accepter cette embarrassante proposition. Et c'est cette oreille si *délicate* qui ne peut supporter la musique *baroque* d'*Iphigénie!*

Gluck vient toujours, deux ou trois fois la semaine, passer les soirées chez moi. Sans voix, sans doigts, il est ravissant lorsqu'il chante ses beaux airs en s'accompagnant du piano. Le génie n'a besoin ni d'agrément, ni de fini; du moins il peut s'en passer. Quand on est profondément touché, que peut-on désirer encore?

Gluck parle de Piccini avec justice et simplicité. On sent que c'est sans ostentation qu'il est équitable. Cependant il disoit hier, que si le *Roland* de Piccini réussit, il le refera. Ce mot est remarquable, mais il est d'un genre qui ne me plaira jamais. Un langage constamment modeste est de si bon goût!

J'ai passé toute ma matinée à Saint-Denis. Madame la duchesse de Chartres alloit aux Carmélites, faire une visite à madame Louise ; j'ai désiré la suivre, elle a bien voulu m'y mener. De tout temps, les personnes qui ont eu assez de force dans le caractère pour renoncer au faste et à la grandeur, ont excité l'admiration et la curiosité de tous les hommes. Il y a dans les *abdications* une sorte de magnanimité qui frappe et qui console le vulgaire : on aime à voir mépriser le rang où l'on ne peut atteindre. Il n'a fallu souvent que de l'audace et du bonheur pour s'élever au trône ; mais pour en descendre volontairement, pour le quitter avec calme et réflexion, il faut une âme peu commune, une véritable philosophie. Et quelle *abdication* que celle de la fille d'un souverain, d'un roi de France, quittant, sans retour, le palais de Versailles, pour habiter, jusqu'au tombeau, une cellule !... Mon imagination me présentoit tous les détails de ce sacrifice, et je ne pouvois concevoir qu'une personne de trente-cinq ans, élevée dans la pompe et dans la mollesse, pût supporter le genre de vie de ces austères recluses. Ces pensées m'occupoient sur la route de Saint-Denis, et je suis entrée avec émotion dans le parloir des Carmélites. Un instant après, le rideau de la grille a été tiré, et madame Louise a paru. Je ne puis exprimer la surprise que j'ai éprouvée en jetant les yeux sur elle. Madame Louise, qui étoit si maigre et si pâle, est extrêmement engraissée ; elle a le teint le plus frais, et des couleurs très-vives..... O paix de l'âme! doux accord des opinions et des sentimens avec les actions, la conduite et le genre de vie! c'est vous qui formez le bonheur! c'est vous qui donnez cette sérénité céleste qui maintient l'équilibre de nos forces, qui conserve le mouvement égal et salutaire des ressorts de notre existence! Lorsque rien de ce qu'on voit et de ce qu'on entend ne peut blesser et contrarier, que tout ce qui nous entoure est en harmonie avec nous, que nulle discordance, nulle opposition, ne troublent le calme de nos pensées, que tout doit fixer notre imagination et nos regards sur l'objet qui nous touche et sur le but vers lequel nous courons; lorsqu'enfin l'exemple universel nous soutient dans notre marche, n'est-on pas aussi heureux qu'on peut l'être sur la terre ?.... Madame Louise permet les questions, et y répond brièvement; mais avec bonté. Je désirois savoir quelle est la chose à laquelle, dans son nouvel état, elle a le plus de peine à s'accoutumer. Vous ne le devineriez jamais, a-t-elle répondu en souriant : c'est de descendre seule un petit escalier. Dans les commencemens, a-t-elle ajouté, c'étoit pour moi le précipice le plus effrayant ; j'étois obligée de m'asseoir sur les marches, et de me traîner, dans cette attitude, pour descendre.

En effet, une princesse qui n'avoit descendu que le grand escalier de marbre de Versailles, en s'appuyant sur le bras de son *chevalier d'honneur*... et entourée de ses pages, a dû frémir en se trouvant livrée à elle-même sur le bord d'un escalier bien roide, en colimaçon. Elle connoissoit long-temps d'avance toutes les austérités de la vie religieuse, pendant dix ans elle en avoit secrètement pratiqué la plus grande partie dans le château de Versailles, mais elle n'avoit jamais pensé aux *petits escaliers*. Ceci peut fournir le sujet de plus d'une réflexion sur l'éducation ridicule, à tant d'égards, que reçoivent en général les personnes de ce rang qui, dès leur enfance, toujours suivies, aidées, escortées, sifflées, prévenues, sont ainsi privées de la plus grande partie des facultés que leur a données la nature [1].

Pendant le dernier voyage de l'Ile-Adam, on a joué tous les jours au pharaon. Un soir, madame de Montau, en se mettant au jeu, fit une corne à l'une de ses cartes. « Que faites-vous donc là, madame ? » s'écria le banquier. — « Monsieur, répondit-elle tranquillement, c'est un empressement bien pardonnable à un ponte. » Avec du sang-froid et un tour plaisant dans l'esprit, on se tire heureusement de tout.

Voici un joli mot de la comtesse Amélie de Bouflers. Quoiqu'elle ait une conduite irréprochable, elle se permet quelquefois des plaisanteries sur les ridicules de son mari. Un jour qu'elle s'en moquoit en présence de sa belle-mère : Vous oubliez, lui dit cette dernière, que vous parlez de mon fils. Il est vrai,

---

[1] Les princes, aujourd'hui, sont mieux élevés, surtout en Angleterre, en Prusse, etc ; mais l'auteur écrivoit ceci en 1775.

(Note de l'éditeur.)

maman, répondit la comtesse Amélie, je croyois ne parler que de votre gendre.

———

Le marquis de *** est revenu d'Italie, ce qui fournit à sa conversation un peu plus de lieux communs et un peu plus de pédanterie qu'avant son voyage. Je lui ai demandé s'il avoit fait un journal; il m'a répondu qu'il en avoit rapporté tous *les matériaux*, et que dans ce moment il faisoit *le plan* de cet important ouvrage. Le chevalier de *** qui soupoit ce soir-là avec nous, et qui avoit écouté cette conversation, vint me voir le lendemain, et me présentant un petit cahier de son écriture : Voilà, me dit-il, le *Voyage d'Italie* de M. le marquis de ***; on me l'a communiqué, et j'ai sur-le-champ copié ce précieux manuscrit afin de vous l'offrir; il vous apprendra dans quel esprit il faut voyager, et comment il faut écrire aujourd'hui dans ce genre pour plaire aux lecteurs philosophes, et pour intéresser les cœurs sensibles.

Les moqueries du chevalier de *** ont presque toujours une certaine originalité qui m'amuse; celle-ci m'a fait rire, je la transcris sur mon livre de *Souvenirs*.

JOURNAL DU VOYAGE D'ITALIE.

Comme je voyage rapidement, ne pouvant passer que deux mois en Italie, je n'ai pas le temps de faire un journal détaillé; je n'écrirai que les choses principales, et souvent même que des indications : je ne veux tracer ici que le canevas d'un ouvrage philosophique et profond que je ferai à mon retour à Paris.

De Nice. Description pittoresque de la mer et des montagnes. Chapitre mélancolique et sentimental. J'y placerai une rêverie amoureuse, sur le bord de la mer; j'en serai tiré tout à coup par un orage, ce qui me fournira des réflexions morales et philosophiques.

De Gênes. Éloge de l'envoyé de France, qui m'a logé, et de toutes les personnes qui m'ont accueilli. Anecdotes particulières que je composerai à tête reposée; il faudra les faire piquantes, gaies et malignes, afin de *contraster* avec mon chapitre de Nice.

De Reggio. Détails sur la cour de Modène. Récit de tout ce que les princes et princesses m'ont dit d'obligeant.

De Mantoue. Souvenir de Virgile. Rappeler les plus beaux morceaux de l'*Énéide*, en citer quelques vers. Je ferai faire ce chapitre par mon secrétaire.

De Venise. A l'occasion du sénat de Venise, grand morceau sur le despotisme. Semer ce chapitre d'idées hardies sur la liberté, et pour cela, extraire à loisir Montesquieu, Rousseau et Raynal.

De Bologne. Quelques détails sur l'institut de Bologne. Mon secrétaire fera ce chapitre.

De Terni. Extase à la vue de sa cascade. Chapitre d'un grand genre. Description poétique. Ensuite admiration passionnée pour les beautés de la nature, et finir par une espèce d'hymne à l'Être Suprême.

De Rome. Enthousiasme pour l'antiquité et pour les arts. Il faut que tout ce premier chapitre sur Rome soit surtout écrit avec feu, avec énergie, que la grandeur et la hardiesse des pensées annoncent l'auteur fait pour apprécier et digne de décrire le Panthéon et le Colysée. Ce genre ne demande ni pureté ni clarté de style; au contraire, l'incorrection en ôte la froideur insipide de la régularité, elle prouve l'indomptable indépendance du génie, et cet abandon d'une âme ardente qui se livre *à l'entraînement* des mouvemens passionnés qu'elle éprouve. L'obscurité donne au style un ton mystérieux et prophétique qui ressemble à l'inspiration. C'est la divinité qui, trop éclatante pour se montrer sans nuage, s'enveloppe comme la statue d'Isis d'un voile épais que *nul mortel ne peut lever* [1]. Enfin, comme la nuit qui semble agrandir tous les objets, et qui souvent prête à de vaines ombres une apparence imposante et terrible, l'obscurité du style rend les idées plus frappantes, et donne un tour d'originalité à la pensée la plus commune et même la plus fausse. Avant de faire ce chapitre, je relirai avec attention Thomas, Diderot et quelques autres.

Second chapitre sur Rome d'un genre tout différent. De la légèreté, de la moquerie, des

---

[1] Cette statue voilée portoit cette inscription : *Nul mortel ne peut lever le voile qui me couvre.*
(Note de l'auteur)

épigrammes sur les prêtres et sur la religion. Anecdotes un peu libres sur les dames romaines. Je n'ai pas eu le temps d'en recueillir une seule ; mais je n'en suis pas fâché, car, dans ce genre, il est plus facile d'inventer que de broder avec agrément.

De Naples. Détails de ma présentation à la cour.

Mont-Vésuse. Placer là un morceau d'un genre sombre et philosophique.

Du lac Agnano. Description poétique et gracieuse. Il faudra décrire mes sensations avec charme. Je me rappellerai ma maîtresse, ce qui amènera naturellement un joli morceau sur l'amour, l'absence et les femmes.

De Florence. Détail de ma présentation à la cour. Description pittoresque et passionnée de la Vénus de Médicis; trois pages en style coupé, chaque ligne offrant une pensée neuve et brillante.

De Turin. Détail de ma présentation à la cour.

Du Mont-Cenis. Description élégante et sentimentale, dans laquelle je montrerai le goût de la botanique et de la solitude; une teinte mélancolique de misanthropie doit être répandue dans ce chapitre, que je terminerai par une tirade touchante sur l'amitié.

Pont de Beauvoisin. Je le passai la nuit et je dormais ; mais il faudra me supposer au point du jour, dépeindre une belle aurore, et rendre compte de mes sensations en rentrant en France, de mon émotion en touchant la terre natale, et finir par des réflexions intéressantes sur l'amour de la patrie. J'intercalerai dans ce voyage trois ou quatre pages d'érudition, et sept ou huit sur l'histoire naturelle ; je ferai faire ce travail aride par mon secrétaire, et j'ose croire que cet ouvrage, aussi instructif qu'agréable et varié (que je ne manquerai pas d'intituler *Voyage pittoresque*), sera placé par le public au rang des ouvrages les plus célèbres que nous ayons dans ce genre.

Le roi est à toute extrémité [1]; outre la petite-vérole, il a le pourpre, on ne peut entrer sans danger dans sa chambre. M. de Letorière est

[1] Louis XV.

mort pour avoir entr'ouvert sa porte afin de le regarder deux minutes. Les médecins eux-mêmes prennent toutes sortes de précautions pour se préserver de la contagion de ce mal affreux, et Mesdames, qui n'ont jamais eu la petite vérole, qui ne sont plus jeunes, et dont la santé est naturellement mauvaise, sont toutes trois dans sa chambre, assises près de son lit et sous ses rideaux; elles passent là le jour et les nuits. Tout le monde leur a fait à ce sujet les plus fortes représentations; on leur a dit que c'étoit plus que d'exposer leur vie, que c'étoit la sacrifier, rien n'a pu les empêcher de remplir ce pieux devoir.

Versailles offre dans ce moment un spectacle curieux. Le voile de bienséance qui couvre les visages leur donne à tous, au premier coup d'œil, à peu près la même physionomie; mais quand on les examine avec attention, que de nuances différentes on découvre! les gens en place et en faveur sont bien véritablement affligés; ils cherchent à dissimuler leur inquiétude, comme pour prolonger un peu leur empire. D'ailleurs leur chagrin ressemble à l'humiliation; ils ont un air abattu et surtout désœuvré qui me frappe; ils sont déjà déchus, et beaucoup plus polis. Ceux auxquels cet événement donne de grandes espérances ont un assez bon maintien; mais ils ont quelque chose de si animé dans le regard, ils traversent les galeries avec une mine si affairée, d'un pas si ferme; ils sont si préoccupés, si distraits!... Le vulgaire des courtisans se rapproche déjà d'eux; les uns les accueillent avec une maladresse grossière et comique, les autres leur font mille petites avances délicates; quand on ne prétend à rien, il est très-amusant d'observer tout cela. Personne sûrement, dans ce vaste palais, ne dormira cette nuit!.... Mais il est affligeant de penser que le ressentiment et la haine y veilleront avec l'ambition, et que bien des noirceurs se trament en secret, que des vengeances éclatantes se préparent!.... Je partirai après souper, j'irai coucher à Paris....

Je suis partie hier de Versailles à une heure et demie après minuit, et j'étois à la place de Louis XV à trois heures; j'ai passé devant la statue du roi; les réverbères qui l'entourent ne jetoient plus qu'une lueur défaillante.... Cette vue m'a frappée, en pensant que, dans ce moment même, la vie du roi étoit aussi prête à s'éteindre! J'ai levé, en soupirant, un œil respectueux sur cette image imposante; c'étoit un dernier hommage que j'aimois à rendre à celui qui nous a gouvernés si long-temps... Honorer son maître, c'est ennoblir sa dépendance.... les vrais esclaves sont ceux qui obéissent avec haine ou murmure : se soumettre et maudire est à la fois une folie et une lâcheté!

J'apprends, dans l'instant, que le roi est mort. C'est un grand événement que la mort d'un roi! de celui que nous étions accoutumés à craindre et à respecter depuis l'enfance, et pour lequel nous avions un attachement naturel, à moins qu'il ne fût un tyran. Je n'avois ni à me plaindre, ni à me louer de celui-ci; mais, après un si long règne, qui ne doit pas quelque reconnoissance à son roi, du moins indirectement, pour ses parens, pour ses amis ?.... Quand on est venu me dire, *le roi est mort*, j'ai tressailli; les larmes me sont venues aux *yeux*. Je me rappelle cette figure si *royale!* Il étoit bien-beau! jamais homme n'eut de tels yeux, et un regard si imposant et en même temps si serein et si doux !....

— Ainsi que les vieillards décrépits de la cour, nous parlerons donc aussi *du feu roi;* il me semble que cela va me vieillir, et que nous allons commencer un autre siècle.

M. de Montesquiou, qui étoit aujourd'hui chez madame de Puisieux, nous contoit un beau trait du feu roi [1], et c'est un fait dont il a été témoin. On soutenoit sur mer, contre les Anglois, une guerre désastreuse; un homme qui avoit retrouvé le funeste secret du *feu grégeois*, le donna au roi. L'expérience se fit sur le grand canal de Versailles (M. de Montesquiou y étoit), et elle réussit parfaitement; le feu, dans un instant, fut mis sous l'eau aux bateaux. Le roi fit venir l'inventeur dans son cabinet, et lui défendit, avec menaces, de jamais publier cet affreux secret, en ajoutant qu'il croiroit lui-même commettre un crime atroce en s'en servant contre ses ennemis. Le roi fit donner à l'inventeur le brevet d'une pension de mille écus; et c'est ainsi

[1] Louis XV.

qu'une invention si pernicieuse fut, par l'humanité de ce prince, ensevelie dans l'oubli une seconde fois.

Le feu roi étoit dans un tel état de corruption, que les chirurgiens déclarèrent qu'il étoit impossible de faire l'ouverture de son corps; M. le duc***, qui est d'année, s'est écrié qu'il seroit inouï que le roi ne fût pas embaumé. Eh bien! monsieur le duc, lui a dit La Martinière, comme premier chirurgien du feu roi, c'est à moi à faire l'ouverture du corps; mais vous, comme premier gentilhomme de la chambre, vous devez vous trouver à cette opération, et recevoir dans une boîte d'or le cœur du roi que je vous présenterai, et j'ai l'honneur de vous prévenir que ni vous, ni moi, ni aucun de ceux qui assisteront à cette cérémonie, ne seront vivans huit jours après. M. le duc*** n'a pas insisté.

C'est une chose véritablement miraculeuse que Mesdames à leur âge, malgré leur mauvaise santé et leur vive et profonde douleur, malgré les longues veilles qui ont dû leur allumer le sang (étant restées attachées nuit et jour au chevet du lit de leur père, et jusqu'à son dernier soupir), et atteintes toutes les trois de cette horrible maladie, n'aient pas été plus malades que de l'inoculation la plus heureuse. Tous les médecins disent que c'est un miracle. Une telle piété filiale méritoit bien de l'obtenir.

M. de *Nédonchel* est extrêmement anglomane. Hier, il étoit à cheval à la portière de la voiture du roi qui alloit à Choisy. Il avoit fait de la pluie, et M. de *Nédonchel*, trottant dans la boue, éclaboussoit le roi qui, mettant la tête à la portière, lui dit : M. de *Nédonchel*, vous me crottez : *Oui, sire, à l'angloise*, répondit d'un air très-satisfait de lui-même, M. de *Nédonchel* qui, au lieu du mot *crottez*, avoit entendu *vous trottez*. Le roi, sans connoître cette erreur, s'est contenté de lever la glace, en disant avec une bonhomie très-aimable : *Voilà un trait d'anglomanie qui est un peu fort.*

Il y a présentement dans le grand monde *deux sectes* très-distinctes : celle des gens à *grands sentimens*, qui affichent une délicatesse particulière de goût, de ton, de manières, de principes. Ils ont d'extrêmes prétentions à la considération, à l'esprit, à la sensibilité ; ils se piquent d'être *philosophes*, métaphysiciens ; ils ne causent point, ils décident avec empire et laconisme, ou bien ils dissertent longuement ; ils sont tranchans, frondeurs, dédaigneux, et froidement polis avec le *vulgaire*, mais passionnés, enthousiastes, *éloquens*, avec leurs amis. Ils ont de l'affectation, ils sont quelquefois ridicules, mais c'est cependant parmi eux que l'on retrouve encore les traces de cette politesse noble et délicate qui distinguoit les gens de la cour du siècle dernier : on ne doit pas les prendre pour modèles. Néanmoins il est utile de les étudier : d'ailleurs, on apprend d'eux de *vieilles traditions* qu'on ne trouve point dans les livres, et qui peuvent servir à former le goût d'une jeune personne. On ne les aime pas parce qu'ils sont dénigrans, et surtout parce qu'ils en imposent. Pour moi, je les rencontre avec plaisir, je m'en moque quelquefois ; mais j'avoue volontiers que plus souvent je m'instruis avec eux. J'ai, au contraire, une aversion naturelle pour la *secte* ennemie de celle-ci ; elle est composée de personnes qui, pour déjouer leurs adversaires, affectent une insouciance qui ne ressemble que trop souvent à la dureté ; ils traitent tout avec légèreté ; trop vivement frappés du ridicule de l'exagération, ils se sont jetés dans un autre excès infiniment plus vicieux ; ils se moquent, par système, de l'amitié, de la sensibilité, de la vertu ; ils mettent encore de la grâce, et par conséquent de la mesure dans ce pernicieux genre de plaisanteries, et c'est un danger de plus ; on les trouve aimables, et leur parti s'augmente et se fortifie : afin de jeter du ridicule sur les prétentions à l'esprit, ils font profession de mépriser les gens de lettres et la littérature, et ils se sont imposé la loi de ne jamais causer un instant raisonnablement. Leur frivolité ne sauroit se décrire : aussi cette phrase, inventée par eux, *avoir de l'enfance dans l'esprit,* exprime, dans leur opinion, le genre d'agrément le plus désirable. Ils se rassemblent en petit comité, avec l'intention positive de ne dire que des *enfances* et des *bêtises;* projet toujours parfaitement exécuté. Je m'y trouve souvent, et je conviens, à ma honte, que non-seulement je m'y amuse, mais que je ne ris véritablement que là; et ceux que j'y vois rire autant que moi, et ne point se lasser de ces puérilités, ont certainement beaucoup plus d'esprit que je n'en ai. Cette gaieté est très-*innocente* sous tous les rapports; je ne crois pas avoir jamais entendu dire dans la société, à un homme de bonne compagnie, une chose libre; mais on a peine à concevoir que des gens qui ont le sens commun puissent trouver constamment un tel charme à renoncer ainsi à leur raison, et même à leur esprit. Voilà où nous ont conduits l'affectation et les prétentions outrées de la secte raisonneuse et sentimentale. On est si excédé des conversations métaphysiques et des belles phrases, qu'on cherche à s'en délasser par un véritable enfantillage. Ceci rappelle madame de Sévigné qui disoit, en parlant d'une précieuse qui l'ennuyoit : *Quand je l'écoute, elle me jette dans des grossièretés, de peur de lui ressembler.* Au milieu de tout cela, que deviendront les lettres, le bon goût et la morale?... Voilà donc M. de Maurepas, à soixante-seize ans, revenu tout-puissant à la cour, le voilà, *de fait*, premier ministre : c'est recommencer bien tard une nouvelle carrière d'ambition. Ce vieillard étoit si heureux à Pontchartrain, avec une femme d'un esprit supérieur, qu'il aime uniquement depuis près de cinquante ans, et qui a toujours eu pour lui le même attachement ! Madame de Puisieux les appeloit *Baucis et Philémon*. Madame de Maurepas lui disoit tristement aujourd'hui : *Il n'y a plus de Baucis à Versailles, je ne vois plus M. de Maurepas, et tout ce travail le tuera*. Voilà une femme. Mais M. de Maurepas est rayonnant, je le trouve rajeuni. Voilà les hommes, leur ambition ne s'use point. L'exil, le temps, un demi-siècle ne font que la concentrer.

Le roi n'avoit nullement le projet de placer là M. de Maurepas, ni, à la mort du feu roi, la moindre idée sur aucun autre; il n'y avoit pas pensé. Madame Adélaïde lui proposa sur-le-champ le cardinal de Bernis : *Non*, répondit brusquement le roi, *il a fait des vers, c'est un poëte, je n'en veux point*. Madame Adélaïde insista, en représentant que depuis vingt-six ans le cardinal n'avoit pas fait un seul vers; le roi répondit avec sécheresse : *Je ne veux point d'un poëte, je ne veux point d'un bel-esprit* [1]. Dans cette même conversation, le roi témoigna qu'il étoit fort embarrassé, relativement au cérémonial qu'il devoit prescrire pour les obsèques du feu roi, et pour tout ce qu'il avoit à faire dans cette occasion : dans l'instant, madame Adélaïde, qui aime M. de Maurepas, le désigna comme l'homme le plus *profondément* instruit de l'étiquette du cérémonial, etc. M. de Maurepas fut appelé; le roi eut, tête à tête avec lui, un long entretien sur le *cérémonial*, mais ne lui dit pas un seul mot des affaires. M. de Maurepas, ayant annoncé qu'il avoit encore plusieurs choses à dire, obtint un second rendez-vous. Dans cette conversation, il prit sur lui de faire quelques questions; le roi y répondit avec bonhomie, et bientôt avec confiance; M. de Maurepas donna des conseils qui pa-

---

[1] Il est bien fâcheux qu'un souverain craigne les gens d'esprit, mais c'étoit alors une preuve de bon sens, l'esprit mal employé nous avoit fait tant de mal! et il préparoit tant de désastres! Au reste, le cardinal de Bernis ne méritoit pas d'être confondu avec les encyclopédistes. (Note de l'auteur.)

rurent bons; il fut encore rappelé, et voilà comment il a eu sa place. Je sais ces détails avec certitude. M. de Maurepas n'est pas *poëte*, il n'a pas fait de jolis vers, il n'a fait que de mauvaises chansons satiriques, et les *Étrennes de la Saint-Jean*. Ces petites productions, bien plates et bien ignobles, ne sont pas tout-à-fait innocentes; mais c'est un genre qui ne donne pas de *célébrité*, cela ne fait pas recevoir à l'Académie, cela ne nuit point à la cour.

Je reviens de la campagne, je m'y suis fort amusée; la gaieté y étoit extrême, mais orageuse; chaque jour on s'y jetoit à la tête les oreillers de tous les canapés de la maison, et l'eau de toutes les cruches; puis on jouoit à colin-maillard et à la *guerre-panpan*. Ce genre de gaieté n'est pas ingénieux, mais il est très-sain, il fait prendre beaucoup d'exercice; il faut, pour s'y livrer, être leste et robuste.

Toutes les dames de la cour, dans ce moment, raffolent de la chanson de M. le marquis de *** sur *les chaises percées*, que l'auteur a la délicatesse d'appeler *les baronnes*. Dans le siècle dernier, Benserade chantoit les beautés de la cour; M. de *** chante *les chaises percées*, et avec le plus grand succès: le goût varie suivant les temps.

―――――

M. de Bussy est toujours amoureux de sa femme, qui ne partage point du tout ce sentiment. Un jour, après lui avoir reproché le ton froid et les manières cérémonieuses qu'elle a constamment avec lui, il la conjuroit de le tutoyer : *Eh bien!* répondit-elle, *va-t'en*.

―――――

Personne, à mon avis, ne conte aussi bien que M. D*** [1], et dans tous les genres, talent que je n'ai vu qu'à lui. Il est aisé de faire rire en contant; mais il est bien difficile d'étonner, d'émouvoir, de toucher dans la conversation, et M. Donnesan produit à son gré toutes ces impressions. Sa physionomie douce et fine, la flexibilité de sa voix, la simplicité, en même

[1] Donnesan, frère de M. d'Usson.

temps la vérité parfaite de ses inflexions et de l'expression de son visage, font, sans doute, le plus grand charme de ses récits. Je l'ai souvent entendu, avec un intérêt inexprimable, conter le canevas de mauvais romans modernes dont on n'auroit pu supporter la lecture. Mon ami La Bruyère a dit : *Conteur, mauvais caractère.* Il a raison; mais il veut parler de ceux qui *content* parce qu'ils sont bavards et médisans, ou de ceux qui, dans l'impuissance de jouer un rôle raisonnable dans la société, ont pris celui de bouffon. M. Donnesan n'a rien de commun avec ces conteurs-là; il n'a ni commérage, ni méchanceté; il est même naturellement silencieux et réservé. Il ne conte qu'à propos, et dans le cercle d'une société intime, et jamais des traits scandaleux et malins n'entrent dans ses récits, qui sont toujours variés, toujours intéressans ou piquans. Il fut charmant hier au soir au Palais-Royal. Le chevalier de Chastellux lui rappela une anecdote bizarre, qu'il conta de manière à faire *frissonner* les femmes qui l'écoutoient, et moi surtout, qui n'ai jamais entendu de sang-froid une histoire de revenans, fût-elle contée par une femme de chambre : celle-ci étoit annoncée d'une manière frappante, en présence d'un témoin. En voici le fond :

Mademoiselle de Sens, princesse du sang, mourut. M. Donnesan, n'ayant jamais été de sa société particulière, eut envie de l'aller voir sur son lit de parade. Il y fut un soir, avec le chevalier de Chastellux. Ils y arrivèrent tard, y trouvèrent une grande foule, et ne purent approcher du lit ; mais ils virent parfaitement, à la lueur d'une multitude de cierges, la princesse morte, assise dans son lit, appuyée sur des oreillers. Elle avoit du rouge et des gants blancs, et elle était très-parée. M. Donnesan la regardoit fixement, lorsque tout à coup il la vit lever le bras et passer la main sur son visage.... Étrangement surpris de cette vision, il la regarda avec plus d'attention encore, et il vit distinctement la princesse, qui paroissoit tenir un mouchoir, le passer une seconde fois sur sa figure. Ce mouvement, fait avec rapidité, fut remarqué d'un grand nombre de personnes, qui tressaillirent en faisant diverses exclamations de surprise et d'effroi... Une jeune femme, qui se trouvoit à côté de M. Donnesan, s'écria : *Bon Dieu !*

qu'est-ce que c'est que cela?... M. Donnesan se tourna vers le chevalier, en lui disant : *Avez-vous vu?....* Oui, répondit le chevalier, cela est singulier... Tenez, cela recommence... En effet, la princesse passoit encore la main sur son visage.... Dans ce moment, plusieurs femmes épouvantées se précipitèrent vers la porte pour s'enfuir. Sortons, dit le chevalier, je connois la première femme de chambre de la princesse, elle nous fera passer derrière le lit; nous pourrons examiner de près ce prodige. Ils sortirent; et, après avoir fait le tour de l'appartement, ils entrèrent dans un cabinet dont la petite porte dérobée donnoit dans l'alcôve de la princesse; alcôve immense, soutenue par des colonnes, et séparée de la chambre, comme toutes celles de ce genre, par une balustrade à hauteur d'appui. Là, le mystère fut dévoilé; les femmes de chambre en donnèrent l'explication. La princesse morte rendoit un abcès par le nez, et pour épargner au public le dégoût que devoit causer un tel objet, on avoit imaginé de placer derrière l'oreiller de la princesse, une femme de garde-robe dont on ne voyoit que les bras gantés, qui paroissoient être ceux de la princesse, parce qu'ils étoient passés sous son manteau de dentelles; et cette femme, qui tenoit un mouchoir, avoit reçu l'ordre d'essuyer, de minute en minute, le bas du visage de la défunte.... Mais beaucoup de personnes, qui n'eurent point cette explication, contèrent le soir, dans leurs familles, une histoire miraculeuse très-attestée, et que vraisemblablement leurs enfans croient encore.

———

J'ai vu, chez une personne de ma connoissance, de jolis vers de Marmontel qui ne sont point connus. Il y a vingt ans que deux amans, guéris d'une longue passion, et devenus *amis*, firent faire un petit tableau qui représente l'Amitié éplorée, enchaînant l'Amour endormi dont elle brise le carquois. Marmontel fit sur ce sujet les vers suivans :

Amour, cruel Amour, dans les bras du sommeil,
C'est la tendre Amitié qui vous donne des chaînes ;
Elle brise, en pleurant, vos flèches inhumaines,
 Et craint encor votre réveil.

On se plaint de l'exagération des gens du monde, et l'on n'a pas tort; elle augmente tous les jours; la politesse des jeunes personnes prend un ton sentimental qu'elle n'avoit pas il y a quelques années; et lorsqu'elle passe l'expression de la simple bienveillance, elle n'est plus que de la fausseté. Cependant le ton de la bonne compagnie a été certainement jadis beaucoup plus exagéré dans ce genre qu'il ne l'est maintenant. Il changea sous Louis XIV. Le bon goût de sa cour établit cette politesse parfaite dans toutes ses nuances, que l'on a tâché d'imiter dans toute l'Europe; mais sous Louis XIII, l'exagération n'avoit point eu de bornes. Il est à croire que la cour militaire du plus brave et du plus loyal de tous nos rois, n'offrit rien de semblable, et que ce ton complimenteur ne devint à la mode qu'après la mort d'Henri IV; peut-être fut-il introduit par les Italiens, favoris de Marie de Médicis. Quoi qu'il en soit, il devint, jusqu'au règne de Louis le Grand, tous les jours plus ridicule, comme on peut le voir par les lettres de Voiture et de Balzac; la politesse alors n'étoit autre chose que la flatterie la moins ménagée et la plus extravagante; ses formules remplissoient presque entièrement toutes les lettres, qui finissoient toujours par l'assurance d'un attachement, d'un dévouement *passionné*. On étoit *avec passion*, on étoit *passionnément le plus humble des serviteurs*. Ces phrases se retrouvent constamment à la fin de toutes ces lettres. Quand on profane ainsi le langage le plus véhément du cœur, la passion, l'amour et l'amitié n'ont plus d'expression pour se peindre; tous les mots de leur vocabulaire, affoiblis et flétris, ont perdu leur signification. Alors on a recours aux images, aux métaphores, aux hyperboles; on compose une espèce de *langue sacrée* que les initiés seuls peuvent comprendre, et qui toujours meurt avec eux... Le ton, les manières, et tout ce qui forme ce qu'on appelle usage du monde et politesse, ont donc, sur les mœurs et sur la littérature, plus d'influence qu'on ne le croit communément...

———

Je viens d'apprendre une chose qui me paroît si touchante, que je voudrois pouvoir la publier et en instruire toute la terre... Mais j'ai promis de n'en point parler; du moins, il m'est permis de l'écrire dans ce livre consacré, surtout, aux souvenirs intéressans. Je ne veux point que ce secret meure avec moi. On aime tant les anecdotes, qu'il m'est permis de croire qu'un jour on en cherchera quelques-unes dans ce journal; et quel trait peut mériter mieux d'être recueilli que celui-ci?

Il faut convenir, à notre gloire, qu'aujourd'hui toutes les femmes lisent, ou du moins qu'elles ont toutes un livre dans leur sac à parfiler, et ce livre n'est presque jamais un roman. Aujourd'hui, au Palais-Royal, après le dîner, le comte de Schomberg a fait une remarque obligeante sur ce goût de lecture. Je n'étois pas comprise dans cet éloge, car je ne parfile point, et je n'avois pas de sac. Quand les sacs ont été posés sur la table, M. de Schomberg a témoigné le désir de voir le titre des livres qu'ils contenoient. On s'est empressé de satisfaire sa curiosité, à l'exception de madame la duchesse de Chartres [1] qui a prodigieusement rougi, et qui, au lieu d'ouvrir son sac comme les autres, a mis ses deux mains dessus, comme si elle eût craint qu'on y touchât. Ce mouvement a causé beaucoup d'étonnement; car, comment soupçonner une personne si pure et si pieuse de lire un livre licencieux? Cependant, pourquoi cette vive rougeur et cet embarras? Madame n'a point

---

[1] Mère de S. A. R. Mgr. le duc d'Orléans actuel (Note de l'auteur.)

de livre ? a demandé quelqu'un. Pardonnez-moi, a répondu madame la duchesse de Chartres; mais je ne veux pas le montrer. Elle a prononcé ces paroles en rougissant à l'excès, et avec une telle émotion qu'elle en avoit les larmes aux yeux. On s'est regardé avec une surprise inexprimable. Il y a eu un moment de silence, et, tout à coup, la marquise de P*** ¹ s'est mise à rire, en disant: Eh bien! madame, nous croirons que vous lisez des sottises. A la bonne heure, a répondu madame la duchesse de Chartres, en s'efforçant de sourire; mais on me fera plaisir de parler d'autre chose. On a changé de conversation. Madame la duchesse de Chartres a ouvert son sac pour travailler. Nous y avons toutes, au même moment, jeté un œil curieux. Nous avons entrevu un livre relié en veau qui a été caché tout de suite. Tout le monde, successivement, s'en est allé, et chacun a emporté l'idée que madame la duchesse de Chartres lisoit un ouvrage très-libre, ce qui seroit assurément en elle la plus étrange inconséquence. Quand nous avons été tête à

¹ La marquise de Polignac, ancienne dame d'honneur de la feue duchesse d'Orléans.

(Note de l'auteur.)

tête, je ne lui ai point dissimulé mon étonnement et ma curiosité; et après m'avoir fait promettre un secret inviolable : Je vais, dit-elle, vous avouer la vérité.... Vous savez peut-être que tous les chevaliers de l'ordre font serment, à leur réception, de lire tous les jours l'office du Saint-Esprit?... — Eh bien ?... — Eh bien !... *Il ne le dit pas*, et, pour expier cette faute, j'ai fait vœu de le dire régulièrement... — Et depuis quand? — Depuis que je suis mariée. — Et ce livre est l'office du Saint-Esprit?... — Oui, tenez, regardez.

J'ai pris le livre, je l'ai ouvert avec tout le saisissement de la plus profonde admiration, et mes larmes sont tombées sur la page où j'ai lu *Office du Saint-Esprit*.

Il faut au moins deux heures pour lire cet office....

Et l'on prétend que la religion dessèche l'âme!... Non; elle se confond naturellement avec tous les sentimens vertueux, elle les fortifie, elle les exalte, et tout ce qu'elle inspire est touchant et sublime comme elle.

En priant Dieu, en implorant avec une foi vive le souverain maître, celui qui peut tout, s'oublier soi-même!.... remplir avec tant de constance le devoir d'un autre !.... se faire une obligation sacrée de le remplacer chaque jour, et toujours à son insu !... et avec cet éclat de jeunesse, dans un tel rang, au milieu de tant de dissipation !...

Que dirai-je, après ce trait ? Ah ! rien ce soir ; j'ai oublié, d'ailleurs, tout ce que j'ai entendu aujourd'hui.

Quand on pourra me citer d'une femme *esprit fort*, un trait de sentiment aussi touchant que celui-ci, *je deviendrai philosophe.*

———

Nous sommes accablés d'éloges funèbres ; il n'y a point de mort qui ne laisse *un ami* prêt à *jeter des fleurs sur son tombeau.* Huit jours après la mort de madame Geoffrin, nous avons vu paroître son éloge par d'Alembert ; ainsi l'éloge, composé pendant la maladie, étoit *tout prêt* à l'instant de la mort, tant l'amitié est prévoyante !

Le proverbe dit, *Dieu nous préserve du jour des louanges*; j'y ajouterois, *Et de certaines louanges*; de ces louanges que l'esprit invente pour briller, qui ne peuvent ni toucher, ni persuader, et dont l'exagération ridicule ne sert qu'à faire réfuter des éloges si maladroits, ou à donner l'envie de s'en moquer.

Mais ce qui me choque le plus dans ces panégyriques, c'est l'affectation de sensibilité des orateurs. Arranger, combiner des phrases sur sa douleur, chercher une manière ingénieuse de la peindre, ou placer dans un jardin, *pour l'embellir*, *une fabrique* qui rappelle la mort d'une personne qu'on a aimée, voilà des choses qui paroîtront toujours révoltantes aux yeux de toutes les personnes qui sont véritablement sensibles. Honorons la mémoire de ceux que nous avons aimés, c'est un devoir touchant et doux à remplir; mais ne parlons point de notre douleur, elle n'a nul droit à l'intérêt public; quiconque vante la sienne, en fait douter : c'est l'éloge de notre ami qu'il nous est permis de faire, et non le nôtre.

On parloit à l'auteur de l'éloge de feu M ***, d'un passage dans lequel il détaille les derniers momens de son ami : J'avoue, dit cet auteur, avec l'air et le ton de l'amour-propre satisfait, que je suis content de ce morceau-là. Quel *aveu!*

M. de La Borde a fait élever, dans son jardin, une pyramide surmontée d'une urne sépulcrale, monument qui retrace, dans son inscription, la mort tragique de ses fils ; j'ai entendu quelqu'un lui dire : Cette pyramide fait là un très-bon effet.... Dans la société, les satires les plus sanglantes sont faites communément, non par les gens malins, mais par les sots ou par les étourdis.

Madame de Blot a perdu son frère, elle a fait faire en miniature la façade de l'église qui renferme son tombeau, et elle a mis cette triste peinture dans un beau médaillon entouré de diamans qu'elle porte à son cou ; elle expliquoit aujourd'hui cette parure sentimentale à la comtesse de Genlis, qui lui dit étourdiment : Mon Dieu, madame, que ferez-vous de cela au bal et au spectacle ?

Young méditoit sur les tombeaux de sa femme et de ses enfans d'adoption ; mais Young n'alloit point au bal. Il avoit renoncé, sans retour, au monde ; il se nourrissoit de sa douleur, et la piété la plus exaltée en étoit le contre-poison.

Il est légitime, il est raisonnable de chercher à se distraire de sa douleur ; mais si vous voulez me persuader que vous aimez à conserver la vôtre ; si vous vous entourez de cyprès, de tombes, de monumens funéraires, fuyez, cachez-vous, quittez le monde; la bienséance ne défend-elle pas d'y paroître à ceux qui portent le grand deuil? Et les enseignes de douleur et de mort que vous étalez avec tant d'ostentation, ne sont-elles pas plus frappantes, plus tristes qu'un habit noir?

Si jamais je deviens auteur, j'attaquerai, sinon avec talent, du moins avec courage et persévérance, deux choses que je hais : l'impiété intolérante, et la fausse sensibilité. Je me ferai beaucoup d'ennemis; mais quand on ne s'attire la haine que des gens qu'on n'estime pas, c'est un bien petit mal.

Je vois que dans le grand monde la *fausse sensibilité* a presque totalement anéanti la bonté; il ne s'agit plus, pour avoir la réputation d'être humain et sensible, de faire des fondations bienfaisantes, ou d'autres bonnes actions; il suffit d'inventer des *emblèmes*, de jouer quelques *pantomimes*, de *pleurer* aux drames *pathétiques*, et d'apprendre par cœur une douzaine de phrases.

La fausse sensibilité gâte le goût et déshonore la littérature, elle produit des ouvrages remplis de sentimens forcés, exagérés, et souvent aussi dangereux que chimériques. Jamais l'amour n'a eu moins d'influence sur la vie que de nos jours, et jamais, dans les ouvrages d'imagination, son langage n'a été si véhément, si chargé d'hyperboles outrées ; tous les amans sont des énergumènes, et les *amantes* des pythonisses sur le trépied ; elles parlent d'une manière inintelligible, elles improvisent, prophétisent ; elles ont une énergie qui tient de la fureur.... Je ne sais pas si ces femmes-là doivent exciter l'admiration, mais je suis certaine qu'elles ne sont pas faites pour inspirer l'amour.

Il s'est établi parmi les littérateurs une prétention *à la force*, *à la grandeur* et *à la chaleur*, qui est aussi fatigante pour les lecteurs que pour ceux qui composent. Chaque écrivain veut *brûler le papier*, et le lecteur reste froid et dit en bâillant : *Il y a de l'énergie dans ce morceau, l'auteur a du génie.* Car, dans les idées reçues maintenant, point de génie sans une force prodigieuse et sans un feu dévorant ; enfin, un athlète en fureur, voilà l'homme de génie, et par conséquent, La Fontaine, Boileau, Fénélon, Richardson, n'avoient point de génie. Voltaire n'a-t-il pas dit que La Fontaine *n'a que le charme du naturel*, que Boileau *n'est qu'un bel-esprit*, que la prose de *Télémaque* est trai-

nante, et que *Clarisse* est le plus sot de tous les romans?...

Le public est-il donc si blasé qu'il ne puisse plus sentir le charme de la simplicité, et celui des grâces, des nuances délicates? Des tableaux, des développemens touchans et vrais, un style doux, harmonieux dans les ouvrages de sentiment, n'ont-ils plus le droit de lui plaire? Non, rassurons-nous; par bonheur, les novateurs sont ridicules; ils n'ont point corrompu le goût, ils n'ont, jusqu'ici, gâté que la foule des littérateurs vulgaires; le public juge bien encore, il se moque des sentimens alambiqués, gigantesques, et du galimatias; il n'achète en général que les ouvrages qu'on peut relire.

Quintilien disoit, avec raison, que la première qualité d'un orateur ou d'un écrivain est d'être clair. Cette maxime a *bien vieilli* pour certains beaux-esprits; mais elle est justifiée et consacrée par le suffrage de tous les siècles. Sans une parfaite clarté d'idées et d'expressions, il est impossible de bien écrire; nul ouvrage mal écrit ne conservera de la réputation : voilà des réflexions qu'il seroit bon d'offrir de temps en temps aux jeunes littérateurs.

Je lis les lettres de Balzac, et je ris quand il parle si gravement de sa *gloire*, et de l'éclatante renommée qui le prive du repos. Dans cent ans, nos petits-enfans riront aussi en lisant certains ouvrages modernes, où le même orgueil se montre avec la même emphase. Celui de Balzac, plus excusable, étoit du moins fondé sur l'admiration universelle de ses contemporains. Quel goût que celui de ce siècle qui précéda celui de Louis XIV ! Balzac, dans une de ses lettres écrites à un évêque, rappelle, comme une chose sublime, un passage d'un de ses discours adressés à Louis XIII avant la naissance de Louis XIV. Voici ce singulier passage que je n'ai vu cité nulle part :

« Si vous voulez, sire, que la tranquillité
» publique ait un fondement assuré, et que
» vos victoires soient éternelles, il ne faut
» plus que vous parliez d'agir puissamment,
» ni de faire des coups d'état qu'avec la reine. »

Voilà certainement une manière très-neuve d'exprimer à son souverain, dans un discours public, le désir de voir naître un héritier du trône. Ces lettres de Balzac sont d'ailleurs excessivement ennuyeuses ; néanmoins on y trouve beaucoup d'esprit, et quelques pensées qui annoncent un homme observateur, entre autres celle-ci : *La malice est injuste, mais l'ignorance l'est davantage.* Enfin ce Balzac a dit d'excellentes choses sur les femmes [1].

———

Avec de l'esprit et de l'âme, plus on a vu de choses, plus on a éprouvé de sensations différentes, et plus on aura d'idées, mieux on saura peindre. On ne peint rien avec vérité quand le sentiment ou un souvenir vif ne nous guide pas. Si l'on veut bien parler de la vertu, il faut être vertueux; si l'on veut toucher, il faut être sensible. Il est donc nécessaire qu'un auteur voyage, observe; qu'il ait vécu avec des gens de tous les états, qu'il ait vu des malheureux, et qu'il s'attache surtout à perfectionner sa raison, son caractère; et même s'il avoit éprouvé des injustices et de grands malheurs, son talent y gagneroit.

Le chevalier de Chastellux m'a lu une comédie manuscrite, intitulée *les Prétentions* : elle n'est pas bonne, mais l'idée en étoit excellente. Ce sont des gens qui ont *des prétentions*

[1] Dans ses lettres à sa sœur. (Note de l'auteur.)

tout-à-fait opposées à leurs caractères ; ils ne sont nullement hypocrites, l'amour-propre leur persuade qu'ils possèdent véritablement les qualités qu'ils affectent ; ils sont les dupes d'une vanité ridicule. On ne voit que cela dans le monde, et cela n'a pas été peint.

L'harmonie du style n'est autre chose que l'imitation juste et vraie d'une bonne déclamation ; le style doit être doux, vif, serré, simple, pompeux, suivant le genre et suivant ce qu'il exprime. Lorsqu'on éprouve de l'impatience, de la colère, qu'on est dominé par des sentimens impétueux, on parle avec volubilité, et l'auteur qui veut peindre ces mouvemens violens ou passionnés, doit en général employer un style rapide et coupé. Ce même style convient encore parfaitement dans le genre épigrammatique qui demande du *trait* et de la saillie. Cependant, lorsque dans la critique on emploie une ironie soutenue, un style plus doux, des phrases plus *arrondies* font beaucoup plus d'effet, parce que, dans la réalité, les personnes qui se moquent ironiquement, ont l'accent, le ton de la simplicité et d'une feinte douceur; enfin, on parle avec lenteur ou avec une espèce de mollesse, lorsqu'on est plus touché qu'ému, lorsqu'on se plaint sans emportement et avec sensibilité, ou lorsqu'on fait le récit d'une scène agréable et d'un genre gracieux. L'écrivain, pour peindre les mêmes choses, doit employer un style plein de douceur, ce style harmonieux qui jadis exprima toutes les pensées et tous les sentimens de l'auteur de *Télémaque*, et que nos brillans écrivains modernes appellent *une prose traînante*.

J'ai soupé avec six personnes aimables et spirituelles; on n'a point joué, toute la soirée s'est passée à causer, après avoir fait un peu de musique. On a parlé du sauvage amené par M. de Bougainville, et M. de Thiars a dit que si ce sauvage est né avec de l'âme et de l'esprit, et que l'on parvienne à le civiliser, il sera intéressant de savoir quelle est la chose qui parmi nous lui causera le plus de surprise. Nous avons voulu deviner quel seroit ce grand sujet d'étonnement. Chacun a fait part de son opinion à cet égard; madame de

F*** a dit que ce qui paroîtroit le plus surprenant à cet homme de la nature, en le supposant sensible, seroit sans doute notre indifférence pour les infortunés que nous rencontrons à chaque pas, et l'emploi que nous faisons des richesses. En effet, on pourra facilement faire comprendre à ce sauvage que l'inégalité des talens a dû très-justement établir dans la société l'inégalité des fortunes et des rangs, et que si l'on n'eût pas assuré aux hommes supérieurs et industrieux le droit de transmettre leurs biens à leurs descendans, on eût ôté à l'amour du travail le but qui l'encourage, à l'ambition son plus puissant mobile et les motifs qui l'ennoblissent et la justifient. Il est doux de penser que l'homme, n'agissant que pour lui seul, manqueroit en général d'audace et d'énergie; c'est quand il travaille pour ses enfans qu'il est infatigable; la loi qui le condamneroit à l'égoïsme le voueroit à la paresse. Ce n'est pas assez pour lui de s'occuper de la famille qui l'entoure, son cœur paternel porte sa touchante sollicitude sur un avenir éloigné; il passe les mers, il se consacre aux travaux les plus pénibles pour des enfans qu'il ne verra jamais, pour des enfans qui naîtront des siens!... Malheur au législateur qui voudroit éteindre ou réprimer de tels sentimens!... Notre sauvage comprendroit tout cela, il ne s'étonneroit donc point de voir des riches et des pauvres; mais pourroit-il concevoir que des gens sensibles et vertueux eussent un goût si passionné pour le faste le plus frivole, lorsqu'ils n'ont point ces emplois éclatans qui obligent à une grande représentation? Pourquoi, diroit-il, cet énorme souper, préparé pour cent personnes qui ont bien dîné, lorsque dans ce quartier six cents personnes meurent de faim et manquent d'alimens depuis deux jours? Pourquoi cette fête où tout le monde s'ennuie, et qui coûte tant d'argent, quand cette même somme rendroit la vie à deux cents familles désespérées? Pourquoi cette jeune dame qui montre tant de sensibilité, et qui verse tant de pleurs à la Comédie Françoise, voit-elle d'un œil sec le vieillard infirme qui lui demande l'aumône, et la mère infortunée couverte de haillons, qui l'implore aussi avec son petit enfant dans les bras? Comment ces tableaux ne lui déchirent-ils pas le cœur? — C'est qu'elle les voit continuellement. — L'habitude peut-elle endurcir sur des scènes si déplorables ? Mais cette jeune dame va sans cesse à la comédie, et elle y pleure toujours ? — Il est impossible de donner à tous les pauvres qu'on rencontre. — Raison de plus pour être ému, touché et profondément affligé. Mais d'ailleurs cette jeune dame ne donne pas autant qu'elle le pourroit; pourquoi dépense-t-elle tant d'argent chez mademoiselle Bertin et chez M. Baulard? — Mon ami, quand vous serez plus instruit, quand vous aurez acquis de la grâce, de l'élégance, un bon ton et de l'usage du monde, vous ne ferez plus des questions aussi déplacées. — Si toutes ces choses-là doivent m'ôter mon étonnement, je n'en veux point, etc., etc... Combien cet importun sauvage seroit plus pressant, s'il avoit lu l'Évangile ! combien sa surprise augmenteroit !... Ce qu'il y a de terrible dans tout ceci, c'est que cet interrogatoire qu'il nous feroit, il faudra le subir un jour devant un tribunal tout-puissant et sans appel !... Un juge suprême nous les fera, toutes ces questions ! Que répondrons-nous?...

Il me semble que les valets et les soubrettes de comédie sont des personnages tout-à-fait épuisés. Les anciens les peignoient d'après nature, c'étoient les *esclaves favoris*, qui, élevés avec leurs jeunes maîtres, avoient reçu une sorte d'éducation qui leur donnoit un bon langage, de la finesse, de l'adresse et de la ruse. Molière, Regnard, et quelques autres, les ont mis sur notre scène avec un talent supérieur, mais sans aucune vraisemblance; car, dans nos mœurs, les Crispins et les Martons sont des êtres imaginaires; tout ce qui n'est pas une imitation de la nature doit nécessairement s'épuiser avec le temps. On peindra avec succès des tableaux représentant des paysages, des fleurs et des hommes, tandis que l'architecture, qui est un art de convention, et non un *art imitatif*, doit finir par n'offrir que des copies serviles, ou des inventions bizarres. Il paroît même que, depuis le siècle de Louis XIV, toutes les combinaisons les plus belles et les plus savantes sont épuisées. Il en est ainsi des Crispins, des Frontins, etc. Les auteurs, ne trouvant point de modèles existans, se contentent de copier; et comme on sait d'avance avec certitude que ces personnages sont intéressés, poltrons, intrigans et fourbes, on les devine trop pour qu'ils puissent paroître amusans ou piquans. Il faut pourtant des confidens un peu subalternes ; ne pourroit-on pas employer avec succès les *demoiselles de compagnie* et les *secrétaires* des grands seigneurs qui n'écrivent point? et les chimistes, les botanistes, les petits savans attachés à tant de gens riches qui ont des cabinets et des laboratoires, mais qui d'ailleurs ne savent ni la chimie ni la botanique? On pourroit peindre, d'après nature, ces nouveaux personnages ; ces peintures du moins seroient vraies et seroient variées ; enfin, avec ces nouveaux confidens, on auroit encore la ressource, pour compléter les intrigues, des véritables femmes de chambre et des vrais domestiques que l'on n'a jamais bien peints, parce qu'on n'a jamais fait jusqu'ici que suivre la tradition laissée par les anciens auteurs.

L'abbé Arnaud est aimable, quoiqu'il ait de l'affectation dans l'esprit, parce qu'il a du naturel dans le ton et dans les manières, et toutes ses phrases les plus apprêtées ont une heureuse apparence d'originalité. Il intéresse quand il parle, mais il ne faut ni le lire ni se rappeler ce qu'il a dit; on l'écoute avec plaisir, le souvenir détruit cette impression. Ce n'est que lorsqu'il est *présent* que l'on peut aimer son esprit, mais *absent, il a toujours tort*. Madame de *** est précisément tout le contraire; elle dit des choses fines, sensées, délicates; mais elle a un ton pédant, rempli d'afféterie, et tout le monde la trouve une précieuse ridicule. Elle a pourtant beaucoup de justesse dans l'esprit.

═══

Quel dommage que M. de Lauzun ne sache pas apprécier la femme angélique et charmante que le ciel lui a donnée!... Il a d'ailleurs tant d'excellentes qualités et tant d'esprit!... Quelqu'un se moquant de son goût pour mademoiselle Laurent, il convint qu'elle n'est point jolie, et qu'elle joue fort mal la comédie. Mais, ajouta-t-il, si vous saviez comme elle est bête et comme cela est commode! on peut parler devant elle des choses les plus importantes avec une sûreté!...

Madame de ***, coquette encore à cinquante ans, eut ces jours-ci une violente dispute avec le marquis de G *** [1], et comme elle s'emportoit à l'excès : Calmez-vous, lui dit le marquis de G *** ; car je vous défie de me dire la plus piquante de toutes les injures : vous ne m'appellerez pas une vieille femme.

───

Madame de La Reynière a toute la beauté qu'on peut avoir sans jeunesse, et avec une extrême maigreur, sa figure est noble, imposante et régulière. Le baron de Breteuil, qui revient d'Italie, a dit d'elle en la voyant : C'est le *Colisée!* Malgré la majesté de cette image, on peut douter que madame de La Reynière soit flattée d'un tel éloge. Quelle femme de quarante ans s'enorgueilliroit d'être comparée à la plus belle ruine du monde ?

[1] De Genlis, si célèbre alors dans la société par les grâces de son esprit et ses bons mots. Son malheureux frère joignoit aux mêmes grâces beaucoup d'instruction, une mémoire surprenante et le talent de faire des chansons charmantes, dont plusieurs sont devenues vulgaires. M. de La Harpe en cite une dans sa Correspondance
(*Note de l'auteur.*)

A la dernière course de chevaux, M. de *** a perdu sept mille louis. M. le comte de *** en a gagné six mille, et le roi a parié un petit écu. C'est une leçon bien douce et de bien bon goût sur l'extravagance des paris; mais personne n'en profitera. Je méprise tous les jeux où l'on peut se ruiner; ainsi je hais ces courses de chevaux; d'ailleurs il me paroît affreux de chasser de leurs champs d'innocens bergers et leurs troupeaux, pour transformer une belle pelouse verte en un tapis de jeu : c'est profaner la nature. C'est bien assez de jouer dans les palais, dans les maisons, sans donner encore si publiquement ce pernicieux exemple à la classe d'hommes la plus innocente et la plus vertueuse.

Une louange donnée aux dépens d'un ami, quelque flatteuse qu'elle puisse paroître, ne sauroit plaire qu'à la personne dont l'amour-propre a gâté le cœur.

Il y a des gens qui n'ont de succès dans le monde que par leurs défauts. S'ils se corrigeoient de l'humeur, du caprice, de la brusquerie, ils deviendroient si médiocres, qu'on ne les remarqueroit plus. Il faut pourtant qu'ils aient une sorte d'esprit, et que quelque circonstance particulière les ait mis à la mode. Si la marquise de Polignac n'avoit pas été long-temps dame d'honneur d'une grande princesse, si elle étoit plus mesurée dans ses discours, si elle avoit une laideur moins extraordinaire, si elle avoit des manières moins étranges, elle n'auroit certainement pas cette grande réputation d'esprit qui me paroit peu fondée, et elle ne passeroit pas pour la personne du monde la plus originale et la plus piquante. Elle a du naturel, mais on l'a tant louée, à cet égard, qu'elle en a trop ; le naturel n'est véritablement agréable, dans une femme, que lorsqu'il s'allie avec la grâce, la douceur et la délicatesse. La marquise de Polignac peut paroître aimable lorsqu'elle est dans ses bons jours et qu'on la rencontre rarement ; quand on la voit de suite, elle fatigue, parce qu'elle se répète et qu'elle n'a qu'un ton, une sorte de plaisanterie brusque, plus comique par ses manières et ses mines, que par ce qu'elle exprime. Lorsqu'elle a de l'humeur, elle devient absolument un enfant gâté, elle boude, grogne, hausse les épaules et tourné le dos sans répondre. Toutes ces choses sont plaisantes dans un beau grand salon, au milieu d'un cercle ennuyeux de personnes bien compassées et bien parfaitement uniformes par leur maintien. Cette disparate offre un contraste amusant qui fait rire; mais, dans une société intime, ce caractère fantasque et bourru ne peut qu'impatienter et déplaire. Les bons mots que l'on cite d'elle sont surtout remarquables par une certaine grossièreté d'expressions qui lui est particulière. En voici un qui a fait fortune. Madame de Lutzbourg, toujours en mouvement, est étonnamment agissante et leste pour une personne de soixante-huit ans. Quelqu'un la louant à ce sujet : *Oui*, dit la marquise de Polignac, *elle a toute la vivacité que donnent les puces.*

Madame de Fleury, dans un autre genre, a des manières aussi singulières que celles de la marquise de Polignac. Elle est légère, étourdie, et elle a des accès de gaieté qui ressemblent un peu à la folie; mais, quoiqu'on ait la perfidie de s'amuser de ses travers, et de les exciter autant qu'on peut, ils ne réussissent point; elle est jeune et jolie, et elle trouve dans les femmes de sévères censeurs. Il est vrai aussi que la jeunesse et la beauté donnent à ces tournures extraordinaires quelque chose d'indécent. Si madame de Fleury, qui ne manque point d'esprit, étoit bien laide, elle ne paroîtroit qu'originale. C'est un Anglois qui a fait d'elle la meilleure critique. M. Horace Walpole, soupant avec elle, pour la première fois, en nombreuse compagnie, et voyant tout le monde occupé d'elle, et rire de ses folies, dit à l'oreille de son voisin : *Elle est fort drôle ici, mais que fait-on de cela à la maison ?* Il n'est que trop commun dans la bonne compagnie de rencontrer des personnes qui manquent de principes, mais chacun y respecte cette morale de tradition, dont l'opinion fait la seule base; cette espèce de code de société qui sert à conserver quelques idées estimables et délicates, à cacher plusieurs vices, et à rendre la vertu plus aimable. Les inclinations, les passions, les habitudes particulières, l'intérêt même, tout cède à cette morale de convention, tout s'y soumet. Par exemple, l'homme le plus ambitieux et le moins sensible ne sollicitera point la place que demande celui qui passe pour être son *ami intime.* La femme la plus humoriste et la plus dédaigneuse sera toujours chez elle polie, obligeante. Cette espèce d'hospitalité est mieux exercée en France que dans aucun autre pays; c'est peut-être une des choses qui contribuent le plus, parmi nous, à l'agrément de la société. *On ne se fâche point, on ne se formalise point, on ne se moque point chez soi; on n'y montre ni humeur, ni dédain, ni sécheresse :* voilà des maximes qui sont généralement suivies. Madame de V***[1] est une preuve frappante de cette vérité ; avec beaucoup d'esprit, elle est la personne du monde la plus moqueuse, la plus capricieuse et la plus dénigrante avec les gens qui ne lui plaisent pas. Rien de tout cela ne s'aperçoit chez elle; qui ne la verroit que là, seroit persuadé qu'elle est d'une politesse aimable et constante, d'une parfaite égalité d'humeur, et qu'elle est remplie de bonhomie. Il faut pourtant se faire une extrême violence pour savoir se composer ainsi. Nous avons tous assez de force pour nous vaincre, quand nous croyons véritablement que cet effort est nécessaire. Ce propos vulgaire, *cela est plus fort que moi*,

---

[1] La marquise de Voyer.

est une plate et mauvaise excuse. Avec tous ces défauts et une figure étrange, madame de V*** a, dit-on, inspiré de grandes passions, et en inspire encore, à ce qu'on assure, quoiqu'elle ait près de cinquante ans. Elle a les plus jolis pieds (*chaussés*) et les plus jolies mains de Paris; d'ailleurs elle est fort laide; elle a le plus grand nez connu de la ville et de la cour; elle fait elle-même sur cette espèce de difformité des plaisanteries qui ont beaucoup de grâce; elle prétend que son nez, exactement mesuré, est plus long que sa pantoufle, et ce fait singulier ne paroît à personne une exagération. La belle madame Cases, qui n'a pas de quoi comprendre que l'esprit puisse dédommager du manque de beauté, ne regarde jamais madame de Voyer, son amie, sans éprouver une pitié déchirante; et pour la consoler de ce malheur, elle lui parloit sans cesse de ses mains et de ses pieds. Ces éloges, continuellement répétés, ont fini par excéder madame de Voyer, qui, pour s'en délivrer, pria secrètement le président de Périgni de lui faire un jour une scène sur son nez, quand madame Cases recommenceroit ses louanges accoutumées. En effet, à la première occasion, et devant huit ou dix personnes qui n'étoient point dans cette confidence, Périgni coupa la parole à madame Cases, qui se récrioit sur la délicatesse et la blancheur des mains de madame de Voyer : « Pour moi, dit-il, ce n'est point du tout là ce qui me charme dans madame de Voyer, je ne puis souffrir ses mains et ses petits pieds si vantés ; ce que j'aime le mieux en elle, c'est son nez. » A cette incartade, tout le monde s'étonna, et madame Cases frémit : « Oui, continua le président, son nez ; il est de si bonne amitié, si prévenant ; il me fait toujours des avances, tandis que ses mains et ses pieds me repoussent... » Le président de Périgni dit des bons mots et fait de bonnes actions ; c'est l'un des hommes de la société le plus gai, le plus spirituel et le plus loyal. Puisque j'ai parlé de lui, je veux conter l'histoire du fameux fidéi-commis de madame de Launay. J'en tiens les détails du président même et de l'amie incomparable que j'ai perdue, et qui en fut l'héroïne.

Madame de Lôgny, l'une des plus riches veuves de la finance, eut une conduite plus que légère, dont le scandale même devint apparemment une sorte de leçon morale pour ses

deux filles, qui furent l'une et l'autre deux
personnes si vertueuses et si parfaitement ir-
réprochables. L'aînée, qui épousa M. de Louvois, étoit la plus petite femme que j'aie vue;
mais la taille la mieux proportionnée, de petites mains ravissantes, un beau teint, un joli
visage, un air enfantin, rendoient cette petite
figure charmante. La cadette avoit la beauté
imposante et majestueuse de Minerve. Cette
belle figure, qui, dès l'âge de seize ans, annonçoit la sagesse, n'étoit pas trompeuse. Mademoiselle de Lôgny, élevée chez une mère
coquette et galante, avec l'éducation la plus
négligée, n'entendant que des entretiens frivoles et dangereux, et ne recevant que de
pernicieux exemples, devint la personne la
plus pieuse, la plus austère pour elle-même,
et la plus indulgente pour les autres. Un livre
d'Évangiles qu'elle relisoit sans cesse, et qu'elle
méditoit profondément, produisit ce miracle.
Elle étoit si attachée à ce livre, d'une impression fine, et ne formant qu'un petit volume,
qu'elle le portoit toujours dans son sac ou
dans ses poches, et qu'elle l'a soigneusement
conservé toute sa vie..... Il a malheureusement passé dans mes mains, je ne possède

rien de plus précieux et qui me soit plus cher....

L'unique talent (celui de la danse) que madame de Lôgny désirât donner à sa fille, fut précisément la seule chose que mademoiselle de Lôgny ne voulut pas apprendre; on ne la contraignit point à cet égard dans son enfance; mais lorsqu'elle eut quatorze ou quinze ans, le maître de danse reparut : il ne fut pas mieux accueilli. Madame de Lôgny, la questionnant sur cette répugnance si constante, sa fille lui répondit : *Je veux me réserver une bonne raison pour ne jamais aller au bal.* On fut très-effrayé de cette réponse : madame de Lôgny en conclut que sa fille avoit le projet de se faire religieuse; elle chargea Périgni, son ami intime, de l'interroger à cet égard. Mademoiselle de Lôgny assura qu'elle avoit le désir de se conduire sagement dans le monde, et non le dessein d'y renoncer. Le résultat de cet entretien fut que le président lui promit de lui donner secrètement les sermons de Massillon et de Bourdaloue, qu'elle n'avoit jamais lus. Quelques jours après, il les lui apporta mystérieusement. Depuis ce moment, Périgni devint le confident et l'ami de mademoiselle de Lôgny. Il avoit cinquante ans, et elle entroit dans sa seizième année.

M. et Mme. de Louvois logeoient chez madame de Lôgny : c'étoit même une des conditions du mariage, madame de Lôgny n'ayant pas voulu se séparer de cette fille chérie, qu'elle aimoit beaucoup mieux que l'autre. M. de Louvois eut avec sa belle-mère des manières légères et des procédés ridicules ; madame de Lôgny prit de l'humeur, et sut mauvais gré à sa fille de ne pas la partager. Madame de Louvois adoroit son mari ; cette tendresse étoit à tous égards si peu fondée, que l'on pouvoit presque la regarder comme une foiblesse ; mais une mère surtout devoit la respecter : c'est ce que ne fit pas madame de Lôgny. Dans son dépit contre son gendre, elle eut assez peu de principes et de raison pour instruire sa fille des infidélités et des déréglemens de son gendre. Par cette indigne conduite, elle perdit entièrement la confiance de madame de Louvois, et elle fit son malheur sans la guérir. L'aigreur réciproque devint extrême, les tracasseries et les explications de mauvaise foi se multiplièrent ; enfin, un jour que madame de Lôgny étoit allée dîner à la campagne, M. de Louvois, qui avoit secrètement loué une maison, quitta brusquement celle de sa belle-mère, sans l'en avoir prévenue; il déménagea en quelques heures, et emmena sa femme. Ce procédé bizarre et malhonnête mit le comble au ressentiment et à la colère de madame de Lôgny : en vain madame de Louvois écrivit les lettres les plus soumises, et vint se présenter chez sa mère, on lui renvoya ses lettres toutes cachetées, la porte lui fut toujours fermée ; madame de Lôgny lui fit dire qu'elle ne la recevroit et ne lui pardonneroit jamais ; et malheureusement elle tint parole. Elle résista avec une fermeté extravagante et barbare aux représentations de ses amis, aux pleurs et aux supplications de mademoiselle de Lôgny, qui intercéda avec ardeur et persévérance pour sa malheureuse sœur; mais, victime de sa propre rigueur, elle éprouva un dérangement de santé, qui devint une maladie chronique très-dangereuse; plus ses forces s'affoiblissoient, plus son ressentiment sembloit s'accroître; ou, pour mieux dire, sa haine dénaturée achevoit de détruire en elle les principes de la vie; une mère implacable peut-elle vivre ?... Lorsqu'on vit sa fin approcher, on lui reparla de madame de Louvois, elle imposa silence. On tâcha, mais avec aussi peu de succés, de ranimer en elle quelques sentimens religieux. Le curé de sa paroisse vint sans être appelé, il lui parla de sacremens, elle ne répondit rien; il prononça le nom de madame de Louvois, et madame de Lôgny lui dit d'un ton terrible: *Sortez, monsieur.* Il s'éloigna, et resta dans un cabinet voisin. Cependant mademoiselle de Lôgny avoit fait entrer furtivement sa sœur, et la tenoit cachée. Dans un moment qu'elle crut favorable, elle se jeta à genoux au chevet du lit de sa mère, et, baignée de larmes, elle implora pour sa sœur un pardon maternel. *Taisez-vous,* fut la seule réponse qu'elle obtint. Madame de Louvois passa quatre jours et quatre nuits sur une chaise de paille dans l'antichambre de sa cruelle mère.... Madame de Lôgny n'admit dans sa chambre que Périgni et sa fille cadette; cette dernière recueillit plusieurs discours qui lui firent penser que sa mère méditoit une vengeance qui pût lui survivre.... Le cinquième jour, madame de Lôgny étant à la dernière extrémité, mais avec toute sa connoissance, demanda son notaire, et fut enfermée avec lui plus de deux heures. Durant ce temps, mademoiselle de Logny voulut entretenir Périgni sans témoins, et elle lui tint ce discours : Vous êtes, monsieur, l'homme du monde que j'estime le plus, et j'ai besoin de vous ouvrir mon cœur. Je n'ai nulle connoissance des affaires; mais je sais qu'il est des moyens d'éluder les lois, et qu'en les employant, ma mère pourroit déshériter ma sœur, et je crois que tel est son projet. Toutes mes intentions sont droites; cependant je n'ai que dix-sept ans : à cet âge on peut se démentir, ou suivre de mauvais conseils; je veux me lier par un engagement irrévocable.... Vous, monsieur, que je regarde comme un père, recevez donc la parole d'honneur que je vous donne solennellement, de rendre à ma sœur, si elle est déshéritée, non pas une partie du bien, mais la moitié toute entière qui lui reviendroit naturellement. Maintenant, continua-t-elle, je suis tranquille sur ce point; me voilà dans l'impossibilité de manquer à ce devoir. Périgni fut profondément attendri de cette démarche; ce qui le frappa le plus dans cette jeune personne, qui toute sa sa vie avoit montré le caractère le plus ferme,

fut cette modeste et vertueuse défiance d'elle-
même, et la précaution qu'elle prenoit de
se lier de manière à ne pouvoir changer de résolution. En effet, ce trait est admirable, il
peint une âme angélique et une vertu véritablement chrétienne. Le soir de ce même
jour, mademoiselle de Lôgny et le président
firent une dernière tentative en faveur de madame de Louvois; ils osèrent déclarer qu'elle
veilloit dans l'antichambre depuis cinq jours :
alors, madame de Lôgny, élevant la voix,
prononça avec fureur ces horribles paroles :
Je la maudis. Sa malheureuse fille, placée
contre la porte entr'ouverte, les entendit, et
s'évanouit.... Après ce dernier effort d'une
haine monstrueuse, madame de Lôgny tomba
dans une effrayante et longue agonie, elle
mourut au point du jour. Si elle eût eu de la
religion, si elle eût voulu recevoir ses sacremens, elle auroit reçu sa fille dans ses bras,
et, malgré l'inconcevable dureté de son cœur,
elle auroit pardonné....

Mademoiselle de Lôgny voulut aller dans
un couvent, on la conduisit à Panthemont.

Par son testament, madame de Lôgny donnoit au président de Périgni toute sa fortune

(environ cent mille livres de rentes), ses terres, ses revenus, son mobilier, ses diamans; enfin, sans exception, tout ce qu'elle avoit possédé. Périgni accepta ce *fidéi-commis*, et, suivant l'intention de la testatrice, il remit toute cette fortune à mademoiselle de Lôgny, qui partagea avec sa sœur, et si scrupuleusement que, dans le compte de l'argenterie, elle fit rompre en deux une cuillère de vermeil qui formoit un nombre impair, afin d'en envoyer une moitié à madame de Louvois. Cette dernière mourut sans enfans peu d'années après, et toute sa fortune retourna dans les mains pures et généreuses qui la lui avoient cédée. Mademoiselle de Lôgny, un an après la mort de sa mère, épousa le comte de Custine. Nulle jeune personne n'est entrée dans le monde avec une réputation plus désirable, et n'y fut accueillie d'une manière plus distinguée et plus flatteuse. Sa conduite avec sa sœur, dont Périgni avoit publié tous les détails, inspiroit pour elle l'admiration la mieux fondée. Il étoit dans sa destinée de ne devoir qu'à elle seule ses vertus et sa réputation; elle n'eut, pour la conduire dans le monde, ni guide, ni mentor; sa belle-mère vivoit en

Lorraine; et cependant, sans surveillance et sans conseils, elle ne fit pas une faute, parce que, ferme dans ses principes et timide dans ses démarches, elle ne fit pas une étourderie. Elle avoit infiniment d'esprit, et elle ne l'employa jamais qu'à perfectionner sa raison et son caractère : riche, jeune et belle comme un ange, elle mena toujours une vie sédentaire, n'allant à la cour que par devoir, aux spectacles que par complaisance, ne paroissant jamais au bal; et quoiqu'elle eût beaucoup de vivacité, elle étoit si indulgente, elle avoit tant de douceur et de simplicité, que son goût pour la retraite et son austérité ne ressembloient qu'à la paresse. Lorsqu'on paroissoit le croire, elle en étoit charmée : J'aime mieux, disoit-elle à ses amis, que l'on m'accuse d'indolence que de singularité. Elle n'étoit ni une épouse, ni une mère, ni une amie *indolente*. On n'a jamais eu plus d'activité pour remplir ses devoirs domestiques et pour obliger et servir ses amis. Ce portrait, loin d'être flatté, est bien inférieur à son modèle. Il me reste une amie charmante, la comtesse d'Harville, qui fut aussi la sienne, et qui peut dire combien je suis loin d'exagérer... Madame de

Custine vécut six ans dans le monde avec la considération personnelle et l'existence d'une femme de quarante ans, dont la conduite auroit toujours été parfaite. Une fluxion de poitrine termina en cinq jours cette vie si pure et si exemplaire. Son mari étoit à cent lieues, et madame d'Harville dans une terre. J'étois à Paris, je ne la quittai ni jour ni nuit; et quand je ne l'aurois pas aimée passionnément, je n'oublierois jamais cette mort édifiante... Elle eut toujours toute sa tête, et ne s'abusa pas un moment sur son état. Chaque jour, je lui faisois tout haut de longues lectures de piété, dans son petit livre d'Évangiles ou dans l'*Imitation*. Elle étoit calme, douce, silencieuse; elle ne faisoit point de phrases, il n'y avoit rien à citer d'elle; mais Raphaël ou le Poussin auroient voulu la peindre; sa physionomie exprimoit tout ce qui pouvoit toucher profondément dans sa situation, la pieuse résignation, le sentiment et la sérénité. Sur la fin du quatrième jour, M. Tronchin jugea qu'elle ne passeroit pas le cinq. Ce jour terrible étoit un dimanche, elle avoit reçu tous ses sacremens la veille, et à sept heures du matin, elle me conjura d'aller à la messe. Elle ne souffroit plus, elle étoit si belle, si tranquille, que je ne pouvois me persuader qu'elle fût à la mort. Pressée par elle d'aller à l'église, je demandai des *Heures* à une de ses femmes; madame de Custine me dit de prendre son livre chéri d'Évangiles, à la tête duquel se trouvoit l'ordinaire de la messe. Une pensée confuse et douloureuse me rendit immobile; je savois qu'elle ne *prêtoit* jamais ce livre.... Je la regardai, et ses grands yeux noirs, si expressifs et si parlans, ne me confirmèrent que trop ce que j'avois pressenti.... Sa femme de chambre me donnant le livre : Prenez-le donc, répéta-t-elle, d'un ton ému.... Je le reçus, ce livre sacré, avec un sentiment inexprimable : hélas ! c'étoit un don !... Tremblante, et ne pouvant parler, je m'approchai du lit, j'embrassai mon angélique amie avec toute la tendresse et toute la douleur qu'on peut ressentir. Elle me serra dans ses bras, en me disant à voix basse : *Gardez-le toujours*.... Mes pleurs inondèrent son visage... Je m'échappai, et je ne la revis plus ; quand je revins, elle avoit cessé d'exister.... On regrette doublement une personne dont tout l'avenir offroit une si douce perspective. Son mari est un honnête homme, un brave et bon militaire; il remplira sûrement une carrière honorable : ses enfans sont charmans à tous égards; ils annoncent tant d'esprit et de vertus ! Elle eût été une épouse et une mère si heureuse !... Ah ! pourquoi la Providence n'a-t-elle pas accordé à cette femme si pieuse et si parfaite, ce bonheur promis au juste, celui de voir les enfans de ses petits-enfans ?...

Les princes françois meurent de peur de manquer de grâces.

Les princes étrangers ne craignent que de ne pas paroître affables et obligeans : aussi sont-ils parlans et polis, tandis que les nôtres sont timides et ne savent pas dire un mot à ceux qu'ils connoissent peu. Ils aiment mieux avoir l'air dédaigneux, que de paroître gauches. Si j'élevois des princes, je ne leur parlerois jamais de *grâces*, et je les accoutumerois, de bonne heure, à causer sur toutes sortes de sujets, avec des gens du monde, des savans, des hommes de lettres et des artistes.

---

[1] Pour lui épargner l'horreur de voir périr sur un echafaud son mari et son fils. (Note de l'éditeur.)

Le jeu *des bateaux* est toujours fort à la mode. On vous suppose dans un bateau prêt à périr avec les deux personnes que vous aimez, ou que vous devez aimer le mieux, et ne pouvant en sauver qu'une ; et l'on a l'indiscrétion et la cruauté de vous demander quel choix vous feriez ! Ce jeu, qui ne me paroît pas fort gai, plaît beaucoup dans ce moment. On a fait, pour la comtesse Amélie, un bateau bien embarrassant ; il étoit rempli par sa mère, qui ne l'a point élevée, qu'elle connoît à peine, et par sa belle-mère qu'elle aime avec la plus vive tendresse. Elle a répondu : *Je sauverois ma mère, et je me noierois avec ma belle-mère.*

La langue françoise a des noms pour tous les vices, et pour tout ce qui en dérive. Elle est complète et riche à cet égard ; mais elle est pauvre dans le genre contraire. Par exemple, nous avons le mot *remords*, et nous ne pouvons pas exprimer, par un seul mot, la satisfaction intérieure que fait éprouver le souvenir d'une action magnanime. Nous avons le mot *envieux*, et le caractère opposé n'a point de nom. Il est vrai que si ce mot existoit, on ne pourroit l'employer que bien rarement ; mais assurément on l'appliqueroit à M. d'Anteroche.

C'est un homme qui n'a reçu de la nature, ni assez d'esprit, ni assez d'agrémens pour attirer sur lui l'attention des autres; il a très-peu de fortune : ainsi son existence, dans le monde, n'est nullement brillante. Il est bon; mais il ne comprend guère les raffinemens de la délicatesse et de la sensibilité. Comme il n'a jamais causé d'ombrage, il n'a jamais eu d'ennemis, et il ne connoît ni ne conçoit la haine. N'ayant inspiré ni passion ni grand attachement, l'amitié n'est pour lui que de la bienveillance. Il jouit d'une santé parfaite; on lui voit toujours un visage épanoui, riant et fleuri. Il n'est pas joueur, il n'est pas chasseur; il n'a qu'un goût, celui de la bonne chère en nombreuse compagnie; il a des idées extrêmement simples sur les plaisirs de la société; il les fait consister, non dans le choix des personnes, mais seulement dans un grand rassemblement d'hommes et de femmes, dans un beau salon bien éclairé. Je ne crois pas que, durant toute sa vie (il a cinquante ans), il ait été admis dans un petit cercle particulier, ni qu'il l'ait désiré. Certain de n'être jamais remarqué, il ne craint pas de se perdre dans la foule; au contraire, il la cherche comme l'asile qui lui convient; et, par un heureux instinct, il ne se plaît que là. Sa naissance lui assure l'entrée de toutes les grandes maisons ouvertes. Il est invité aux noces, aux fêtes, aux cérémonies de la société. Sa vie n'est remplie que des événemens qui arrivent dans le monde, et son bonheur se compose, sinon de celui des autres, du moins de tout ce qui le forme dans son opinion. Se marie-t-on, sa joie est extrême, il ira à la noce. Une femme accouche-t-elle heureusement, il est charmé; au bout de trois semaines elle recevra, sur sa chaise longue, les visites de tous ceux qui se présenteront. Meurt-on, il s'afflige réellement, il suivra l'enterrement (ce qui est une petite consolation); mais la maison sera fermée pendant plusieurs semaines ou même plusieurs mois : aussi les *veuvages*, surtout, lui causent une véritable peine. Mais comme il est heureux, lorsqu'il y a un compliment à faire! Il y a vingt ans qu'il a quitté le service, et il n'en prend pas moins d'intérêt à toutes les promotions qui se font; il n'existe pas un colonel et un brigadier qu'il n'ait félicités avec effusion de cœur, sa joie est toujours proportionnée à l'élévation du grade, et pour celui de maréchal de France, elle va presque jusqu'au transport.

Ce caractère lui fit faire, il y a deux ou trois ans, un plaisant quiproquo. On faisoit une promotion. A cette même époque, M. de Vaubecourt découvrit les déréglemens inconcevables de sa femme, et avec un tel éclat, que tout Paris en fut instruit. M. de Vaubecourt dit publiquement qu'il va demander une lettre de cachet pour faire enfermer dans un couvent cette malheureuse jeune personne, âgée de vingt-deux ans : il écrit en conséquence au ministre. Le lendemain il part pour Versailles. Tout le monde savoit qu'il venoit y solliciter. M. d'Anteroche, qui ne s'informe jamais des nouvelles scandaleuses, ignoroit parfaitement tout cela; mais, comme à son ordinaire, très-curieux d'apprendre les noms de ceux qui ont obtenu des grades, il arrive à Versailles, chez le ministre, en même temps que M. de Vaubecourt. Il y avoit à cette audience un monde prodigieux. Le ministre fait sa ronde, et en approchant de M. de Vaubecourt, qui étoit à côté de M. d'Anteroche, il lui dit : *Monsieur, votre affaire est faite*. Il parloit de la lettre de cachet de madame de Vaubecourt; mais M. d'Anteroche, croyant qu'il s'agissoit de la promotion, et que M. de Vaubecourt y étoit compris,

embrasse ce dernier avec transport, en s'écriant :
Mon ami, je t'en fais mon compliment, cela ne
me surprend point : tu n'as que ce que tu mérites assurément bien, cela ne pouvoit te manquer.... M. de Vaubecourt rougit, pâlit, veut
s'esquiver; M. d'Anteroche le retient de force,
en s'extasiant sur sa *modestie*, et en répétant
que cet événement est très-simple, que tout
le monde s'y attendoit, et que lui, qui parle,
l'a prédit.... Enfin, le malheureux M. de Vaubecourt s'échappe; toute l'assemblée éclate de
rire, et M. d'Anteroche sort sans être désabusé,
en disant je soutiendrai toujours que ceci n'est
qu'une justice rendue à M. de Vaubecourt, et
dont personne ne devroit s'étonner.

On se moque beaucoup des gens de finances
qui font rapidement une immense fortune;
sur les théâtres et dans la société, on s'acharne
à les couvrir de ridicules; je trouve bien que
ces prodigieuses fortunes, acquises si promptement, peuvent paroître un peu suspectes, mais
rien n'autorise à blâmer sans connoissance de
cause et sans preuves : aussi les sarcasmes sur nos
millionnaires ne tombent communément que

sur leur personnel et sur l'emploi qu'ils font de leurs richesses. Il est surprenant que, depuis tant de siècles, les inépuisables plaisanteries faites sur le luxe des parvenus n'en aient pas corrigé quelques-uns du goût de la magnificence. On *étale* pour briller; et quand l'*étalage* ne produit constamment que d'amères moqueries, comment ne prend-on pas une apparence modeste! On ne pardonnera jamais le faste éclatant aux financiers, puisqu'on ne le pardonne pas aux nôtres, qui sont en général de meilleure compagnie que dans les autres pays, et qui font, à beaucoup d'égards, un emploi noble de leur fortune. M. de Montmartel étoit mort quand je suis entrée dans le monde; mais j'ai entendu conter de lui des traits admirables de bonté et de générosité. On en cite aussi de Samuel Bernard. M. de La Popelinière, que Voltaire a surnommé *Mécène* un peu légèrement, a eu le tort de ne *protéger* que des chanteurs et des musiciens, et d'en remplir sa maison; mais il avoit beaucoup d'esprit; il a fait un roman agréable [1]; de jolies chansons et plusieurs comédies de société. Ce qui vaut mieux encore, il étoit bien-

---

[1] Intitulé *Daira*.

faisant, et marioit tous les ans six pauvres filles.

On a fait les vers suivans, pour être mis au bas de son portrait gravé :

> Ce sage, des arts le Mécène,
> Par ses propres talens, pleins de célébrité,
> Est au sein de Plutus l'homme de Diogène,
> Et le plus tendre ami qu'ait eu l'humanité.

Cet éloge étoit exagéré, mais il n'étoit pas ridicule, et c'est beaucoup. M. de La Borde est simple dans ses manières, d'un commerce agréable et d'une extrême obligeance.

M. de Beaujon est aussi bon, aussi généreux que magnifique ; sa vaste maison est une petite république, dans laquelle tout le monde est heureux. Loin d'avoir la tyrannie, si commune, de forcer ses gens au célibat, il les engage tous à se marier, et il loge et nourrit leurs femmes et leurs enfans. Quand ces derniers sont en âge de travailler, il les place chez des artisans, et paie leur apprentissage. Il recueille le fruit de cette bonté touchante : il a des domestiques sages, sédentaires et affectionnés ; enfin, M. de Beaujon a fondé un hospice pour les pauvres malades ; ne faut-il donc pas lui pardonner de coucher dans un lit qui représente une corbeille de roses! on doit avoir des idées si douces et si riantes, quand on peut faire autant de bien!... Pour moi, si je voulois peindre la douceur du sommeil de l'homme bienfaisant, je le représenterois couché sur un lit de fleurs; c'est lui qui dort paisiblement, c'est pour lui qu'on auroit dû inventer tous ces emblèmes gracieux, consacrés à l'Amour et à la Beauté.... Les passions ne dorment point, ou dorment si mal!... La volupté du sommeil et le charme des songes ne sont goûtés que par l'innocence et la vertu.

J'aime la société des vieilles personnes spirituelles qui ne parlent point d'elles, qui en même temps se plaisent à conter des anecdotes du temps passé; outre que je m'instruis agréablement avec elles, j'ai remarqué que toutes ces personnes-là sont franches, bonnes et sensibles. Une autre observation que j'ai faite, c'est qu'en général toutes les femmes de soixante ans, dont la jeunesse a été souillée par de honteux égaremens, sont très-froides et très-silencieuses sur le passé, ou n'en parlent qu'avec sécheresse, et souvent même, avec une sorte de morosité. Les souvenirs, pour elles, sont remplis d'amertume, et naturellement elles les repoussent.

La vieille marquise de Rochambeau, qui a toujours été une personne très-vertueuse, est, à soixante-quinze ans, une aimable *conteuse*. J'ai recueilli d'elle, aujourd'hui après dîner, un trait assez drôle de feu madame la duchesse d'Orléans. Voici cette espièglerie : *Le Père* (M. d'Étréhan) [1], qui avoit alors environ cinquante ans, et cette figure étrange et ridicule qu'il devoit avoir à vingt-cinq, un jour, après dîner, au Palais-Royal, s'endormit profondément dans le salon, au coin du feu, ce qui ne produisit aucune sensation dans la société, tant qu'il y eut du monde, parce que, suivant sa coutume, il ne s'étoit nullement mêlé de la conversation, et qu'il ne se trouvoit là que pour attendre l'heure de l'Opéra. Tout le monde s'en alla, il ne resta, avec madame la duchesse d'Orléans, que madame de Blot. Cette dernière se mit à rire en apercevant cette figure endormie. On chercha quelle niche on pourroit lui faire, et on imagina de le coiffer avec

[1] On ne l'appeloit dans la société que *le Père*, quoiqu'il n'eût jamais eu de femme ni d'enfans.

(Note de l'auteur)

un petit bonnet à *papillons*, fait en carcasse, comme on les portoit dans ce temps ; on y ajouta une jolie rose artificielle, posée coquettement sur l'oreille ; madame la duchesse d'Orléans et madame de Blot lui attachèrent tout cela délicatement et solidement sur sa perruque, sans le réveiller ; ensuite, elles lui mirent du rouge et une demi-douzaine de mouches, appelées alors des *assassins*. Pendant cette toilette, il ronfla sans discontinuer ; et lorsqu'on eut fini, on fit dire aux valets de chambre et aux valets de pied de ne témoigner aucune surprise, lorsque M. d'Étréhan passeroit pour s'en aller. Alors on le réveille, et on l'avertit que l'Opéra étoit commencé. Il s'y rendit sur-le-champ, en passant par les appartemens et les petits corridors du palais. Sa loge étoit au premier rang, près le théâtre et très en vue ; en y entrant, il ne manqua pas de se pencher en avant, pour voir si la salle étoit pleine, et pour lorgner les petites loges des gens de sa connoissance. Aussitôt, à l'aspect de cette singulière figure, un rire général s'éleva dans la salle. *Le Père*, pour découvrir la cause de cette gaieté, se montra mieux encore au public, en sortant le corps à moitié de sa loge, et en regardant de tous côtés ; les rires redoublèrent, de longs applaudissemens s'y joignirent, et l'on fit un tel tapage, que le spectacle en fut interrompu..... *Le Père* répétoit toujours : *Qu'est-ce que c'est? qu'est-ce que c'est?*... Mademoiselle Fel, une chanteuse, entrant dans sa loge, en lui présentant un miroir, le lui apprit....

M. d'Étréhan est un vieillard qui se porte fort bien, qui n'a jamais manqué une représentation d'opéra; on croiroit que c'est un vœu qu'il a fait, tant son exactitude, à cet égard, est scrupuleuse. Tout ce qu'il se permet, c'est de sacrifier un acte ou deux, mais il faut qu'il comparoisse dans sa loge. D'ailleurs, il n'arrive dans une maison que pour dîner ou pour souper; il mange, et ne parle point, à moins qu'il ne soit question de l'Opéra; il dit alors quelques mots, surtout si l'on parle de *ballets*, car c'est la chose qui l'intéresse le plus. Il n'a pris aucun parti dans la querelle des Gluckistes et des Piccinistes : pourvu qu'il y ait toujours des opéras et des ballets, c'est tout ce qu'il lui faut; il ne manque pas un bal masqué, il s'y promène gravement, sans attaquer personne; il n'y va que par *bienséance*, parce que cela s'appelle *le bal de l'Opéra*. Je ne sais pas pourquoi on l'a surnommé *le Père;* car il n'a rien de vénérable ni dans ses *mœurs*, ni dans sa personne. Si une femme ne l'appeloit pas *mon Père*, elle auroit l'air d'une provinciale, ce qui oblige, en quelque sorte, à se lier avec lui, afin d'acquérir le droit de lui donner ce titre. Ainsi ce surnom lui a valu, dans le monde, une sorte de considération qu'il n'auroit jamais eue sans cela. Sa constance pour l'Opéra ne lui a pas été inutile sous ce rapport, on en rit, on en parle; au défaut d'agrément ou de caractère, une singularité sert souvent à donner dans la société une espèce d'existence. Il n'y a rien de pis qu'une complète insipidité qui ne fournit rien à la conversation; le ridicule même vaut mieux que la nullité.

Je ne connois rien de moins spirituel que tous les *surnoms* donnés et reçus dans la société. M. de Saint-Chamand, surnommé *l'Amour*, a toujours été fort laid, et le peu de soin qu'il prend de sa personne ajoute à cette disgrâce naturelle un défaut plus désagréable encore. Un jour que, voulant aller au bal, il demandoit un conseil pour se bien déguiser, on lui répondit : Mon ami, mets une chemise blanche. Le surnom de *Poule*, donné à madame de Flacour, qui a, dit-on, été si belle, n'est pas plus heureux.

On a surnommé le marquis de Choiseul, *le beau Danseur*, parce qu'en effet il danse à merveille; mais on pouvoit lui donner un surnom plus intéressant, qu'il a bien mérité par un caractère très-estimable et par une action noble et touchante, que je conterai demain, car il est trop tard pour l'écrire ce soir.

———

M. de Choiseul (surnommé *le beau Danseur*), veuf depuis quelques mois, après deux ans de mariage, est, avec raison, inconsolable de la mort de sa femme, qui étoit, par sa beauté, par son caractère et par sa conduite, l'une des plus charmantes personnes que j'aie jamais connues. M. de Choiseul a très-peu de fortune, et sa femme en avoit une immense. Mais il fut stipulé sur son contrat de mariage, que si elle mouroit sans enfans, non-seulement tout son bien retourneroit à sa famille, mais encore *tous les bijoux, tous les diamans qu'elle se trouveroit avoir au jour de son décès,* clause singulière dont on a beaucoup parlé dans le monde, parce que ses parens, malgré leur richesse, ne lui donnèrent pas pour deux mille écus de diamans. Cette clause n'empêcha point le marquis de Choiseul de donner à sa femme, quelques jours après la noce, de très-beaux bracelets de diamans. Cette jeune personne, qu'il aimoit avec passion, eut mal à la poitrine un an après son mariage; le mal ne fit point de progrès pendant six mois, mais, au bout de ce temps, elle tomba tout à coup dans un état qui fit tout craindre pour sa vie. Elle n'avoit point eu d'enfans. On essaya en vain tous les remèdes; les plus grands médecins, consultés, déclarèrent enfin à M. de Choiseul que sa maladie étoit parvenue à son dernier période, qu'il n'y avoit plus d'espérance, et que madame de Choiseul n'avoit pas quinze jours à vivre. Cependant, par un bonheur commun dans cette maladie, madame de Choiseul jusque-là n'avoit point eu d'inquiétude sérieuse; elle conservoit toute sa tête, toute sa tranquillité d'esprit, et elle avançoit doucement vers la tombe, avec la sérénité de l'innocence, et toutes les illusions de l'espérance et de l'amour. Néanmoins elle s'aperçut que son mari, qu'elle adoroit, ne pouvoit ni vaincre ni dissimuler sa profonde tristesse : ce fut pour elle un trait de lumière, elle vit sa mort dans les yeux éteints et rouges de celui qu'elle aimoit, et elle la vit avec horreur! M. de Choiseul l'étudioit avec trop de soin pour ne pas remarquer qu'elle étoit enfin éclairée sur son état, et son cœur fut déchiré en pensant que cette connoissance empoisonneroit ses derniers jours, et sans doute en précipiteroit le terme. Alors, faisant sur lui-même un effort surnaturel (s'il en est de tels quand on les croit utiles à ce qu'on aime), il parut chez sa femme avec une physionomie ouverte et le ton de la gaieté; il lui fit la fausse confidence d'un chagrin imaginaire qu'il prétendoit avoir eu, et il parvint, sinon à la tranquilliser entièrement, du moins à diminuer ses craintes. Le lendemain il fit en quelques heures l'acquisition d'un superbe collier de diamans, qui lui coûta quarante-huit mille francs, et il engagea, pour l'acheter, la petite terre qu'il possédoit. Ce marché fait, il alla trouver sa femme : Mon amie, lui dit-il, voilà une emplette que je viens de faire pour toi; ce collier ne m'a coûté que deux mille louis, il vaut davantage; c'est pourquoi je me suis pressé de l'acheter, quoique nous ne soyons qu'au mois de septembre, et que je sache que tu ne pourras t'en parer que cet hiver, car tu n'as plus maintenant que la foiblesse inséparable d'une longue maladie; mais dans deux mois, j'en suis certain, tu seras en état de sortir, et ce collier sera une belle parure pour les bals de la cour.... Pendant ce discours, madame de Choiseul regardoit avec ravissement son mari, l'espérance et la joie renaissoient dans son cœur; tout ce qu'elle éprouvoit se peignoit sur son visage, et M. de Choiseul jouit pendant quelques instans de l'illusion qu'il causoit, quoiqu'il ne pût la partager. Depuis ce jour, madame de Choiseul n'eut pas la moindre inquiétude; elle montroit ses diamans à tout ce qui venoit la voir : outre le plaisir qu'elle éprouvoit à faire valoir la magnificence de son mari, il sembloit qu'elle assurât, en la produisant, cette preuve prétendue de sa prochaine guérison. Elle vécut encore près de trois semaines, elle goûta la vie jusqu'au dernier moment, et elle expira doucement dans les bras de son mari.... Après sa mort, sa famille voulut rendre le collier de diamans à M. de Choiseul, il le refusa avec toute la fierté de la douleur. L'accepter eût été détruire en quelque sorte une action si noble et si délicate [1].

Voici un trait singulier du fameux médecin Chirac, que je tiens de M. de Schomberg. Chirac étoit à l'extrémité de la maladie dont il mourut; après quelques jours de délire, la tête lui revint à moitié; tout à coup il se tâte le pouls : « J'ai été appelé trop tard, s'écrie-t-il; l'a-t-on saigné? — Non, lui répond-on. — Eh bien ! reprit-il, c'est un homme mort. » Et il dit vrai.

Le baron de Besenval est très-aimable, il a du naturel, de la grâce dans l'esprit et de la gaieté; il est Suisse pourtant. Voici un joli mot de sa jeunesse, qui est *très-françois*. Il revenoit sain et sauf de l'armée, et il envioit les jeunes gens qui, dans cette campagne, avoient eu l'hon-

---

[1] M. de Choiseul s'est remarié. Il eut le bonheur de trouver une seconde femme digne de le consoler de la perte de la première.

(Note de l'auteur.)

neur d'être blessés. Il alla à la chasse, et par la maladresse d'un des chasseurs, il reçut une blessure assez considérable à l'épaule. Comme on l'en plaignoit : « En effet, dit-il, c'étoit à l'armée qu'il falloit recevoir cela, *mais c'est toujours un coup de fusil.* »

Le chevalier de Durfort est certainement l'homme de la société qui a poussé le plus loin l'exagération de démonstrations et d'expressions. Ces jours passés, l'ambassadeur de Suède, louant un air de l'opéra nouveau, ajouta : « Cet air est véritablement divin. » Cette louange parut froide au chevalier : « Qu'appelez-vous *divin!* s'écria-t-il ; non-seulement il est divin, mais il est... » Il fut forcé de s'arrêter, maudissant la langue françoise qui ne lui fournissoit pas une seule expression plus forte que ce mot si foible *divin*. Eh bien ! cet homme enthousiaste et passionné ne sait point la musique, ne l'aime point, ne l'écoute pas. Il est à cet égard, ainsi que sur toutes les autres choses qui le transportent, comme ces écrivains dépourvus de sensibilité, qui, ne pouvant parler le doux langage du cœur, tâchent de prendre le ton véhément d'une passion désordonnée, car il est plus facile de feindre le délire que le sentiment.

Madame la comtesse de Coaslin est encore belle. Rien n'est plus piquant que le contraste de sa figure et de ses manières avec le genre de son esprit. Elle a une beauté majestueuse, quelque chose d'imposant et d'un peu dédaigneux dans son maintien; elle parle avec lenteur et l'air de la nonchalance, et elle est accueillante quand on lui plaît; elle a l'imagination très-vive, et en général sa conversation est remplie de saillies plaisantes. On la craint, parce qu'elle n'épargne pas ceux dont elle croit avoir à se plaindre, et qu'elle est capable, contre tout usage, de se venger par un mot insultant, au milieu même du cercle le plus nombreux. M. M *** avoit mal parlé d'elle, et elle se promit de lui faire une scène publique; elle tint parole. Un soir, elle arriva au Temple, chez M. le prince de Conti; c'étoit un lundi, jour des grands soupers; il y avoit cent cinquante personnes, et, entre autres, M. M ***. Madame de Coaslin, arrivée près de M. le prince de Conti, lui dit qu'en traversant la salle, au milieu de tant de monde, elle avoit pensé s'en aller, tant elle étoit troublée : « En effet, madame, répondit en riant le prince de Conti, vous êtes si timide!... — Jugez-en, monseigneur, reprit-elle; j'avois tellement perdu la tête, que j'ai fait la révérence à M. M ***. « Ce trait n'est pas délicat, je ne le cite que parce qu'il prouve qu'il est de certains caractères qui ont l'intrépidité de braver les convenances avec un sang-froid que je ne conçois pas. Madame de Coaslin n'ignoroit certainement pas qu'une scène semblable étoit la chose du monde la plus étrange, et ce fut par cette même raison qu'elle la fit. Il ne faudroit pas mettre un trait de ce genre dans un ouvrage d'imagination, il n'auroit nulle vraisemblance aux yeux de ceux qui connoissent le monde; il donne l'idée d'un caractère très-singulier, mais il ne peint point du tout le monde.

Je ne connois rien d'insipide comme madame de ***. On ne peut même lui savoir gré de ses bonnes qualités : elle n'est pas médisante, parce qu'elle ne voit rien, n'est frappée de rien. Elle n'est pas haineuse, elle n'a ni rancune, ni humeur, parce qu'elle oublie tout et n'est sensible à rien. Elle a des torts sans pouvoir s'en douter, faute de délicatesse ; elle imite, sans en avoir le projet, les gens avec lesquels elle vit, comme une glace qui représente les objets qui passent devant elle.

Il y a des gens que l'on peint en entier, en disant : *ils sont bas*. Ils ne sont ni méchans, ni vindicatifs, ni dépravés, *ils sont bas*. S'ils manquent d'esprit, il faut dire : *ils sont plats*.

Les femmes sont *tenaces* en amour, cela est tout simple; qui veut perdre de grands frais?.. Et les hommes, qu'ont-ils risqué?

J'ai mis les devises à la mode. J'en ai donné beaucoup. D'autres personnes en ont inventé de fort jolies. La meilleure de toutes est celle de madame de Meulan; c'est un brin de violette à moitié caché sous l'herbe, avec ces mots : *Il faut me chercher*. Cette charmante devise convient parfaitement à une personne si réservée, et si aimable quand on la connoît. Madame de Saller a pris pour devise une épingle, avec ces mots : *Je pique, mais j'attache*. J'étois brouillée avec une personne que j'estimois et que j'aimois, M. Meeke (un Anglois) nous a raccommodées; il m'a demandé un cachet avec une devise, j'ai fait graver sur le cachet une aiguille à coudre, avec ces mots : *Je raccommode, je réunis*. J'ai donné pour devise, à une jeune bonne mère de mes amies, un nid d'oiseau, rempli de petits nouvellement éclos; la mère, posée sur le bord du nid, leur apporte un petit rameau qu'elle tient dans son bec. Voici l'*âme* de cet emblème : *Pourvu qu'ils vivent!*.... Un homme de lettres (M. de Chamfort) a pris cette devise : Une tortue ayant la tête hors de son écaille, et étant atteinte d'une flêche qui la lui perce; et pour âme, des mots latins, dont le sens est : *Heureuse, si elle eût été entièrement cachée*[1]. Une belle devise fut celle du régiment de cavalerie du grand Condé; elle représentoit un feu qui commence à s'allumer, avec ces mots :

Splendescam, da materiam.
Plus j'aurai de matière, et plus j'aurai d'éclat.

[1] Cette devise est très-remarquable, en ce qu'elle fut prophétique. Si cet homme infortuné avoit été obscur, ou s'il avoit pu se *cacher* dans le temps de la terreur, il vivroit encore. Cette devise rappelle celle de Fouquet, qui eut le même genre de singularité. Fouquet avoit dans ses armes un écureuil; il prit pour devise cet écureuil, qu'il plaça entre huit lézards et un serpent, animaux qui se trouvoient dans les armes de Colbert et de Le Tellier, ses ennemis. L'*âme* de cette devise étoit : *Je ne sais où ils m'entraînent.* En effet, il fut *entraîné* où il n'avoit pas prévu qu'on pût le conduire. (Note de l'auteur.)

Une femme de ma connoissance, voulant exprimer qu'elle est *soucieuse* et *pensive*, a pris pour devise un bouquet de *soucis* et de *pensées*, ce qui est de très-mauvais goût. Les fleurs et les plantes ne peuvent être des symboles que par leurs propriétés naturelles, ou par celles que la mythologie leur attribue, ou enfin par l'usage consacré par les anciens. Ainsi l'asphodèle est une plante funéraire, le cyprès est l'emblème de la douleur, le laurier est celui de la gloire, etc. ; mais prendre le *souci* pour le symbole des *soucis moraux*, c'est faire un jeu de mots très-ridicule. L'*immortelle* est un bon emblème de la constance, parce que son nom ne lui vient que d'une propriété naturelle, celle de ne point se flétrir, de durer toujours. — Je voudrois que l'usage de prendre une devise fût universel. Chaque personne, par sa devise, révèle un petit secret, ou prend une sorte d'engagement.

Je compte partir incessamment pour la Suisse.

L'empereur [1], dans son voyage en France, a gagné tous les cœurs. Durant mon séjour à Rome, j'avois déjà entendu beaucoup parler de ce prince dont tout le monde faisoit l'éloge, même les artistes, qui assuroient que nul amateur ne se connoissoit mieux en peinture et ne parloit si bien des arts. Ce seroit un petit mérite dans un souverain, s'il n'avoit que celui-là; mais il est certain qu'il a d'ailleurs des connoissances solides et très-étendues. Le cardinal de Bernis m'a dit qu'il avoit infiniment d'esprit. Il m'a conté que lorsque l'empereur entra au conclave, il quitta son épée, suivant l'usage, et la remit au cardinal de Bernis, qui la lui rendit en lui disant : *Sire, gardez-la pour défendre l'Église.*

Ici, l'empereur a eu les plus grands succès, par sa politesse, sa simplicité, et l'instruction qu'il a montrée. Il a été accueilli avec enthousiasme dans toutes les provinces de France qu'il a parcourues. On prétend qu'à Cherbourg, se promenant sur le port, un des officiers, chargés de l'accompagner, écartant

---
[1] Joseph II, empereur d'Allemagne, frère de la reine Marie-Antoinette.

(Note de l'éditeur.)

rudement le peuple, l'empereur lui dit : « Calmez-vous, monsieur, il ne faut pas tant de place pour faire passer un homme. » On a beaucoup loué ce mot ; il ne me plaît pas, il manque de vérité. Un souverain sait très-bien qu'il lui faut *plus de place* qu'à un homme ordinaire. Sa modestie consiste à ne point s'enivrer des éloges, et non à rabaisser ses prérogatives. Son affabilité n'est aimable que lorsqu'il est impossible de la soupçonner d'hypocrisie, et qu'elle lui laisse toute la dignité qui peut donner de l'éclat à ce rang suprême. Il me semble qu'un souverain doit être populaire, non par des manières et un ton vulgaires, mais par une bonté solide, utile, paternelle : les trônes sont si au-dessus de nous, que le seul bon goût pourroit faire désirer que ceux qui les occupent eussent toujours quelque chose d'imposant dans leur maintien, dans leur extérieur, dans leur langage, il me paroîtroit tout simple qu'ils ne parlassent qu'en beaux vers. Le grand Condé disoit qu'*il n'y a pas de plaisir à obéir à un sot* : on pourroit dire aussi qu'il n'y a pas de plaisir à rendre des hommages à celui qui les reçoit sans noblesse et sans dignité; les recevoir ainsi est même une sorte d'insulte; c'est paroître les trouver exagérés et ridicules : et quel air dans un souverain ! Au reste, ces réflexions ne tombent qu'à demi sur l'empereur, puisqu'il n'étoit qu'*incognito* à Cherbourg. A Nantes, il partit de son auberge à la petite pointe du jour; il trouva, dans la cour, sa voiture entourée de toutes les jeunes dames de la ville, toutes excessivement parées : l'empereur, après les avoir saluées, dit, en les regardant : *Voilà une si charmante aurore, qu'elle promet plus d'un beau jour.*

Un trait que j'aime mieux que tout cela, est celui-ci :

Il passa le bois de Rosny, tandis qu'il dormoit dans sa voiture; quand il se réveilla, il en étoit à un quart de lieue. Se rappelant que Sully avoit, durant les guerres civiles, vendu ce bois pour en donner l'argent à Henri IV, alors dénué de tout, l'empereur ordonna aux postillons de retourner sur leurs pas et de rentrer dans le bois, voulant mesurer, par ses yeux, l'étendue du sacrifice qu'un grand homme et un sujet affectionné avoit fait, dans un moment de détresse, à l'un de nos plus grands rois [1].

Je pars demain pour la Suisse.

De Berne.

J'ai été voir Michel Shuppach, empirique célèbre, fixé avec sa famille sur le haut d'une montagne, où l'on respire l'air le plus pur, et d'où l'on découvre une vue admirable. Cet homme n'a, dit-on, aucune instruction; il n'a point fait d'études, mais il guérit presque tous les malades qui vont se mettre en pension chez lui, ce qu'on attribue au régime qu'il prescrit et à la salubrité de l'air de sa montagne. On appelle cela de la charlatanerie; mais les vrais charlatans ne cherchent pas la solitude, ils sont dans les villes. Michel Shuppach fait faire à ses malades de longues promenades; il les oblige à se coucher de bonne

---

[1] Ce bois est immense. Sully en retira trente mille francs, somme énorme dans ce temps, qu'il donna toute entière à Henri IV.

(Note de l'auteur.)

heure, à se lever avec le jour, à travailler à la terre à des heures réglées, à se contenter d'une nourriture simple et saine; tout cela ne vaut-il pas mieux que des pilules et des médecines? Il y a dans sa maison une chambre qu'on appelle *la chambre pour l'insomnie*. On n'y entend d'autre bruit que celui d'une chute d'eau qui va toujours, et qui, par son murmure monotone, doit en effet provoquer le sommeil. Voilà encore un remède que je préfèrerois à l'opium. Je désirerois dans cette maison un peu de bonne musique de temps en temps (car, comme remède, il ne faut pas la prodiguer), et je voudrois encore que Michel Shuppach sût bien parler les langues vivantes, qu'il eût de l'esprit, de la sensibilité, une conversation agréable, et alors ce médecin philosophe, sur sa montagne, seroit le premier médecin de l'univers pour toutes les maladies chroniques [1].

[1] J'ai encore réfléchi là-dessus, depuis la publication de cet ouvrage, et je trouve aujourd'hui (en 1825) que Michel Shuppach auroit dû profiter de l'invention d'un cheval mécanique qui ne sert qu'à l'amusement des voyageurs, et que l'on voyoit à Douvres, dans l'auberge de Payne, depuis un temps immémorial. Ce cheval, de grandeur naturelle, est posé sur un balcon au grand air,

De Lausanne.

Voici un trait intéressant, que m'a conté l'amie intime de M. Tissot [1]. Ce dernier étoit en commerce de lettres depuis quinze jours avec le célèbre Zimmermann, premier médecin du roi d'Angleterre, et homme de lettres très-distingué. M. Tissot sollicitoit depuis long-temps son ami, qu'il n'avoit jamais vu, de venir passer quelques mois en Suisse. M. Zimmermann s'y décida enfin; il quitte l'Angleterre, traverse rapidement la Suisse, et arrive à Lausanne. Mais, en entrant dans la maison de son ami, il apprend que M. Tissot est sans connoissance et à l'extrémité, d'une fièvre maligne; M. Zimmermann s'établit dans la chambre du malade,

et par le moyen d'une petite manivelle il donne, avec une illusion parfaite, les divers mouvemens du pas, du trot et du galop, de sorte qu'on peut faire, sur cette machine, autant de lieues qu'on veut sans sortir de place, ce qui seroit certainement de la plus grande utilité aux malades.

(Note de l'auteur)

[1] Ce trait n'a été recueilli ni dans la vie de Zimmermann, ni dans celle de Tissot. Il est vrai dans tous ses détails, c'est pourquoi on le rapporte ici.

(Note de l'auteur)

le soigna, le veilla et le guérit. M. Tissot, en revenant à la vie, connut tout ce qu'il devoit à l'amitié; mais à peine étoit-il convalescent, que M. Zimmermann tomba dangereusement malade, et M. Tissot lui rendit tous les soins qu'il avoit reçus de lui. M. Zimmermann recouvra la santé, et passa un an à Lausanne. La liaison de ces deux hommes vertueux et célèbres devint intime, et dura jusqu'à la mort.

De Zug, ce dimanche.

M. de Branski est venu me chercher à sept heures du matin, pour me faire voir la chose la plus intéressante de ce lieu, le cimetière public. Je n'en ai vu la description dans aucun voyageur; c'est pourquoi je vais la faire ici.

Toutes les tombes de ce cimetière sont exactement semblables; une pierre carrée, grisâtre et polie, de trois pieds de haut, contenant l'épitaphe, et surmontée d'une grande croix bien travaillée, dorée et très-brillante : telle est la composition uniforme de tous ces monumens. Chaque tombe est entourée des plus belles fleurs de jardin. On peut dire, sans figure, qu'elles sont arrosées de larmes; car la tendresse maternelle, la piété filiale, l'amour et l'amitié les cultivent. Tous ces tombeaux sont séparés par de petits fossés, afin que les fleurs, plantées et soignées par les parens et amis, ne soient pas confondues ensemble. Le cimetière est vaste, entouré seulement d'une palissade à hauteur d'appui, par-dessus laquelle on découvre les montagnes majestueuses qui forment, de ce côté, une perspective admirable. Ce lieu sert de promenade publique; on y respire un air embaumé : je n'ai vu, dans aucun parterre, une telle profusion de fleurs odoriférantes. Malheur à la main profane qui oseroit en cueillir une ! cette action seroit regardée comme une espèce de sacrilége. Les jours de fête, surtout, le cimetière offre un coup d'œil enchanteur : outre les arbustes qui entourent les tombeaux, les croix dorées sont ornées de couronnes et de guirlandes de fleurs suspendues à leurs branches, et la pierre même des tombes en est couverte. Comme c'est aujourd'hui dimanche, j'ai joui de ce tableau, qui retrace les anciens usages de la Grèce; j'ai vu des jeunes filles et des vieillards apporter ces offrandes, et les déposer avec attendrissement sur les tombes : ils gardoient le silence, mais ce culte mélancolique et touchant n'a besoin ni d'hymnes ni de langage; l'action seule dit tant de choses! elle exprime la tendresse, le respect, les regrets et la fidélité : le costume pittoresque des habitans de la Suisse ajoute à l'intérêt de ce spectacle.

Toutes les épitaphes des tombes sont écrites en langue vulgaire, comme en Angleterre.

Ces hommages rendus à la mémoire de ceux qu'on a aimés ont sans doute une grande influence sur les mœurs; ils entretiennent les idées morales les plus touchantes et les plus utiles; ils font servir à l'instruction publique les plus grandes calamités de la vie humaine, la mort et la douleur. Les bornes de pierre placées sur les chemins n'indiquent aux voyageurs que des distances; les tombeaux dispersés sur la terre nous montrent le but inévitable de la route entière ! Les méditations sur les tombeaux ne sont pas toujours lugubres; on peut en faire là de si consolantes! c'est là qu'on se sent détaché d'une multitude de petits intérêts qui tourmentent, sans produire une illusion de bonheur ; c'est là qu'on pense avec plus de grandeur, et que les passions et la vanité se calment ; c'est enfin là qu'on peut se résigner à l'injustice, au malheur, et pardonner l'ingratitude ! La tombe n'est obscure et silencieuse que pour l'impie ; mais pour l'âme religieuse, une lumière éclatante perce et dissipe les ténèbres de la mort, et l'on entend s'élever du fond de cet abîme, la voix pénétrante de l'éternelle vérité....

Les anciens payoient des *pleureuses* mercenaires, qui suivoient les enterremens en déchirant leurs vêtemens et poussant de grands cris : cet usage antique se retrouve encore en Suisse. Il est probable qu'originairement les pleurs et les gémissemens n'étoient pas simulés ; mais quand les mœurs s'altérèrent, les épouses, les filles et les mères prétendirent sans doute qu'elles étoient trop sensibles pour avoir le courage de suivre les convois ; elles se dispensèrent de ce devoir, et les pleureuses à gages les remplacèrent[1]. C'est encore quelque

---

[1] On n'a jamais payé des *pleureurs* ; chez tous les peuples, et dans tous les temps, la vive sensibilité n'a été attribuée qu'aux femmes.

(Note de l'auteur.)

chose de conserver ces signes de douleur; c'est dire publiquement qu'on doit s'affliger pour de telles pertes : les peuples moins vertueux ont retranché toutes ces pieuses démonstrations. Si une nation parvenoit au dernier degré de corruption, elle retrancheroit encore les pompes funèbres et le deuil : alors, débarrassés des entraves de la bienséance, l'épouse sans pudeur et le fils dénaturé oseroient se montrer dans les fêtes publiques le lendemain même de la mort d'un époux ou d'une mère; alors on verroit à découvert toute la dureté des mauvais cœurs, et ce scandaleux exemple en pervertiroit beaucoup d'autres.

En France, on a, par degrés, diminué l'austérité du deuil; les veuves, jusqu'à ce qu'elles soient remariées, ne peuvent paroître en habit de cour qu'avec un voile noir, qui semble devoir interdire l'éclat d'une grande parure. J'ai ouï dire aux vieilles dames de la cour, qu'en effet jadis il eût été ridicule de porter des fleurs avec ce voile funèbre, fût-on quitte du deuil depuis plusieurs années : d'ailleurs, ce voile étoit long et très-ample; aujourd'hui, il est si petit qu'on l'aperçoit à peine. Enfin, Louis XVI a diminué la durée des deuils presque de moitié; c'est, dit-on, en faveur de nos manufactures : nouvelle preuve que le luxe se trouve toujours en opposition avec les bonnes mœurs.

En Hollande, une veuve porte le deuil deux années, et durant les six premiers mois, elle est entièrement voilée lorsqu'elle sort.

Pourquoi la piété filiale est-elle, à la Chine, un sentiment si exalté ? C'est que nulle nation ne rend aux morts des hommages plus éclatans, et que les Chinois ont conservé l'usage de porter, pendant trois ans, le deuil d'un père ou d'une mère.

Le lendemain de mon arrivée ici, j'ai vu Gessner; c'est un bon grand homme que l'on admire sans embarras, avec qui l'on cause sans prétentions, et que l'on ne peut voir et connoître sans l'aimer. J'ai fait, avec lui, une promenade délicieuse sur les bords charmans de la Sil et de la Limmath. C'est là, m'a-t-il dit, qu'*il a rêvé toutes ses idylles*. Je n'ai pas manqué de lui faire cette question oiseuse que l'on fait toujours aux auteurs célèbres, afin de n'être jamais de leur avis, quelle que soit la réponse.

Je lui ai demandé quel est celui de ses ouvrages qu'il aime le mieux; il m'a dit que c'est *le Premier Navigateur*, parce qu'il l'a fait pour sa femme, dans les commencemens de leurs amours. Cette réponse m'a désarmée, et je veux aussi préférer *le Premier Navigateur* à *la Mort d'Abel.*

Gessner m'a invitée à l'aller voir dans sa maison de campagne; j'avois une extrême curiosité de connoître celle qu'il a épousée par amour, et qui l'a rendu poëte; je me la représentois sous les traits d'une bergère charmante, et j'imaginois que l'habitation de Gessner devoit être une élégante chaumière, entourée de bocages et de fleurs, que l'on n'y buvoit que du lait, et que, suivant l'expression allemande, *on y marchoit sur des roses.* J'arrive chez lui, je traverse un petit jardin, uniquement rempli de carottes et de choux, ce qui commence à déranger un peu mes idées d'églogues et d'idylles, qui furent tout-à-fait bouleversées, en entrant dans le salon, par une fumée de tabac qui formoit un véritable nuage, au travers duquel j'aperçois Gessner fumant sa pipe et buvant de la bière, à côté d'une bonne femme en casaquin, avec un grand bonnet à carcasse, et tricotant; c'étoit madame Gessner. Mais la bonhomie de l'accueil du mari et de la femme, leur union parfaite, leur tendresse pour leurs enfans, leur simplicité, retracent les mœurs et les vertus que Gessner a chantées; c'est toujours une idylle et l'âge d'or, non en brillante poésie, mais en langue vulgaire et sans parure. Gessner dessine et peint supérieurement, à la gouache, le paysage; il a peint tous les sites champêtres qu'il a décrits. Il m'a donné une gouache ravissante de son ouvrage.

J'ai vu aussi, à Zurich, le fameux Lawater. Je crois beaucoup aux physionomies, mais j'ai des *principes*, à cet égard, très-différens de ceux de Lawater; il tire les siens des *formes*, et son système est démenti par une infinité de visages; il est impossible de réfuter le mien, ce qui m'autorise à le croire parfait. Je ne juge que par l'expression du sourire, ma science ne peut se communiquer, elle n'a point de règles, elle est un don de la nature; au reste, je ne fais que la renouveler. Les Grecs l'ont connue, et lui donnèrent un nom qui signifioit *divination par le rire*. Les sourires de politesse et d'affabilité sont très-insignifians; mais le vrai sourire, le sourire bien naturel, montre l'esprit, décèle la bêtise, la fatuité, et dévoile les inclinations; c'est sans doute par cette raison que tous les poëtes ont attribué à l'Amour *un malin sourire.*

Lawater prétend que, de plus, il connoît parfaitement le caractère d'une personne en examinant son écriture. Si, du temps de Louis XIV, on eût fait de gros livres sur de telles sciences, on auroit fait interdire les auteurs; mais aujourd'hui les savans ont le droit de dire toutes les folies imaginables, sans rien perdre de leur considération; ils en profitent.

Je n'ai point vu Haller à Berne, parce qu'il étoit fort malade. Haller est médecin et poëte, ainsi que Zimmermann. Le talent de faire des vers est fréquemment uni à la science de la médecine, en Suisse, en Allemagne et en Angleterre. Le dieu de la médecine étoit, en effet, le fils d'Apollon, mais il ne fit point de vers; Hippocrate ne cultiva point la poésie, et j'avoue que j'aimerois assez que mon médecin ne s'occupât que de médecine.

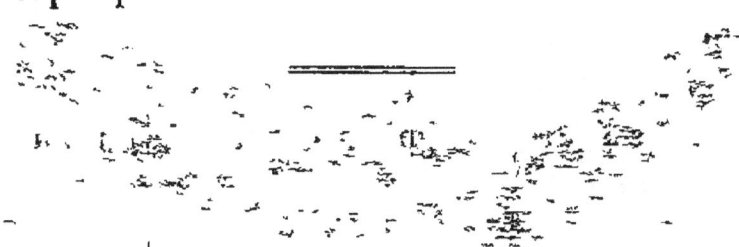

Aujourd'hui le chevalier de ***** est entré chez moi avec un petit manuscrit à la main. Le Journal du *Voyage d'Italie* du marquis de*** [1], m'a-t-il dit, a dû vous apprendre de quelle manière il faut voyager en Europe, au milieu des peuples policés; mais vous ne savez pas comment on doit voyager en Afrique et en Amérique, parmi les sauvages, et je veux vous en instruire. Je me trouvai, il y a quelques jours, chez un académicien (M. de ***); j'entendis les conseils qu'il donnoit à un jeune voyageur qui venoit d'Amérique, et qui veut faire imprimer son voyage. Cet entretien m'a paru curieux et très-instructif. En rentrant chez moi, j'ai sur-le-champ écrit de mémoire ce dialogue, et je vous l'apporte.

Le chevalier de ***** m'ayant donné ce dialogue, je le copie sur mon livre de *Souvenirs*.

[1] *Voyez* page 60.

DIALOGUE

ENTRE UN ACADÉMICIEN ET UN JEUNE VOYAGEUR.

L'ACADÉMICIEN.

Voilà le manuscrit de votre voyage, je l'ai lu d'un bout à l'autre....

LE VOYAGEUR.

Eh bien, monsieur?

L'ACADÉMICIEN.

Eh bien! cela est écrit purement et sagement. Les réflexions sont bonnes, les descriptions bien faites. Vous donnez une idée très-nette des différens pays que vous avez parcourus; mais cela ne réussira pas.

LE VOYAGEUR.

Après un jugement si favorable, je ne m'attendois pas à cette conclusion.

L'ACADÉMICIEN.

L'ouvrage tel qu'il est se vendroit peut-être; il est instructif et par conséquent utile; mais il ne fera point d'effet, on n'en parlera point; cependant vous pouvez le rendre charmant en l'augmentant du double.....

LE VOYAGEUR.

Comment?

L'ACADÉMICIEN.

Oui ; il est en deux volumes, faites-en quatre.

LE VOYAGEUR.

Mais j'ai dit tout ce que j'ai vu, tout ce que je sais....

L'ACADÉMICIEN.

Il ne s'agit pas de cela, on veut de l'imagination.

LE VOYAGEUR.

Dans un voyage?....

L'ACADÉMICIEN.

Nous sommes assez instruits. La philosophie a tellement répandu les lumières, elle a rendu la science si vulgaire, que nous ne sentons plus qu'un besoin, celui de reposer notre esprit qui, après tant de méditations profondes, n'est plus capable de s'appliquer. Croyez-moi, refondez votre ouvrage, ôtez-en des descriptions qu'on ne lira point, mettez-y des détails intéressans....

LE VOYAGEUR.

Mais sur quel sujet?

L'ACADÉMICIEN.

Sur les sauvages.

LE VOYAGEUR.

Les sauvages? j'en ai parlé....

L'ACADÉMICIEN.

Oui; mais tout cet article est à refaire. Premièrement, il est beaucoup trop court...

LE VOYAGEUR.

Je n'ai pourtant rien de plus à en dire.

L'ACADÉMICIEN.

Qu'importe, si vous avez de l'imagination! d'ailleurs, tant d'ouvrages de ce genre peuvent vous servir de modèles, les caractères des sauvages sont si connus! Il ne s'agit que de travailler dans le même sens, et de ne pas démentir des idées reçues, et des traditions qui plaisent. Nous nous figurons les femmes sauvages, semblables à ces demi-déesses turbulentes et passionnées de la fable; elles sont toutes, pour nous, des Circé et des Calypso, c'est ainsi qu'il faut les peindre. Pour les sauvages, on doit les représenter grands parleurs, grands raisonneurs, penseurs très-profonds, en même temps caustiques, méprisans, rodomonts et sentencieux. Il faut que votre ouvrage soit rempli de conversations intéressantes entre des sauvages et des Européens. Tous les principes de la morale seront discutés, analysés dans ces entretiens....»

LE VOYAGEUR.

J'entends; vous voulez que l'homme civilisé instruise le sauvage?

L'ACADÉMICIEN.

Point du tout, ce seroit là une idée bien commune. Il faut au contraire que le sauvage instruise l'Européen, que tout l'avantage des discussions soit constamment du côté de l'*homme de la nature*, et pour parvenir à ce but, vous sentez qu'il ne faut pas donner trop d'esprit à l'Européen; adresse que les voyageurs modernes possèdent supérieurement; mais il faut que le sauvage soit éloquent et rempli de génie.

LE VOYAGEUR.

Oserois-je vous demander quel bien peut résulter de ce tableau fantastique?

L'ACADÉMICIEN.

Aucun; mais vous amuserez, vous serez lu. Ce cadre fournit des critiques inépuisables sur nos lois, sur nos institutions; et les épigrammes, dans ce genre, réussissent toujours.

Tout cela pourroit être fort agréable dans un roman; mais présenter des tableaux si faux dans un ouvrage dont l'exactitude et la vérité font le mérite principal!.... Non, je ne dirai point que *l'homme brut*, l'homme sans aucune culture, soit supérieur à l'homme civilisé; ce système philosophique, si triste et si décourageant, est heureusement démenti par tous les faits. Je ne placerai point dans mon ouvrage mes *conversations* avec les sauvages, parce que les sauvages ne *causent* point, et que le seul bon sens fait présumer que leur langue doit être infiniment bornée : aussi, pour rendre un grand nombre d'idées, ils sont souvent obligés de s'exprimer symboliquement et par signes. Enfin, quand leur langue seroit aussi riche que la nôtre, comme ils n'ont ni règles, ni livres, ni écriture, et qu'on ne vit point en société avec eux, quel Européen pourroit la connoître, n'ayant eu ni le temps, ni la possibilité de l'apprendre? Citer des sauvages de longs entretiens et des *discours éloquens*, seroit donc un mensonge dénué de toute espèce de vraisemblance. Les sauvages abrutis par des traditions absurdes, par une paresse d'esprit insurmontable, pervertis par des coutumes barbares, sont, beaucoup moins que nos paysans, les *hommes de la nature ;* et, loin d'offrir les traits primitifs du plus noble ouvrage du Créateur, ils ne nous présentent que le tableau dégoûtant de la dégradation humaine. Comme tous les Européens, je n'ai pu les apercevoir qu'à la dérobée, mais je les ai cherchés souvent, je les ai suivis avec curiosité pendant cinq ans, et je ne les ai jamais vus dans leurs huttes enfumées, que se reposant en silence, ou dormant; dans leurs jeux, que s'enivrant ou se battant; et dans leurs vengeances, qu'exerçant constamment des cruautés atroces qui font frémir la nature. Ils font de fréquentes apparitions autour des habitations des colons, mais c'est toujours pour demander l'aumône qu'il est dangereux de leur refuser, car, dans ce cas, ils se vengent en détruisant les bestiaux des métairies, ou en faisant d'autres méchancetés plus cruelles encore [1]. Tels

[1] On tient ces détails des personnes les plus dignes de foi, qui ont passé plusieurs années en Amérique, mais qui ne sont point *auteurs*, et qui n'ont point fait imprimer de voyages. Cependant on peut citer un voyageur moderne (M. de Liancourt) qui, ne s'est permis aucune

sont les êtres avilis autant qu'infortunés, que vous me proposez de peindre comme des hommes intéressans, heureux et supérieurs à nous.

L'ACADÉMICIEN.

Eh bien! placez, au moins, dans votre ouvrage un petit épisode d'amour avec une jeune sauvage bien passionnée....

LE VOYAGEUR.

Mais ces femmes sauvages ne sont nullement passionnées, et elles sont hideuses, et elles ont les mœurs de nos courtisanes sans en avoir la séduction. Il est vrai qu'elles ne demandent pas de diamans, parce qu'elles ne les connoissent pas; mais elles se vendent, tant qu'on veut, pour des colliers et des bracelets de verre....

L'ACADÉMICIEN.

Tout cela peut être; cependant je persiste à vous conseiller de ne point publier ces détails, vous vous feriez beaucoup d'ennemis en les livrant à l'impression.

---

des exagérations de ce genre, qu'on peut reprocher à tant d'autres; véridique dans tous ses récits, il est fort éloigné de parler des sauvages avec enthousiasme.

(Note de l'auteur.)

LE VOYAGEUR.

Quand on veut toujours être vrai, on est souvent obligé de contredire les gens mêmes qu'on estime.

L'ACADÉMICIEN.

A quoi bon démentir tant de jolies relations, tant de beaux discours, pour nous offrir une si triste peinture ?

LE VOYAGEUR.

Je crois cette peinture utile ; elle peut servir à prouver l'insuffisance des lumières et de la loi naturelle ; elle peut encore ranimer le désir de civiliser les sauvages : comment sera-t-on tenté d'entreprendre cet ouvrage difficile et bienfaisant, tant qu'on les regardera comme les plus sages et les plus fortunés des hommes ? Si l'on parvenoit à nous persuader que les mendians et les vagabonds qui se trouvent parmi nous, ont choisi le genre de vie le plus heureux, parce qu'ils sont exempts d'ambition et de mille soins qui nous occupent désagréablement, ne seroit-il pas utile d'éclairer ceux qui auroient cette étrange opinion ? Enfin, Dieu n'a pas donné à l'homme des facultés intellectuelles si étendues, et une industrie si merveilleuse, pour que tant de dons précieux fussent enfouis et méprisés. La religion a consacré les arts. Le premier législateur des enfans du vrai Dieu les enseigna lui-même à son peuple, et quelques siècles après, l'industrie humaine, mieux sanctifiée encore, produisit un chef-d'œuvre des arts, qui fut élevé, construit, embelli par l'ordre de la Divinité même.

L'ACADÉMICIEN.

Vous avez beau dire, nos *penseurs* ont prouvé que pour devenir heureux, il faudroit renoncer aux arts, aux sciences, et secouer le joug des lois et de toute religion.

LE VOYAGEUR.

Ils ont *prouvé* cela ?

L'ACADÉMICIEN.

Du moins, ils l'ont persuadé; et, n'en doutez pas, ces idées sont tellement reçues, qu'elles auront, sous peu de temps, une puissante *influence* [1]....

LE VOYAGEUR.

Vous me décidez.

L'ACADÉMICIEN.

Comment !

[1] Ceci fut écrit en 1778.
(Note de l'auteur.)

LE VOYAGEUR.

Je vais faire imprimer mon ouvrage.

L'ACADÉMICIEN.

Ah! ah! vous avez la prétention de changer la disposition des esprits?...

LE VOYAGEUR.

Hélas! non; je sais trop que l'expérience seule peut instruire les hommes passionnés; je ne veux que remplir un devoir.

———

J'avois l'autre jour, à souper, un homme de mérite, qui a été trente-cinq ans lieutenant criminel à Saint-Domingue; je l'ai beaucoup questionné; il me disoit que, dans les interrogatoires, les gens d'esprit sont plus faciles à démonter que les sots; ces derniers se coupent sans en sentir les conséquences, et quand cette imprudence échappe aux premiers, ils perdent tout-à-fait la tête. Cette observation m'a frappée. Il me contoit aussi des traits inouïs de courage, des nègres : ils bravent la mort, et paroissent absolument insensibles à la douleur. Pourquoi cela ? il sembleroit que la nature la plus brute dût craindre surtout la douleur. Notre imagination nous exagère-t-elle les maux physiques ? La douleur, par elle-même, est-elle plus foible pour un sauvage que pour nous ? est-elle plus cruelle à envisager qu'à éprouver ?....

L'abbé-Lemonier m'a amené ce matin une des filles qui ont été couronnées l'année passée, comme *Bonne Fille*, à la fête de Canon, instituée par M. Élie de Beaumont. Elle a reçu une très-belle médaille, qui représente la Vertu couronnant une fille. L'abbé a écrit son histoire, et l'ouvrage se vend au profit des *Bonnes Filles* : j'en ai pris quelques exemplaires ; et pour engager madame la duchesse de Chartres à en prendre cinquante, il ne m'a fallu que lui conter cette touchante histoire. La fille que j'ai vue ce matin s'appelle le Tellier ; elle a une sœur. L'une de ces deux personnes se mettoit en condition, et donnoit ses gages à son vieux père infirme ; l'autre le soignoit : au bout de l'année, elles faisoient un échange de leurs pieuses fonctions : la garde-malade alloit servir pour donner ses gages, l'autre venoit prendre sa place auprès du vieux père, et ainsi toujours alternativement pendant dix-huit ans ; leur père a passé tout ce temps dans son lit.

Il fut bien dédommagé de ses souffrances : quelle bénédiction du ciel, que d'en avoir reçu de semblables enfans !... Combien la piété filiale est plus touchante et plus belle dans cette classe que dans la nôtre ! Nous ne pouvons prouver notre reconnoissance à nos parens que par des soins et des procédés si peu méritoires ! mais, parmi le peuple, pour soulager des parens tombés dans la misère, il faut ne vivre que pour eux, il faut s'immoler soi-même !... et ces véritables modèles de la piété filiale se rencontrent souvent ; j'en ai connu plusieurs. La vertueuse fille que j'ai vue ce matin a une physionomie céleste, quoiqu'elle ne soit pas belle, mais son visage exprime tout ce qu'elle a fait ; on y voit la bonté, la vertu et l'inaltérable sérénité que doit donner une conscience si pure. Je ne me lassois pas de la regarder, et je l'ai embrassée avec autant de respect que d'attendrissement. Au reste, en estimant l'intention de M. Élie de Beaumont, je n'aime pas du tout que l'on veuille récompenser les vertus domestiques par la célébrité ; c'est les profaner, c'est peut-être les détruire. Qu'a de commun la gloire avec les sentimens de la nature ? Les *couronnes* sont bonnes à beaucoup de choses, mais réservons-les pour les actions publiques; et que la sensibilité, que les bonnes mœurs suffisent pour diriger, dans l'intérieur des familles, les amis, les parens, les enfans et les époux. Ceci me rappelle une loi établie parmi les Turcs, et qui me déplaît beaucoup; celle qui double le douaire de la veuve qui a allaité ses enfans. Cette loi, qui range les mères nourrices dans la classe des mercenaires, avilit les soins maternels, et détruit la reconnoissance filiale. Cependant il n'est pas douteux que l'intention du législateur fut pure et morale. La bonté, si désirable dans les particuliers, est moins utile dans ceux qui gouvernent, que de grandes vues et de l'esprit. L'établissement d'une mauvaise loi peut être d'une plus funeste conséquence qu'une guerre sanglante de plusieurs années. Faire couler sans nécessité le sang des hommes est un crime effroyable; un plus grand mal encore, c'est de les corrompre.

Cet homme qui avoit excité tant d'enthousiasme en entrant au ministère, dont on attendoit de si belles choses, et qui n'a rien fait de remarquable, M. de Saint-Germain, vient de mourir. Le pauvre homme, dans sa maladie, ne s'est occupé que des personnes qui venoient le voir, c'est-à-dire, se faire écrire à sa porte; à tous momens il demandoit sa liste. Je l'avois pris en guignon, parce qu'après avoir refusé, avec de belles phrases, les cinquante mille francs de pension, il les avoit acceptés. Il n'y a rien de si désagréable que d'être obligé de reprendre son admiration au bout de quinze jours. Ce sentiment est si doux, surtout quand ce sont les gens en place qui l'inspirent ! les admirer, c'est espérer. Voilà pourquoi le peuple prend si facilement de l'enthousiasme pour eux.

Pour revenir à M. de Saint-Germain, voici de lui un trait comique. Outre la pension de cinquante mille francs, il avoit encore refusé, avec une noble fierté, l'argent comptant qu'on donne aux ministres pour établir leur maison; il dit que cette somme étoit exorbitante, et qu'il enverroit son mémoire; et ce mémoire s'est monté au double de la somme qu'on donne ordinairement.

Ce qu'il y a de plus difficile dans le grand monde, c'est de suivre une ligne droite; tout s'y oppose. On a beau le vouloir avec fermeté, il faut bien s'arrêter quand on vous barre le chemin. Les routes tortueuses sont pleines de boue, mais elles n'ont point d'épines.

Il y a, dans la conversation, des lieux communs qui deviennent insoutenables avec le temps, à force de les avoir entendu répéter. Par exemple, j'ai le malheur de prendre en aversion les plus honnêtes gens du monde, qui me parlent du roi David quand je joue de la harpe [1]; ou ceux qui, venant me voir, et me trouvant lisant ou écrivant, ou faisant de la musique, me disent niaisement : Je vous interromps, vous étiez occupée; comme si, lorsqu'on est seule, on ne pouvoit faire autre chose que dormir ou se promener dans sa chambre.

[1] Un journaliste, qui cependant a de l'esprit, se récria, à la première édition de cet ouvrage, sur l'horrible injustice de prendre en *aversion d'honnêtes gens* pour si peu de chose. Il est étrange de croire sérieusement à une telle *aversion*. (Note de l'auteur.)

Pourquoi faut-il que, presque toujours, la méchanceté soit plus ingénieuse que la bonté; que ses desseins soient si profonds, ses moyens si bien choisis, si bien combinés, et que la bonté ait si peu d'invention, qu'elle soit si pauvre en idées et en expédiens ?... On dit toujours qu'il est difficile de faire le bien, et facile de faire le mal. Oui, parce qu'on n'a pour le bien qu'une volonté molle, tandis que les méchans ont tant de persévérance et d'activité pour nuire !... C'est pourquoi ce qu'on appelle communément un *véritable ami* n'est jamais aussi utile que n'est nuisible un ardent ennemi. L'ami s'endort sur les intérêts de son ami, ou bien il s'en occupe foiblement. L'ennemi veille toujours ; il médite, il est vigilant, inventif; l'ami, quand il est question de servir, se décourage par les obstacles, l'ennemi ne se rebute jamais. Il n'est que trop certain que la haine donne de la finesse, de l'imagination et de l'esprit, quand il s'agit de se venger; et je vois tant d'amis rester toujours si maladroits et si sots !...

C'est une honte pour ce siècle *sentimental*, que l'amitié, qu'on affiche tant, soit à peu près nulle dans ses résultats, et que la haine, qu'on n'avoue jamais, soit si puissante dans ses effets. Ce qui prouve le mieux la corruption des mœurs, c'est l'affoiblissement de tous les sentimens légitimes, et l'exaltation de tous les sentimens vicieux.

Qu'il est dur d'être continuellement séparé des objets avec lesquels on voudroit passer sa vie, et de rencontrer, de voir et de revoir sans cesse tant d'êtres ennuyeux! Tout ce qui plaît est fugitif et s'échappe!.... La vie, dans le grand monde, ressemble à ces assemblées nombreuses où l'on est coudoyé, ballotté, froissé par la foule importune, en cherchant ou désirant vainement un ami qui s'y perd!... Et l'absence!... et ces séparations de plusieurs années!.... ces distances énormes qui peuvent se trouver entre vous et l'objet que vous aimez le mieux! Tout est compensé, dit-on, par les charmes du retour et par le bonheur de la réunion : mais vivra-t-on assez pour en jouir, ou comment se retrouvera-t-on? vieillis, changés, ayant d'autres opinions, d'autres goûts, d'autres sentimens; n'éprouvant peut-être, en secret, que la surprise d'avoir pu se regretter et se désirer si long-temps. Pour se convenir toujours, il faut vivre et penser ensemble. La terre est trop grande et la vie trop courte pour les âmes sensibles, ou, pour mieux dire, tout fut ainsi sagement arrangé, pour nous empêcher de nous attacher passionnément durant ce voyage fatigant et rapide !...

Pourquoi dans le monde un certain degré d'esprit est-il si commun, et l'esprit supérieur si rare? C'est que le monde exerce l'esprit et donne de la finesse, et que sa dissipation empêche de méditer. La solitude, sans connoissance du monde, n'est profitable qu'à moitié ; on manque de sujets de méditation, on vieillit sans expérience, on se fait des idées fausses des hommes et des choses. Les livres ne sont utiles que lorsqu'on a pu vérifier à peu près, par soi-même, ce qu'ils contiennent. Il faudroit partager son temps entre la solitude et le monde, c'est-à-dire, dans la belle saison de la vie; car c'est alors surtout que les réflexions sont salutaires. Autrefois on passoit six mois de l'année dans ses terres, et le reste du temps à la ville et à la cour. Ce genre de vie a beaucoup contribué à former ces femmes si sensées, si spirituelles du dernier siècle. On ne revient pas de sa surprise, en lisant les lettres charmantes de toutes ces femmes qui vivoient dans le même temps. Sans parler de madame de Sévigné et de La Fayette, quelles lettres que celles de madame de Maintenon! que d'esprit, que de raison, que de finesse, que de pensées ingénieuses et toujours justes, que de morale sans pédanterie, et quel style noble, pur et naturel!... Et les lettres, et les charmans Souvenirs de madame de Caylus! que de grâces, quel goût, quelle légèreté en contant, et quelle solide manière de penser! Les lettres de madame de Dangeau, celles de madame de Coulange, ont le même mérite et les mêmes agrémens. Beaucoup d'autres femmes encore, de ce temps, pourroient être citées avec les mêmes éloges. A quoi tenoit donc cette supériorité si commune dans ce siècle? au genre de vie, à la *morale reçue*, qui étoit alors et la *bonne* et l'unique; à la raison et au bon goût, qui dérivent toujours de la vérité.

Il y a un grand éloge à faire du bon goût, c'est qu'il réprouve toujours tout ce qui est contre la raison.

Il faut qu'il s'établisse incessamment dans la société, des *interprètes*, pour expliquer aux personnes vulgaires des discours dont les mots sont aussi neufs que les idées en sont étranges ; il s'agit d'apprendre une langue nouvelle et un nouveau code moral et *sentimental*. Il est vrai que ce code n'est rien moins qu'austère ; c'est une facilité pour les disciples qui doit leur donner du zèle, et les multiplier. Presque tous les ouvrages nouveaux sont inintelligibles pour moi ; ils contiennent une quantité de phrases dont je ne comprends pas un mot. C'est comme lorsque je lis d'anciens livres, où je trouve à chaque page des citations latines et grecques, du moins je n'essaie pas de les lire, je les saute ; je voudrois que les auteurs modernes écrivissent en lettres italiques leurs passages sublimes, les ignorans les passeroient, et ne perdroient pas leur temps et leurs peines en vains efforts pour les déchiffrer. La marquise de Polignac dit que madame de *** a la clef de tous les galimatias : utile *clef !* car aujourd'hui c'est presqu'*un passe-partout.*

J'aime beaucoup M. de Flahaut [1]; il joint à une honnêteté parfaite un caractère original. Voici un trait plaisant qui le peint. Madame la comtesse de Noailles a, comme on sait, beaucoup de morgue et fort peu de politesse. Un soir elle arrive au jeu de la feue reine [2], le jeu étoit commencé; la comtesse de Noailles veut prendre place au haut du cercle; elle monte, elle s'avance, s'arrête pour s'asseoir, et n'aperçoit point de pliant. M. de Flahaut, debout dans l'embrasure d'une fenêtre, voit son embarras, et très-obligeamment tire de dessous une table de marbre un pliant, qu'il pousse derrière elle; la comtesse le regarde, ne le remercie point, ne le salue point, et s'assied. Un moment après, une femme arrive, on se lève; pendant ce mouvement, M. de Flahaut retire doucement le tabouret qu'il a donné, et le remet sous la table. La comtesse veut se rasseoir, elle fait une étrange culbute; cependant les femmes qui se trouvoient à côté d'elle la retiennent, et modèrent sa chute; la voilà sur ses pieds; elle se retourne en disant : Mais qui

[1] Le premier mari de madame de Souza.
[2] Femme de Louis XV.
(Notes de l'auteur.)

donc a pris mon pliant? C'est moi, madame, répond froidement M. de Flahaut; j'avois eu l'honneur de vous l'offrir, il m'a paru qu'il ne vous faisoit aucun plaisir, et je l'ai ôté.

———

Tout le monde est toujours uniquement occupé de M. de Voltaire; tout Paris court chez lui, on s'y étouffe, et on le tuera. Il m'a écrit un billet très-aimable; il est venu chez moi, je n'y étois pas; mais le lendemain j'ai été lui rendre sa visite, j'ai trouvé chez lui un monde énorme : la conversation, quoique générale, m'amusoit; on ne s'écoutoit guère mutuellement, mais chacun étoit, en secret, occupé à chercher quelque phrase ingénieuse; on ne pouvoit guère sortir convenablement d'un tel cercle, sans avoir payé cette espèce de tribut à M. de Voltaire. Je voyois les femmes surtout s'agiter, rêver, se tourmenter, pour placer une réponse fine et spirituelle, et le bon mot dit, s'en aller avec la persuasion qu'en sortant de ce salon, on emporte une portion de la gloire et de l'esprit de M. de Voltaire.

M. de Voltaire a enfin paru à la comédie; il

a été applaudi à tout rompre, ce qui est juste et simple dans la salle de la Comédie-Françoise; le théâtre de sa véritable gloire est là. Madame de Villette l'a couronné dans sa loge, les comédiens ont couronné son buste. Toutes les femmes se sont levées pour lui : les femmes ! cela est remarquable, et prouve l'innocence des dames françoises, qui, par bienséance, n'auroient sûrement pas rendu cet hommage éclatant et si extraordinaire à un homme, si elles eussent entendu dire que cet auteur a publié des écrits infâmes contre la religion et les mœurs. Il y avoit beaucoup de femmes dans le balcon (chose tout-à-fait étrange); à mesure qu'elles paroissoient, le public les applaudissoit pour louer leur empressement. Dans la rue, les poissardes et les polissons crioient : *Vive Voltaire!* etc., etc.[1]. Que feroit-on de plus pour le héros à qui l'on devroit le salut de la patrie! on n'en feroit peut-être pas tant. Et le grand Corneille, ce génie sublime; cet homme si pur; et Racine, cet auteur ini-

---

[1] Ces polissons et ces poissardes ne savoient pas que toujours Voltaire, en parlant du peuple, ne l'a jamais désigné qu'avec l'épithète de *canaille*.

(Note de l'auteur.)

mitable et parfait, ont-ils obtenu de tels hommages ? Au reste, tout cet enthousiasme n'existeroit pas, si M. de Voltaire n'eût jamais quitté Paris, et surtout s'il avoit trente ans de moins. Sa carrière est finie, il n'est plus qu'une ombre, il n'a plus d'envieux.

———

Voici un fait parfaitement vrai, que je voudrois qui fût connu de tous les maîtres de pension et de tous les instituteurs. M. *** s'étoit retiré en province pour s'y consacrer, sans distraction, à l'éducation d'un fils unique qu'il adoroit. Cet enfant annonçoit un esprit extraordinaire ; il avoit une aptitude extrême pour les sciences, une âme généreuse et sensible, et un caractère plein d'énergie ; on ne remarquoit en lui qu'un seul défaut, il étoit extrêmement obstiné. Un jour, il montra une obstination si inflexible et si déraisonnable, que son père crut devoir employer des moyens violens pour la rompre ; il menace, l'enfant (âgé de dix ans) persiste. On fait paroître deux hommes armés de verges, on n'obtient rien ; le père ordonne de saisir l'enfant qui pleuroit et qui

crioit, et de le fustiger; on obéit. Pendant cette
exécution, l'enfant devient pâle, cesse de crier;
ses larmes s'arrêtent : aux éclats de sa colère
succèdent tout à coup un silence morne, une
effrayante immobilité.... On le regarde avec
étonnement, on l'interroge, point de réponse.
Sa physionomie décomposée n'offroit plus que
l'expression du saisissement et l'empreinte de
la stupidité; par une révolution funeste, et
qui fait frémir, il venoit de perdre toutes ses
facultés mentales, et il ne les a jamais recou-
vrées; il est resté imbécile!...

Aujourd'hui, après dîner, j'entre dans la
chambre de madame la duchesse de Chartres [1];
elle n'y étoit pas, mais j'y trouve un spectacle
étonnant; j'y vois assise sur un canapé, une
pauvre jeune femme avec trois charmans petits
maillots de dix jours. La princesse, dit-elle,
a voulu voir mes trois garçons. — Ils sont jumeaux? — Oui.... — Trois jumeaux!... Et ils
se portent bien. Je suis du quartier; la princesse a su que j'étois accouchée de trois en-

[1] Mère de S. A. R. monseigneur le duc d'Orléans actuel. *Note de l'auteur.*

fans, et que je n'avois pas de quoi en mettre deux en nourrice, et elle m'a fait venir. Comme la pauvre femme me donnoit cette explication, madame la duchesse de Chartres qui étoit allée chercher, dans une pièce voisine, de l'argent et deux nourrices, est rentrée suivie de deux grosses paysannes ; et m'adressant la parole : *N'est-ce pas*, me dit-elle, *que c'est heureux d'avoir trouvé cela ?* (Ce furent ces propres paroles.) Oui, madame, ai-je répondu, et il faut convenir que vous méritez d'être *heureuse* en ce genre, comme en toutes choses. La mère a eu de l'argent ; on lui a demandé lequel des trois enfans elle vouloit garder, elle a répondu qu'ils se ressembloient tant, qu'elle ne savoit lequel choisir. En effet, ces trois petits garçons, blancs comme la neige, se ressemblent comme trois gouttes de lait. Les grosses paysannes se sont emparées de leurs nourrissons, la mère en a gardé un, et ces bonnes femmes, parfaitement heureuses, sont sorties en comblant de bénédictions la bienfaisante princesse.

Voici un joli mot d'enfant. Le petit Charles de Poix, âgé de sept ans, est très-gourmand, ce qui fait qu'on ne lui donne jamais à manger autant qu'il désire. Un soir, à un bal d'enfant, il échappe à son précepteur, il court au buffet pour avoir des gâteaux de Savoie; on lui demande ce qu'il en veut : *Donnez-m'en trop*, répondit-il; car ses parens lui disent toujours, en lui retirant quelque chose, *il y en a trop*, et c'est ce *trop* qui seul pouvoit le satisfaire. Ne sommes-nous pas tous comme cet enfant? *assez* nous suffit-il? et n'est-ce pas pour obtenir *trop* qu'on ne se lasse ni de solliciter, ni d'intriguer, ni de travailler?

Le ton, le maintien, et l'air véritablement noble, sont toujours réunis à la douceur et à la simplicité; la majesté la plus imposante a du charme, parce qu'elle est inséparable de l'expression de la bonté. Quelle noblesse dans les têtes de Vierges de Raphaël, et quelle angélique douceur! Une figure rude et dédaigneuse n'est point majestueuse; eût-elle la taille d'Hercule, elle n'exprime que la hauteur et l'arrogance, et non l'élévation de l'âme. Il n'y a qu'un sot qui puisse admirer ce qui repousse. Mais il y a des gens dont on n'obtient le respect qu'en les intimidant, leur admiration n'est qu'une espèce de frayeur.

Je ne connois point d'homme qui ait l'air plus doux et plus noble que M. le prince de Beauvau : et quelle politesse pleine de goût et de nuances, toujours naturelle et toujours parfaite ! Personne aussi ne parle mieux. Je me souviens qu'un jour, à l'Ile-Adam, je restai dans le salon, pendant le souper, avec M. de Beauvau, M. de Pont-de-Vesle, et trois ou quatre personnes ; la conversation tomba sur la langue françoise, je me taisois, mais j'écoutois avec le plus vif intérêt tout ce que disoit M. de Beauvau ; je n'ai jamais entendu faire des remarques aussi fines et aussi judicieuses. J'écrivis, avant de me coucher, tout ce que ma mémoire put me rappeler de cet entretien. Nous autres femmes, qui n'avons point fait d'études, et qui sommes forcées de vivre dans le grand monde, nous pourrions nous instruire au milieu de cette prodigieuse dissipation, en écoutant les conversations des hommes distingués par leur esprit ; mais, pour cela, il ne faut pas chercher toujours à les occuper de nous, et les distraire par nos frivolités, il faut savoir garder le silence ; nous voulons leur plaire ; les écouter avec intérêt, n'en seroit-il pas un moyen ? On en cherche un plus brillant, on veut causer, on veut montrer *de la grâce*: qu'en résulte-t-il? on donne à l'homme le plus spirituel l'apparence d'un homme ordinaire, on le force à dire des riens et des fadeurs, et souvent on le trouve inférieur à celui qui n'a que le jargon de la galanterie..... Pour moi, j'ai plus acquis par le silence que par la lecture; on n'observe et l'on ne s'instruit qu'en se taisant.

M. de Champ***[1], en passant dans un village, voit une chaumière en feu; on lui dit qu'il ne reste qu'une vieille femme paralytique, il s'y précipite, traverse rapidement les flammes, passe dessus des poutres embrasées, trouve la vieille femme vivante, la prend dans ses bras, l'emporte, sort de la maison sain et sauf; mais comme la vieille femme avoit ses vêtemens en feu, il la jette dans une mare qui se trouvoit devant la porte, et il la noie! Cette mare, grossie par les pluies, avoit six pieds de profondeur.... Voilà une admirable action déjouée, inutile, perdue; quelques pieds d'eau

[1] Champceron, frère de madame de Sabran, dame de feu madame la princesse de Conti.
(Note de l'auteur.)

de moins, et cette histoire eût été célébrée dans toutes les gazettes. L'héroïsme même a besoin de bonheur.

———

Hier, à souper, j'ai entendu faire un joli conte. Le voici :

Sous le règne de Henri II, vivoit à Neuilly, près Paris, sur les bords de la Seine, un sage retiré du monde, et fixé là, dans une petite maison aussi agréablement située que simple et commode. Ce philosophe modeste et solitaire s'appeloit Théophile. Il avoit beaucoup voyagé, il étoit étranger, et il vint d'un pays lointain, s'établir dans cet humble asile plus conforme à son goût qu'à sa fortune, car il avoit de grandes richesses, mais il méprisoit le faste; une âme sensible, une piété sincère, le préservoient des petitesses d'une vanité coupable; il étoit dévot et conséquent. Sa conduite s'accordoit avec sa croyance et ses discours; il ne pensoit pas que le luxe pût s'allier avec la charité chrétienne, et qu'il fût possible d'avoir des sentimens religieux en conservant de l'orgueil, de l'ambition et de l'indifférence pour les infortunés. Il attira, sans le vouloir, l'attention de ses voisins, par la simplicité de sa vie et par sa bienfaisance. On voulut le connoître; il étoit assez sage pour fuir le monde : il avoit trop de douceur et d'aménité pour repousser ceux qui venoient le chercher. Il forma quelques liaisons, et il inspira tant de confiance à ses nouveaux amis, qu'il devint l'arbitre de tous les différens qui s'élevoient entre eux. Consulté par eux sur tous les intérêts particuliers, il leur prédit, avec une justesse étonnante, tout ce qui devoit résulter des résolutions sages ou téméraires qu'ils prenoient. L'événement justifia tant de fois les conjectures de sa prévoyance, que, dans un siècle si peu éclairé, où les personnes, même du rang le plus élevé, se livroient aux illusions ridicules d'une stupide superstition, on finit par croire que Théophile étoit un homme merveilleux qui possédoit des lumières et une science surnaturelles. Il faut avouer, cependant, que dans tous les temps, un homme de mérite qui ne prétend à rien, et qui n'emploie une grande fortune qu'au soulagement de l'indigence, peut assez raisonnablement être regardé comme une espèce de prodige; aujourd'hui, nos esprits forts n'y croiroient pas ou s'en moqueroient; mais, dans le seizième siècle, ce phénomène excita une telle admiration, et fit tant de bruit, que la réputation de Théophile parvint jusqu'à la cour; la reine Catherine de Médicis qui ne crut jamais à l'Évangile, mais qui eut toujours la foi la plus vive dans les mystères ténébreux de la cabale, voulut voir cet homme extraordinaire. Elle arriva un soir, dans le plus grand incognito, chez Théophile, et, tête à tête avec lui, elle se fit connoître, et lui demanda un talisman qui pût lui assurer à jamais le pouvoir de gouverner le roi et la France. Théophile protesta vainement qu'il n'étoit ni devin, ni astrologue, il ne fit qu'irriter Catherine sans la dissuader; et elle finit par le menacer de tout son ressentiment, s'il persistoit à nier sa science. Théophile, après quelques instans de réflexion, reprenant la parole : Eh bien ! madame, dit-il, je ferai le talisman que vous désirez; il faut seulement, pour produire l'effet *sympathique* qui doit agir sur le roi, que vous puissiez me donner des cheveux d'une personne qui ait pour vous l'attachement le plus tendre et le plus généreux : le sexe est indifférent, pourvu que le sentiment soit parfaitement désintéressé. La reine trouva cette condition bien facile à remplir, elle étoit jeune, elle avoit encore toute la crédulité que l'orgueil peut donner à cet égard. Je pourrois, dit-elle, vous fournir des cheveux de quatre personnes dont je suis également aimée. Une seule suffit, reprit Théophile ; mais il est nécessaire, madame, que cette personne ne vous ait jamais demandé une grâce pour elle, et ne vous ait jamais dit de mal de ses ennemis ou de ses rivaux ; quelque frivole que puisse paroître cette circonstance, elle est absolument indispensable. A ces mots, un nuage de tristesse se répandit sur le visage de Catherine. Quoi ! dit-elle, vous ne vous contenteriez pas d'un attachement dont je répondrois ? Non, madame, répondit le sage Théophile, il me faut encore ce que je viens de demander. Parmi les personnes qui m'entourent, répondit Catherine, il n'en est point qui puisse remplir cette condition, mais je chercherai de nouveaux amis, et, quand j'aurai trouvé ce que je désire, je reviendrai. Théophile fut très-satisfait de cette décision ; il crut être débarrassé de toute importunité de ce genre, il se trompoit. On sut que la reine l'avoit honoré d'une visite secrète, et tous les gens de la cour voulurent le voir et le consulter. Théophile, ne pouvant leur persuader la vérité, tâcha de tirer de leur erreur un résultat utile et profitable pour eux. Une jeune dame de la cour, nouvellement mariée, vint lui demander avec instance un philtre pour fixer son mari. Théophile lui donna un cœur de cristal de roche qui contenoit une liqueur couleur de rose et parfumée. Ce philtre, lui dit-il, produira l'effet que vous désirez; il n'est que préparé, vous seule pouvez le rendre parfait. Il faut que vous le portiez dans votre sein pendant trois mois avant d'en faire usage ; mais il est nécessaire que, durant ce temps, vous soyez dans les dispositions morales les plus calmes, que vos passions soient modérées, que vous sachiez éviter les querelles et tout ce qui peut agiter le sang, afin que le philtre ne reçoive de vous que des émanations balsamiques. — Quoi ! si je me fâchois, si j'éprouvois du dépit, si j'avois de l'aigreur.... si je montrois de la jalousie.... — Vous gâteriez tout-à-fait le philtre... — Cela est inouï.... — Ne savez-vous pas, madame, que des personnes malsaines font, par leur présence seule, tourner le lait et d'autres liqueurs? — Oui; mais il n'y a à cela qu'un effet physique. — Vous n'ignorez pas que le moral influe beaucoup sur le physique. Certainement, l'habitude de l'humeur et des caprices continuels altèrent la pureté du sang. — En effet, quand je m'impatiente et quand je boude, j'ai bien mauvais visage; mes yeux sont si battus, mon teint si brouillé! — Le philtre, alors, n'acquerroit aucune vertu, ou la perdroit. — Voilà qui est dit, je vais devenir tranquille, égale, patiente; je serai toujours calme et de bonne humeur. Avec un grand ou puissant intérêt, on est capable de tout. Je penserai à mon philtre, et rien ne me coûtera. — Si vous vous conduisez ainsi, le philtre fera des merveilles. — Comment dois-je m'en servir? — Tous les six mois, vous en mettrez une goutte dans la boisson de votre mari. Le cœur de cristal en contient soixante gouttes. — J'en ai pour trente ans, cela est honnête, et je conçois qu'au bout de ce temps-là mon mari ne sera pas tenté de devenir volage. La jeune personne emporta le philtre, elle fit avec persévérance tout ce que le sage avoit prescrit; et elle publia partout que Théophile possédoit des secrets admirables.

Une de ses amies, nommée *Théonie*, vint supplier Théophile de lui donner un talisman contre la colère. Elle lui fit d'abord un grand éloge de son cœur et de son caractère, car on commence toujours par-là quand on veut avouer un défaut. Je suis bonne, dit-elle, incapable de rancune et de faire une méchanceté; ma franchise est extrême ainsi que ma sensibilité; je n'ai qu'un petit inconvénient, celui de disputer avec emportement, de me mettre facilement en colère. Ce défaut que je ne puis vaincre éloigne de moi mon mari qui est un homme doux et paisible; je l'aime, je m'en afflige, et je ne puis réprimer mes premiers mouvemens. J'ai ce qu'il vous faut, répondit Théophile, c'est le plus rare des talismans, parce qu'il est le plus difficile à faire; il fut composé, il y a trois siècles, par une femme très-savante....—Par une femme?—Oui, une femme qui consacra son art aux personnes de son sexe qui sont, en général, plus sujettes que nous à se mettre en colère. J'ai eu ce talisman par héritage, il m'est inutile, je vous le donnerai avec plaisir. C'est un anneau d'or parsemé d'étoiles émaillées, le voici.— Il suffira de le porter?— Voici ce que vous devez faire.

Aussitôt que vous sentirez la tentation de vous fâcher, il faudra vous taire, ne pas prononcer une syllabe, et sur-le-champ passer dans votre cabinet; là, seule et sans témoins, vous plongerez votre anneau dans un grand verre d'eau froide, et vous répéterez neuf fois ce nom : *Peinthéphiladelmirézidarnézulmézidore.*
— Bon Dieu! c'est là un nom? — Oui, et un nom très-vénérable, c'est celui de la femme savante qui passa cinquante ans à former ce précieux talisman. — Je ne m'étonne pas que, malgré sa science, elle ne soit pas plus célèbre; un tel nom ne saurait parvenir à la postérité, il est presque impossible de le retenir. — Je vous l'écrirai. — Je l'apprendrai par cœur. Il faudra donc le prononcer neuf fois? — Oui, et posément. Ensuite vous retirerez le talisman du vase, vous boirez l'eau et vous serez parfaitement calmée. — Cela est admirable!... — Quand vous ne serez pas chez vous, et que, par conséquent, vous ne pourrez pas vous retirer dans votre cabinet, il faudra bien vous contenter de répéter en vous-même le nom magique; mais j'avoue qu'alors le talisman aura beaucoup moins d'efficacité. — Oh ! ceci ne m'inquiète pas, parce que je ne suis

jamais de méchante humeur que chez moi, je ne me mets en colère que contre mes gens ou contre mon mari, quand nous sommes tête à tête. D'ailleurs je suis toujours, dans le monde, très-polie et très-complaisante. — Dans ce cas, en observant toutes les cérémonies nécessaires, vous acquerrez une douceur parfaite.

Théonie, enchantée, emporta l'anneau et le nom de *Peinthéphiladelmirézidarnézulmézidore*, écrit de la main de Théophile. Comme elle avoit une heureuse mémoire, elle fut en état d'en éprouver la vertu dès le soir même, et ce fut avec un succès qui lui inspira la plus vive admiration pour Théophile. Cependant tout le monde n'étoit pas aussi content de lui, il recevoit très-sèchement les intrigans et les coquettes, et il ne leur accordoit rien. Un jour, il vit entrer chez lui une jeune dame avec son frère, l'un des favoris du roi. Ce dernier vouloit avoir un charme qui lui donnât l'assurance de faire une assez haute fortune, pour que tous ses désirs fussent pleinement satisfaits. Seigneur, répondit Théophile, plusieurs adeptes ont trouvé le secret de faire de l'or et de renouveler la jeunesse, mais ils n'ont jamais cherché celui de satisfaire un ambitieux ; c'étoit trop évidemment s'occuper d'une chimère. Eh bien! interrompit la jeune personne, donnez-moi donc le précieux secret de rester toujours jolie, c'est-à-dire, de ne point vieillir, puisqu'il n'existe pour nous qu'un seul bonheur, celui de plaire et de tourner des têtes. A ces mots, Théophile regarda en souriant celle qui lui parloit, car, malgré sa jeunesse et sa parure, elle avoit une figure très-médiocre. Madame, répondit-il, comme je sais lire dans l'avenir, je puis vous prédire que vous n'aurez nul besoin du talisman que vous demandez, car je vous assure que dans vingt ans vous aurez la même parure, les mêmes manières, les mêmes projets et les mêmes espérances. — Ne me trompez-vous point? — On ne vous a jamais rien dit de plus vrai. — Oh! sous quel astre heureux je suis née!...

Quelques jours après, Théophile reçut une visite qui l'intéressa davantage; c'étoit un homme riche, sensible, bienfaisant, il s'appeloit Alcippe; il commença par conter, en peu de mots, son histoire à Théophile. Je suis né, dit-il, avec une fortune considérable qui s'est triplée, depuis dix ans, sans que j'y aie eu d'autre part que de risquer, avec assez d'insouciance, de grosses sommes employées à des entreprises publiques qui paroissoient extrêmement hasardeuses; mais tout m'a réussi; un bonheur si surprenant m'a fait peut-être plus d'envieux que si j'eusse acquis mes richesses à force d'intrigues et de bassesses; car les envieux ne peuvent pas me calomnier à cet égard, mais ils s'en dédommagent de mille autres manières; j'ai beaucoup d'ennemis, je n'ai jamais fait que du bien, et j'éprouve continuellement les effets de la haine, souvent même on parvient à me nuire; je prends de l'aigreur, du ressentiment, je sens que ma bonté naturelle s'altère, et je ne suis point heureux. On m'assure, savant Théophile, que vous avez composé des talismans merveilleux pour le bonheur des hommes; ne pourriez-vous pas m'en donner un qui me fît triompher de mes ennemis ? Oui, sans doute, répondit Théophile, j'en ai moi-même éprouvé l'effet miraculeux, et je puis le communiquer sans en perdre la jouissance. Mais vous ne sauriez recevoir un don si précieux, sans être initié auparavant dans les mystères les plus profonds d'une science sublime....; il faudra subir de certaines épreuves.... — Quoi donc, faut-il pour cela que je devienne un adepte?.

—Il faut que vous deveniez ce que je suis moi-même.... — Je sais qu'on exige des adeptes de certaines privations et une grande pureté de cœur; rien ne me coûteroit pour obtenir ce que je désire, mais je crains de n'avoir pas l'intelligence nécessaire.... — Je n'exigerai que des choses qui dépendront entièrement de votre volonté. — Eh bien! parlez, j'obéirai. — Il faut d'abord abjurer tout esprit de vengeance. — On m'a fait tant de noirceurs!... mes ennemis sont si méchans!... Il en est deux, surtout, qui sont coupables envers moi d'une ingratitude si monstrueuse!... car je les avois jadis comblés de bienfaits.... — N'importe, il faut éloigner de votre esprit tous ces sujets de mécontentement, et chercher de nouveau l'occasion de les obliger.... — Que me demandez-vous? — La chose la plus indispensable. Enfin, il faut agir ainsi avec tous vos ennemis, mais sans ostentation, sans orgueil, sans vous en vanter. — Je puis bien vous promettre de me taire à cet égard; mais comment puis-je m'engager à ne point tirer vanité d'une conduite si généreuse? ce sentiment dépendra-t-il de moi? — Le seul bon sens vous en préservera; car, comment pourriez-vous raisonnablement vous enorgueillir d'une conduite que vous n'auriez pas, si on ne vous la prescrivoit point? — Voilà une réflexion qui me frappe. En effet, je n'agirai que par soumission et par intérêt, pour obtenir le prix immense que vous me promettez ; ainsi, quand je ferois les actions les plus extraordinaires, je n'aurois pas le droit de m'en estimer davantage. Est-ce là tout ce qu'il faut faire ? — Oui, puisque d'ailleurs vous avez de la bonté, des mœurs et de la probité. Revenez dans six mois. — Vous m'assurez qu'en me conduisant ainsi, vous me donnerez alors l'inestimable talisman qui me fera triompher de tous mes ennemis ? — Oui, vous posséderez ce trésor, en effet *inestimable* pour qui sait l'apprécier. Comptez sur ma parole, elle est inviolable.

Alcippe, rempli de joie et d'espérance, quitta Théophile, bien fermement décidé à se conformer à ses ordres, quelque sévères qu'ils lui parussent. Il revint au bout de six mois. O sage Théophile, s'écria-t-il, que de remercîmens je vous dois ! j'ai suivi vos conseils et je suis déjà le plus heureux des hommes ; je me suis réconcilié avec la plupart de mes ennemis ; deux ou trois (malgré mes bons procédés) me haïssent encore; mais tout le monde les trouve si injustes, que je n'ai plus le moindre ressentiment contre eux; j'ai regagné les autres, ainsi je puis dire que j'ai triomphé de tous : cependant je désire toujours le talisman que vous m'avez promis; s'il ne m'est pas nécessaire dans ce moment, il pourra, par la suite, m'être utile... Je vais vous le donner, dit Théophile; le voici. Alcippe regarde, et s'étonne en voyant que c'est un livre... Il ouvre ce livre; il en lit, avec émotion, le titre sacré... Deux pieuses larmes s'échappent de ses yeux; il se met à genoux, et pressant le livre divin contre sa poitrine : Oui, dit-il, je sens maintenant toute la sublimité de ce commandement qui nous paroît si rigoureux : *Pardonne toujours, et rends le bien pour le mal.* Ce n'est pas une voix humaine qui peut donner un tel ordre, ces paroles sont véritablement célestes; et en suivant ce qu'elles prescrivent, nous agissons surtout pour notre propre bonheur....

On n'a rendu compte jusqu'ici que des succès de Théophile, mais sa réputation ne se soutint pas. On trouva qu'il exigeoit des choses étranges, on eut bientôt recours à d'autres astrologues, et Théophile retomba dans une heureuse obscurité qui lui rendit des biens que l'on préfère à la gloire lorsqu'on les a déjà goûtés, de doux loisirs, la paix et la liberté.

———

Quand nous nous embarquons pour une navigation de cinq heures, communément l'impatience ne nous prend qu'au bout de quatre ; si le voyage doit durer six ou sept jours, on n'est agité que les deux derniers ; et si l'on vogue pour la Chine, on prend patience pendant deux ou trois mois, etc. : nos facultés courageuses sont toutes dans notre imagination ; l'espérance éloignée ou rapprochée décide du degré de nos forces. Combien la vie est agitée, troublée par des espérances vives et successives !... On vante à tort la facilité de se flatter : savoir se fixer et s'arranger pour tirer parti de sa situation actuelle vaut beaucoup mieux. On ne songe pas que ce désir passionné, porté vers l'avenir, rend le présent insupportable, et que les chimères qui séduisent rendent odieuse la réalité qu'il faut toujours retrouver et sentir, quelque effort que l'on fasse pour s'en distraire. Qui attend toujours une chose prochaine ne fait rien, ne jouit de rien. Ces gens ardens et passionnés sont, au fond, les êtres du monde les plus superficiels et les plus désœuvrés. Rien de pis que de désirer sans cesse le lendemain. Ces personnes-là ressemblent à celles qui, toujours mécontentes de leur logement, passent leur vie à déménager. Cependant l'espérance est une consolation nécessaire à cette vie remplie d'amertume; il en faut une sans doute, mais pour nous préserver des agitations qui consument, et des mécomptes qui découragent ou qui désolent; il faut qu'elle soit éloignée, grande, bien fondée, et que l'époque de la jouissance qu'elle promet soit incertaine : voilà ce que la religion peut nous donner.

———

Je viens de lire un ouvrage très-froid et très-ennuyeux, mais très-dévot. Le sujet étoit beau; il est dommage que l'auteur n'ait eu ni assez de profondeur ni assez d'éloquence pour le bien traiter; il faut toujours lui savoir gré d'avoir montré de fort bons sentimens; il y rabaisse et il y déchire peut-être trop la philosophie qui, de son temps, n'étoit ni aussi audacieuse, ni aussi corruptrice que de nos jours, mais il y exalte avec raison l'excellence et l'utilité du christianisme. Il y parle du *Messie* avec l'expression de la foi la plus vive, et il finit par une longue et pieuse apostrophe *au Verbe incarné*. Cet ouvrage est de Fontenelle!!!!... C'est un *discours sur la Patience*, qui a remporté le prix d'éloquence en 1689. Louis XIV alors étoit dévot; mais sous M. le Régent, le même auteur fit l'*Histoire des Oracles!*... Ceux qui aiment la bonne foi, la droiture, ceux qui n'estiment que les hommes sincères et conséquens, ne deviendront jamais les disciples des philosophes modernes, ou du moins ils finiront par se détacher d'eux.

J'ai trouvé aussi, dans les OEuvres de Fontenelle, deux *jolis* vers. Les voici :

Nuit, Mort, Cerbère, Hécate, Érèbe, Averne,
Noires filles du Styx que la fureur gouverne.

Le premier vers prononcé vivement fait un effet charmant à l'oreille :

Nuit, Mort, Cerbère, Hécate, Érèbe, Averne !

Quelle harmonie!... On devroit faire répéter ce vers aux jeunes gens qui ont quelques défauts de prononciation, il leur délieroit parfaitement la langue; car il est plus difficile de le prononcer vite et nettement, que de parler avec des cailloux dans la bouche.

M. de *** est d'une avarice extrême. N'ayant point tenu de maison dans le cours de l'été, et sa glacière se trouvant encore toute remplie au mois de janvier, son maître-d'hôtel lui demanda ce qu'il vouloit que l'on fît de toute cette glace? Eh bien! répondit M. de ***, qu'on la donne aux pauvres. C'est le premier acte de charité qu'il ait jamais fait.

Rousseau est mort d'une colique néphrétique. Je l'ai beaucoup connu. J'étois bien jeune alors, et je ne faisois pas encore de journal. Pendant plus de six mois je l'ai vu tous les jours; il dinoit avec nous, et ne s'en alloit communément qu'à dix heures du soir [1].

Dans le cours de cette semaine, j'ai donné à diner à un homme célèbre que je ne connoissois

---

[1] *Voyez* mes Mémoires, tome II, pag. 1.
(Note de l'auteur.)

pas, le comte de Béniouski [1]; très-fameux par sa captivité en Sibérie, et par l'adresse avec laquelle il s'est échappé de ces déserts : c'est un petit homme boiteux et fort laid, qui conte ennuyeusement une belle aventure. Ce récit, fait par un tiers, m'auroit fort intéressée, mais la complaisance même du héros m'a été suspecte. A peine étoit-il assis, qu'à ma première question il a pris la parole, et il a fait avec méthode sa narration, en homme exercé qui la répète pour la *millième* fois. J'ai eu le mauvais caractère de ne pas croire un mot des détails de cette longue histoire. Tout ce qui m'en a frappée, c'est qu'il avoit mis dix-huit personnes dans sa confidence entière; aucun des conjurés ne le trahit, parce que chacun crut en particulier être l'unique dépositaire du secret. Leur surprise à tous fut extrême, lorsqu'au moment de l'exécution ils se trouvèrent une petite troupe.

Les personnes d'un naturel parfait, même les plus spirituelles, sont souvent, dans la so-

[1] Le héros d'une des pièces de Kotzbüe. (Note de l'auteur.)

ciété, d'une nullité complète. Quand on ne leur inspire rien, elles se taisent ou ne répondent qu'avec indolence et brièveté ; quand elles ont des sujets de tristesse, elles ont de l'abattement et de la distraction. Tout ce qu'elles éprouvent se peint sur leur physionomie ; et c'est pécher essentiellement contre la politesse et contre l'usage du monde : aussi se plaint-on toujours de leur inégalité. Elles ont, dit-on, des caprices, elles sont quelquefois dédaigneuses ; point du tout, elles sont alors insouciantes, elles se montrent sans artifice ; et avec les indifférens, c'est presque toujours un tort.

Les gens naturels ne savent ni rire d'un mauvais conte, ni s'attendrir sur l'affectation de sensibilité, ni prêter une oreille complaisante aux ennuyeux ; il est étonnant que l'on puisse les supporter dans la société. Cependant, au fond, on les aime, du moins ils attirent ; eux seuls savent plaire.

Le naturel est autre chose que la sincérité ; il est moins estimable, mais il a plus de grâce, et précisément parce qu'il n'est pas fondé sur des principes, et qu'il n'est point raisonné ; il n'est pas une vertu, mais il ne sauroit exister sans plusieurs qualités aimables. Pour être bien naturel, il faut n'avoir à cacher ni desseins profonds, ni vices honteux : les coquettes, les fourbes, les ambitieux et les orgueilleux ne sont jamais parfaitement naturels.

On ne sauroit être naturel quand on est possédé du désir de briller, de séduire et de produire un grand effet.

Les manières naturelles sont beaucoup plus rares en province qu'à Paris : c'est qu'on peut espérer de se faire remarquer dans un petit cercle, et qu'il est presque impossible d'avoir cette prétention dans un cercle très-étendu, qui se renouvelle sans cesse. On a rarement de l'apprêt, lorsqu'on se trouve dans une grande foule; mais on se compose, lorsqu'on a assez d'espace pour être aperçu de tout le monde. Madame de *** est *charmante*, dit-on, *quand elle veut plaire*. Il faudroit dire qu'elle est alors vive, animée, brillante, et voilà tout. Madame la comtesse de Boufflers n'a de l'esprit et de l'agrément que lorsqu'on lui plaît. C'est celle-là qui est *charmante !* on est si flatté de sa grâce ! on la produit... Comme elle conte ! comme elle cause ! comme elle est à la fois douce et piquante ! comme elle fait valoir les autres sans les protéger, parce que son attention est un éloge, et son sourire un suffrage! ce sourire est si vrai, si fin et toujours si bien placé!.. J'ai un penchant pour elle, qui me rend muette en sa présence. Depuis que je suis dans le monde, je ne me lasse point de la regarder et de l'écouter. Elle et madame la princesse de B***** sont d'*excellentes études* pour une jeune personne qui veut perfectionner son esprit et son goût. Au reste, j'ai pu trouver une *étude* de ce genre plus près de moi et plus chère à mon cœur.

Mon frère est revenu de Bayonne, où il a passé cinq mois en garnison avec le régiment qu'il commande. Il a été presque témoin d'un fait qui mérite bien une place dans mon journal.

M. Labat, riche négociant, de Bayonne, étoit aux environs de cette ville, dans sa maison de campagne, sur les bords de l'Adour; il s'y retiroit pour rétablir sa santé. Un matin, ayant pris médecine, il se promenoit en robe de chambre sur une terrasse peu élevée au-dessus de la rivière. Tout à coup il aperçoit de loin, sur l'autre rive, un jeune voyageur, emporté par un cheval fougueux, et précipité dans la rivière. M. Labat savoit nager; il ne réfléchit point sur le danger de se plonger dans l'eau un jour de médecine, il se débarrasse à la hâte de sa robe de chambre, s'élance dans l'Adour, et atteint l'infortuné au moment où il perdoit connoissance !... « O Providence ! s'écria M. Labat, en serrant avec transport ce jeune homme dans ses bras, sainte humanité, que ne te dois-je pas ! j'ai sauvé mon fils !... » C'étoit en effet son fils unique, qui, après une absence de six mois, revenoit à franc étrier, sans avoir prévenu son père, afin de lui causer une agréable surprise. Cette surprise fut beaucoup plus touchante qu'il n'avoit pu le prévoir !... Jamais le courage et la générosité n'ont été mieux récompensés. Plaignons les lâches et les égoïstes, ils n'éprouveront jamais rien de pareil....

Voici un trait de subordination militaire qui me paroît sublime. Ces jours derniers, M. le comte d'Artois jouoit à la paume. On plaça en dedans de la salle une sentinelle à la porte, avec l'ordre de ne laisser entrer aucun curieux. Une balle lancée par un des joueurs atteignit la sentinelle, et d'une manière si terrible, qu'elle lui fit presque sortir l'œil de la tête; cependant il se tint immobile à son poste. Aussitôt M. le comte d'Artois court à lui en le pressant d'aller sur-le-champ se faire panser. «Et ma consigne?» répond le soldat... Il soutint l'héroïsme de ce mot; rien ne put l'engager à sortir; et il ne quitta son poste que lorsque l'officier qui l'y avoit mis vint lui en donner l'ordre. Cet excellent militaire n'a point été blessé par M. le comte d'Artois. Il a reçu vingt-cinq louis de ce prince; sa blessure est très-grave, mais on espère qu'il ne perdra pas l'œil.

Madame de *** et la maréchale de Luxembourg sont les personnes de la société qui attachent le plus d'importance à l'élégance des manières et à ce qu'on appelle *usage du monde* et *un bon ton*. Mais la première est souvent ridicule, parce qu'elle pousse la politesse jusqu'à l'affectation, et la décence jusqu'à la pruderie; la maréchale, avec les mêmes opinions, est aimable, parce qu'elle a plus d'aisance et moins de gravité. Quand on manque à l'étiquette ou qu'on emploie une mauvaise expression, madame de *** s'indigne et méprise; dans le même cas, la maréchale plaisante et se moque. Les gens les moins spirituels bravent avec avantage les critiques sérieuses de madame de ***, les rieurs sont de leur côté; tout le monde craint les censures épigrammatiques de la maréchale : dans les choses de ce genre, les sentences solennelles ne produisent aucun effet; mais les moqueries assez plaisantes pour être citées, sont des arrêts sévères, on n'en appelle point.

L'élégance dans le style, dans les discours et dans les manières, est assurément une chose fort désirable, c'est la noblesse des grâces; mais l'affectation en éloigne autant que la grossièreté. Il me paroît tout simple qu'une femme évite d'employer de certaines expressions; cependant elle doit cacher ce soin : montrer du scrupule à cet égard, c'est, en se piquant d'une extrême délicatesse, manquer à la fois d'esprit et de goût. Madame de Blot a fait vœu de ne jamais prononcer le mot *cu-*

lotte, ce qui l'a mise ces jours-ci dans un singulier embarras. Le baron de Bezenval disoit à M. le duc de Chartres [1], qui arrivoit à Versailles après une absence de six mois : « Je vais vous mettre au courant : ayez un habit puce, une veste puce, une culotte puce, et présentez-vous avec confiance; voilà tout ce qu'il faut aujourd'hui pour réussir à la cour. »

Cette plaisanterie a eu du succès. Madame de Blot voulant hier la conter, s'est étourdiment engagée dans ce récit; mais aussitôt s'apercevant qu'il falloit dire le mot fatal *culotte*, elle s'est tout à coup arrêtée après avoir prononcé seulement la première syllabe. Cette réticence a paru beaucoup plus gaie que l'histoire. Madame de Blot rougissoit, s'embarrassoit, se confondoit; et M. d'Osmond, avec sa bonhomie et sa distraction ordinaires, a dit en la regardant d'un air étonné : « Apparemment que madame attache à ce mot une idée particulière? — Point du tout, a répondu quelqu'un, c'est au contraire que madame n'en peut *détacher* une idée très-naturelle. » N'eût-

---

[1] Père de S. A. R. monseigneur le duc d'Orléans actuel. (Note de l'auteur.)

t-il pas mieux valu (surtout à quarante-cinq ans) conter tout bonnement une chose si simple?

J'aime cent fois mieux la manière de parler du marquis de Laval. On sait qu'avec beaucoup d'esprit naturel, il a le langage le plus bizarre; il semble qu'il n'ait jamais pris la peine non-seulement de lire, mais d'écouter la conversation; il ne sait que confusément la signification des mots, ce qui lui donne la plus singulière impropriété d'expression. C'est ainsi que pour louer la douceur du regard de sa belle-sœur, il dit que ses yeux ressemblent à une culotte de velours noir : ce langage me plaît infiniment mieux que celui de madame de Blot.

Cette dernière est très-passionnée pour Voltaire, et cette personne qui ne pourroit dire *culotte* sans s'évanouir, parle avec ravissement des ouvrages les plus licencieux. Elle a une pendule dont les ornemens représentent les Heures personnifiées, et le Temps. Au bas de cette dernière figure, madame de Blot a fait graver ce vers de Voltaire :

Tout le consume, et l'amour seul l'emploie.

Pensée très-fausse et très-choquante. Quoi donc, la charité, la bonté, l'amitié, la vertu ne savent pas *employer* le temps !...... *l'amour seul!..* quelle sentence ! et comment une femme ose-t-elle la recueillir et l'étaler dans son cabinet ? Madame de Blot citoit hier avec enthousiasme des vers de Voltaire que je n'aime pas du tout, parce que je préfère la vérité à l'élégance. Voici ces vers :

Qui n'est que juste est dur, qui n'est que sage est triste ;
Dans d'autres sentimens l'héroïsme consiste :
Le conquérant est craint, le sage est estimé,
Mais le bienfaisant charme, et lui seul est aimé.

Tout est faux dans ces vers. L'*héroïsme ne consiste point* à être bienfaisant, car soulager les infortunés est un devoir quand on le peut ; et un guerrier qui auroit le malheur de n'être pas charitable, n'en seroit pas moins un *héros* s'il faisoit de grandes actions utiles à son pays. La *sagesse* peut être sérieuse, mais elle n'est jamais *triste* puisqu'elle met à l'abri des peines les plus sensibles. On n'est point *juste* quand on est *dur*, parce que l'indulgence et la bonté font partie de la véritable justice ; mais cette justice-là n'est pas connue des philosophes.

Voici une belle et touchante définition du juste et de la justice.

« L'homme juste ne doit pas toujours de-
» mander ni ce qu'il peut, ni ce qu'il a droit
» d'exiger des autres. Il y a des temps malheu-
» reux où c'est une cruauté et une vexation
» d'exiger une dette, et la justice veut qu'on
» ait égard non-seulement à l'obligation, mais
» encore à l'état de celui qui doit... La justice
» n'est pas toujours inflexible; elle ne montre
» pas toujours un visage austère; elle doit être
» exercée avec quelque tempérament; et elle
» devient inique et insupportable quand elle
» use de tous ses droits. La raison, qui est son
» guide, lui prescrit de se relâcher quelque-
» fois; et la bonté qui modère sa rigueur
» extrême, est une de ses parties principales.
» Il est manifeste que la justice est établie
» pour entretenir la société parmi les hommes;
» or, si nous entrions dans la vie humaine
» avec cette austérité invincible, qui ne veut
» jamais rien pardonner aux autres, il fau-
» droit, et que tout le monde rompît avec
» nous, et que nous rompissions avec tout le
» monde. Comme la foiblesse commune de
» l'humanité ne nous permet pas de nous trai-

» ter les uns les autres en toute rigueur, il n'y
» a rien de plus juste que cette loi de l'apôtre :
» *Supportez-vous mutuellement en charité; et
» portez le fardeau les uns des autres;* et cette
» charité et facilité, qui s'appelle condescen-
» dance dans les particuliers, est ce qui s'ap-
» pelle clémence dans les grands et dans les
» princes. Ceux qui sont dans les hautes pla-
» ces ne doivent pas se persuader qu'ils soient
» exempts de cette loi; au contraire, la justice
» leur ordonne de considérer qu'étant établis
» de Dieu pour porter ce noble fardeau du
» genre humain, les foiblesses inséparables
» de notre nature font une partie de leur
» charge, et qu'ainsi rien ne leur est plus né-
» cessaire que d'user quelquefois de condes-
» cendance. »

(Sermon de Bossuet, pour le dimanche des Rameaux.)

Voilà ce qu'il est beau de penser et ce qu'il est utile de dire! mais cela est puisé dans la véritable, dans l'unique source de la morale. Voilà des préceptes bienfaisans et des définitions instructives ! Où en serions-nous, si les puissances de la terre se persuadoient que la justice est naturellement unie à la dureté, et qu'un roi juste peut être inhumain ?.... La religion seule sait nous élever, nous perfectionner sans nous enorgueillir, elle nous apprend que nous ne suivons que les devoirs que nous impose la justice, quand nous sommes indulgens, sincères, charitables; quand nous obéissons avec fidélité aux commandemens du juge suprême, qui est à la fois notre créateur et notre maître; car la reconnoissance et l'entière dépendance doivent produire la parfaite soumission : aussi l'Écriture n'appelle-t-elle l'homme le plus éminemment vertueux que le *juste;* expression admirable qui, en nous préservant de l'orgueil, nous donne une idée sublime de la justice, et nous impose une obligation plus indispensable de nous attacher à la vertu.

On n'est libre que lorsque le sort d'aucun être chéri ne dépend de soi, de son existence, de ses soins, ni de sa fortune; dépendre soi-même d'un autre, est un lien mille fois moins fort.

De toutes les modes, la plus ridicule à mon gré étoit de se couvrir le visage de petites mouches en étoile, en cœur, en croissant, et de s'appliquer sur la tempe droite une grande mouche ronde de velours noir qui ressembloit à un emplâtre. Je crois qu'il n'y a jamais eu que madame Cazes qui ait imaginé d'encadrer cette mouche dans un cercle de petits diamans. A propos de mouche, madame de Puisieux me contoit ces jours-ci que madame de Pompadour, écrivant au maréchal d'Estrée [1], à l'armée, sur les opérations de la campagne, et lui traçant une espèce de plan, avoit marqué sur le papier, avec des *mouches*, les différens lieux qu'elle conseilloit d'attaquer ou de défendre. Il est agréable pour un grand général (et le maréchal d'Estrée en étoit un) de recevoir de pareilles instructions.

Madame *** est la personne la plus égoïste que je connoisse. Elle a un genre de maladie qui l'oblige à passer dans son lit plus de la moitié de sa vie, ce qui ne l'empêche pas de recevoir beaucoup de monde. L'autre jour plusieurs visites arrivèrent à la fois chez elle; madame *** étoit couchée : on se plaignit de la fraîcheur de sa chambre : « Comment ! dit-elle,

---

[1] Gendre de madame de Puisieux. (Note de l'auteur.)

il fait donc bien froid ? » on l'assura qu'il geloit à pierre fendre; alors madame *** sonna précipitamment; on étoit charmé; on crut qu'elle alloit demander du bois, point du tout : « Apportez-moi, dit-elle, un couvre-pied d'édredon. » Après avoir donné cet ordre, elle parla d'autre chose.

Ce qui caractérise surtout les grands auteurs et les personnes aimables du dernier siècle, c'est *le naturel et la raison*, et, sans ces deux choses, nul succès n'est durable. « Matha, dit madame de Caylus dans ses *Souvenirs*, étoit un garçon d'esprit infiniment naturel, et par-là de la meilleure compagnie du monde. » C'est une femme charmante et vivant dans le plus grand monde qui a porté ce jugement : ainsi, dans ce temps, on n'étoit point de *bonne compagnie* quand on avoit de l'affectation. Que de gens à la mode aujourd'hui eussent été alors d'un extrême ridicule! C'étoit ce Matha dont parle madame de Caylus, qui, voyant la maréchale d'Albret si affligée de la mort de son frère, qu'elle refusoit obstinément toute nourriture, lui dit : « Avez-vous résolu, madame, de ne
» manger de votre vie? S'il est ainsi, vous avez

» raison; mais si vous avez à manger un jour, » croyez-moi, il vaut mieux manger tout à » l'heure. » Un homme qui, aujourd'hui, parleroit ainsi à une femme désespérée, passeroit pour grossier et pour barbare; mais, dans ce temps, on ne s'apitoyoit pas sur la douleur la mieux fondée, quand elle passoit les bornes prescrites par la raison; on ne s'attendrissoit point sur l'extravagance. A force de flatter la sensibilité outrée, on en fait dans les uns une pantomime odieuse et ridicule, et dans les autres une maladie effrayante. On ne voit pas que madame de Sévigné se soit jamais évanouie en quittant cette fille adorée, qu'elle regrettoit dans tous les momens de sa vie; et ces lettres charmantes, monument immortel de sa tendresse, ces lettres écrites à cent cinquante lieues de madame de Grignan, loin d'être mélancoliques, sont remplies de plaisanteries et brillantes de gaieté. Mais aujourd'hui, quand on aime, il faut être sombre ou furieux, il faut invoquer la mort ou se la donner.

Il est à remarquer que les passions et les affections désordonnées sont surtout communes chez les nations ignorantes et barbares. Chardin rapporte dans ses voyages qu'il a vu jouer en Perse la comédie et la tragédie, et que toujours l'amour y est représenté comme une rage forcenée; les détails qu'il fait à cet égard sont extrêmement curieux et font frémir. On sait qu'en Turquie les amans, en passant sous les fenêtres de leurs maîtresses, se font de larges blessures pour prouver leur amour : depuis quelque temps, l'amour françois, devenu féroce, veut aussi du sang; il ne parle que de mort, de meurtre et de suicide; et, dans une société très-brillante, j'ai entendu conter, comme un beau trait, l'action d'une jolie femme qui, pour guérir son amant de la jalousie, dans le moment où il lui reprochoit sa vanité sur sa figure, se cassa les quatre dents de devant. « Eh bien! dis-je, son amant la quitta! » J'indignai tout le monde par cette question.

Celui qui, le premier, appela tout égarement une *erreur*, créa une expression aussi belle qu'elle est juste. Oui, tout ce qui nous arrache au devoir est une *erreur* : ce n'est que dans la vertu que nous pouvons trouver la vérité, la sûreté, le repos et le bonheur.

Il n'y a rien au monde de plus triste que de

se trouver à la veille d'un grand voyage, sans avoir eu le temps de s'y préparer; il est cruel de laisser derrière soi des affaires importantes qu'on n'a pu mettre en ordre. Les vieillards sans religion sont dans une situation pire encore : le *voyage* qu'ils vont faire est inévitable et sûrement très-prochain; il est sans retour, et les préparatifs négligés sont d'une si haute importance!... Tout vieillard impie, livré à lui-même, est accablé de tristesse, à moins qu'il ne soit tout-à-fait imbécile. J'entends vanter la gaieté de quelques vieux libertins; c'est qu'on ne les suit pas dans leur intérieur. Ils sont comme les aveugles qui paroissent gais dans la société, parce que là tout les étourdit sur leur situation, que la conversation les distrait et les dissipe; mais combien on les plaindroit, si on les voyoit dans la solitude, en proie à leurs réflexions!... La piété seule rend la vieillesse vénérable, parce que seule elle est le gage d'une vie pure, ou du repentir qui expie les fautes. Je n'ai point connu de vieillard plus intéressant que le maréchal de Balincour, mort il y a quelques années à quatre-vingt-onze ans. Dans cette longue carrière, sa vie ne fut souillée d'aucune tache; il fut toujours pieux; tou-

jours heureux et calme : on contemploit en lui
un siècle de bonheur, de gloire militaire et de
vertu. Dans ce grand âge, il avoit conservé
une santé robuste, toutes ses dents, une vue
excellente, et la mémoire la plus sûre. J'ai
passé à Balincour quatre mois, dans la dernière
année de sa vie, et je ne me lassois point de l'é-
couter, surtout lorsqu'il causoit avec son ancien
compagnon d'armes, le vieux marquis de Canillac. Ces deux respectables guerriers se rap-
peloient des anecdotes, des siéges, des batailles
dont les dates faisoient tressaillir : on croyoit
entendre parler l'Histoire ; leurs conversations
ressembloient aussi à ces dialogues des morts
entre des personnages d'un autre siècle. Enfin,
j'admirois l'égalité d'humeur, la douce gaieté
de ce vieillard ; tous ses *préparatifs* étoient
faits, rien ne l'inquiétoit, et on voyoit, à sa sérénité parfaite, qu'il avoit terminé toutes ses
affaires. Il jouissoit des loisirs et du repos d'une
vieillesse vertueuse. Que cet âge est intéressant et vénérable, lorsqu'il a purifié la vie !
Quel objet plus digne de nos respects qu'un
vieillard religieux, instruit par l'expérience
qui nous manque, dégagé des passions qui
nous égarent, affranchi des soins qui nous con-

sument, et détaché des faux biens qui nous séduisent! C'est en soupirant que l'on contemple l'innocence aimable de l'enfance. Hélas! la triste prévoyance mêle tant d'amertume à ce doux sentiment! En regardant un enfant plein de grâce et d'ingénuité, comment ne pas songer au cercle dangereux qu'il doit parcourir! comment ne pas s'attendrir sur les périls inévitables qui l'attendent! Qui pourroit ne pas s'émouvoir, en voyant sa joie et sa sécurité? Jeune et touchante victime entourée de fleurs, il ne sait pas où l'entraîne le temps, il ignore la sentence irrévocable qui le condamne à souffrir tant de maux!.... Je n'ai jamais vu jouer des enfans, je n'ai jamais vu ce délicieux tableau sans éprouver un profond sentiment de mélancolie; et mes yeux se reposent avec un attendrissement si doux et avec tant de plaisir sur le visage auguste d'un vieillard vertueux! Il connoît toute la beauté, toute l'utilité de la vertu; et le vice n'a plus de séduction pour lui. Je l'admire sans inquiétude, je sais qu'il ne peut plus se démentir. Libre d'ambition, n'ayant plus d'affaires, ne formant plus de projets, son âme, dégagée de presque tous les liens qui nous captivent, s'élève sans effort vers la Divinité. Il est le moins matériel de tous les êtres, et par la défaillance même de son corps et de ses sens, celui qui approche le plus de la nature divine, des intelligences célestes. Ne tenant plus à la terre, il semble qu'il ne daigne l'habiter encore que pour nous instruire. Ah! sans doute, il seroit le génie tutélaire de sa famille, si l'on suivoit toujours ses conseils!... Il est vrai que l'idée de la mort ne peut être séparée de celle de la vieillesse; mais la mort n'est terrible que lorsqu'elle est prématurée, parce qu'alors seulement elle paroît agir avec violence et contre les lois de la nature : tout événement imprévu a quelque chose de frappant. Un vieillard pieux et résigné a terminé sa carrière : la chaîne des événemens est rompue pour lui; sa destinée est pour ainsi dire suspendue; le temps n'y produit rien de nouveau : il touche à l'éternité, tout son avenir est là!... L'idée de sa fin prochaine n'inspire que de grandes pensées : pourquoi m'étonnerois-je en songeant à la dissolution totale de ce corps languissant, déjà presque détruit? pourquoi regretterois-je pour lui des plaisirs et de vains amusemens qu'il ne sauroit goûter? pourquoi serois-je effrayée de la mort que je sais si près de lui? Elle ne le surprendra pas; il l'attend chaque jour avec tant de tranquillité! Ce n'est point un spectre menaçant; sa faux n'a point à couper avec effort des liens nombreux et chéris, dénoués depuis long-temps; elle n'a plus à trancher que le fil usé de la vie. Ah! sans doute, la mort n'est pour le juste qu'un ange libérateur! La religion défend de l'invoquer; mais la piété fidèle la voit paroître avec toute la joie d'une sublime espérance. C'est ainsi que j'ai vu mourir le maréchal de Balincour, et d'une mort affreuse et singulière : son gosier s'ossifia totalement; il mourut uniquement faute de pouvoir prendre de la nourriture. Il souffrit pendant plus de quinze jours, et sa patience et sa douceur ne se démentirent jamais un seul instant. Dans un état inouï de foiblesse et d'inanition, il conserva toujours toutes ses facultés intellectuelles, et soutenu, consolé, exalté par une piété angélique, ses discours n'étoient que des paroles de paix et de bonté; des prières touchantes, ou des exhortations religieuses à ses petits-neveux et à ses domestiques. On vit toujours sur son visage l'expression de la bienveillance et du calme le plus parfait. Trois jours avant sa mort, ne parlant déjà qu'avec une extrême difficulté, il aperçut au bout de sa chambre la comtesse de Balincour qui pleuroit; il lui fit signe d'approcher, et lui dit : « Ma chère nièce, si je pouvois vous faire » voir mon âme, vous seriez consolée ! » Le soir du même jour, tandis qu'il paroissoit assoupi, sa garde se mit à manger auprès de son lit; un valet de chambre survint, qui la gronda tout bas d'avoir assez peu de délicatesse pour manger à côté d'un malade qui ne pouvoit rien avaler et qui mouroit de faim; le maréchal qui ne dormoit pas, ouvrit les yeux, et dit en souriant : « Laisse-la donc souper; » sois sûr que je n'envie pas ceux qui peuvent » manger. » Ce n'est pas ainsi que les esprits-forts savent souffrir et mourir. J'ai souvent comparé dans ma pensée ce respectable vieillard au maréchal de Richelieu; j'ai peu rencontré ce dernier; mais j'ai tant vu madame d'Egmont, sa fille, à Sillery et à Braine, je l'ai tant questionnée sur ce sujet, ainsi que d'autres personnes qui ont connu son père, que je sais tous les détails de sa vie intérieure. Le maréchal de Richelieu, toujours libertin à quatre-vingts ans, est capricieux et violent;

il ne peut supporter la solitude et moins encore les infirmités de la vieillesse, la moindre douleur physique lui cause de l'abattement ou une impatience inexprimable. Il est difficile à servir et plein de hauteur et d'humeur avec ses gens, ce qui est presque toujours la preuve d'une conscience agitée : les âmes pures et tranquilles répandent toujours dans l'intérieur de leur maison une partie du calme heureux dont elles jouissent. J'ai vu pourtant quelquefois d'excellens caractères dominés par une pétulance extrême; mais je n'ai jamais vu les inégalités choquantes avec les inférieurs, les accès d'humeur sombre, les caprices hautains unis à la vertu.

Quand on est jeune, on n'emploie avec utilité ni son esprit ni son argent; on prodigue l'un et l'autre d'une manière déraisonnable ou frivole, parce qu'on ne cherche qu'à s'amuser, à briller, à plaire. La différence infinie qui se trouve entre une *personne de mérite* et celle qu'on appelle seulement une *personne spirituelle*, c'est que la première a fait un usage solide des dons de la nature, et que l'autre ne

songe guère à se les rendre profitables. Nous
avons tous, en général, une aversion très-naturelle pour tout ce qui demande une grande application; il faut convenir qu'il n'est pas amusant de s'occuper avec constance des choses
qu'on ne peut comprendre qu'avec difficulté.
La fatigue de l'esprit est beaucoup plus pénible que celle du corps. Cette paresse d'esprit,
qui peut nous tromper sur nos goûts et sur
nos talens, nous fait souvent manquer notre
véritable vocation. Que de poëtes et de romanciers médiocres, qui, mieux dirigés dans leurs
études, eussent peut-être été des savans distingués !.... L'ancienne éducation qui exigeoit
des enfans une certaine contention d'esprit,
avoit cela d'excellent qu'elle accoutumoit de
bonne heure à s'occuper de choses abstraites.
Je ne puis assurément pas décider s'il est absolument indispensable, pour bien écrire dans
sa langue, de savoir le grec et le latin; mais
je conçois que rien n'est plus utile que d'avoir
pris dès l'enfance l'habitude de s'appliquer sérieusement. A force de vouloir épargner de la
peine aux enfans, on les rend indolens, et
souvent on les condamne à une éternelle frivolité. Il vaudroit mieux ne pas risquer de les

tuer en les plongeant dans des bains glacés, et tâcher de rendre leur caractère moins indépendant, et leur esprit moins paresseux. J'ai connu un père qui disoit à son fils âgé de huit ans : *Coupe-toi,* et l'enfant, avec un canif, se faisoit une entaille à la main, et ce même père n'avoit pas voulu que ce pauvre petit martyr apprît à lire, de peur, disoit-il, *de le fatiguer.* Il attendoit qu'il eût douze ans pour lui enseigner à connoître les lettres de l'alphabet.

Si l'on ne dirige pas avec autorité les lectures des jeunes gens, que liront-ils ? de petits vers, des romans et des contes licencieux ; et, après une telle éducation, qu'on les questionne sur leur goût, ils diront tous qu'ils n'en ont que pour la littérature, et quelle littérature ? non celle qui peut élever l'âme et perfectionner la raison, mais celle qui déshonore les lettres. En supposant même que dans ce genre on n'eût lu que de bons ouvrages, il seroit toujours à désirer qu'on eût acquis d'autres connoissances et l'heureuse, l'estimable faculté de s'appliquer à volonté à des choses ennuyeuses. Toutes ces réflexions me sont inspirées par ma situation actuelle. J'ai un procès de la plus grande importance pour moi, et tout ce que j'en sais, c'est que la cause de mon adversaire est odieuse; mais d'ailleurs je n'entends absolument rien aux détails de l'affaire, aux moyens de défense, etc., et depuis un an je suis excédée d'être obligée d'écouter toutes ces discussions que mon ignorance me fait paroître si fastidieuses. J'appris, dès mon enfance, à jouer de *huit instrumens* : je voudrois bien aujourd'hui que tout le temps que j'ai consacré au *par-dessus de viole*, à la *musette*, au *tympanon* et à la *mandoline*, eût été employé à m'instruire un peu des affaires. La musique est un art charmant; mais j'ai bien peur que ma partie adverse, se moquant avec raison de moi, ne me dise un jour :

>Vous chantiez, j'en suis fort aise;
>Eh bien! dansez maintenant.

Il est triste, faute d'intelligence et de lumières, de se trouver tout-à-fait étrangère à ses propres intérêts. Mon procès m'ennuie tellement, que j'oublie sans cesse que c'est mon procès; je murmure quand il faut écrire ce qu'on me dicte, et surtout quand on me fait sortir de chez moi pour aller chez des gens d'affaires. Il me semble que mon avocat doit être bien reconnoissant que j'aie la bonté de faire tout ce qu'il me prescrit; je suis tout étonnée qu'il ne se confonde pas en remercîmens; je le trouve bien ingrat. C'est un véritable supplice pour moi que les *conférences* avec les gens d'affaires; je n'y porte qu'un mérite, celui de l'exactitude; j'arrive toujours la première à ces rendez-vous qui se donnent chez celui qui me guide, et dont l'esprit égale les talens et les lumières, M. Fournelle. Je le trouve seul; en attendant les autres, nous ne parlons point du procès, et nous causons très-agréablement. Alors je fais des vœux contre moi-même, je désire vivement que personne ne vienne; et quand les autres gens de loi arrivent pour s'occuper de mes affaires, ils me paroissent très-importuns; je suis tentée de gronder M. Fournelle de n'avoir pas fait fermer sa porte. En effet, je ne joue pas un rôle brillant à ces conférences : aussitôt qu'elles commencent, je subis une espèce de métamorphose très-fâcheuse, je me trouve tout à coup d'une imbécillité complète. Je ne puis ni blâmer, ni approuver, ni contredire; je cherche en vain une objection à faire, il ne m'en vient point;

et si j'ose hasarder une question, je prouve
évidemment que je n'ai pas écouté, ou que je
n'ai pas compris. Communément je prends le
sage parti du silence, on finit par m'oublier ;
je tombe dans une profonde distraction. Quand
tout est dit, on me réveille au bout de trois
heures, et je m'en vais, très-glorieuse et très-
satisfaite de la manière dont je sais suivre et
conduire une importante affaire. Je me conso-
lois de mon ignorance, en me rappelant que
toutes les femmes intelligentes en affaires, que
j'avois rencontrées jusqu'alors, ressembloient
assez aux plaideuses de comédies ; elles étoient
criardes, acariâtres, pédantes et ridicules. Je
viens de perdre cette consolation : l'autre jour
j'allai, un matin, chez M. Fournelle ; je le trouvai
avec des personnes qui m'étoient inconnues,
et qui parloient d'une affaire qui m'est étrangère. Ma présence n'interrompit point cette
discussion ; je m'assis auprès du feu pour attendre la fin. Je vis, de l'autre côté de la
cheminée, une femme de la figure la plus noble
et la plus intéressante, qui écoutoit en silence.
Je la plaignis d'avoir un procès, car elle avoit
si peu la tournure d'une plaideuse, que je pensai qu'elle n'étoit pas plus habile que moi, et

qu'elle ne comprenoit rien à tout ce qui se disoit sur ses affaires. Au bout d'un quart d'heure, elle prit la parole d'un ton modeste, et avec le son de voix le plus doux et le plus harmonieux que j'aie jamais entendu; elle répondit à tout avec une clarté, une précision et une connoissance des affaires véritablement parfaite. Je l'écoutois avec un étonnement inexprimable, *mon génie étonné trembloit devant le sien.* C'étoit pour moi la chose la plus surprenante de voir une femme charmante, avec les manières les plus simples et les plus agréables, posséder un tel genre d'instruction, et d'entendre cette voix mélodieuse qui donneroit tant de charmes à une belle déclamation, ne parler que de procédures. J'avois envie de m'humilier devant elle, de rendre hommage à sa raison, à son mérite, et de lui dire : Je suis sûre que vous êtes la personne la plus aimable de la société ; vos manières et votre maintien, la modestie de votre ton et de vos expressions, ne laissent à cet égard aucun doute, et cependant vous avez toute la solidité que peut avoir un homme d'un mérite supérieur. Je vous remercie de prouver que cette réunion est possible ; j'en suis consternée par un retour fâcheux sur moi-même, mais je m'en enorgueillis pour mon sexe.

———

Je voyageois il y a environ douze ans; après avoir traversé une partie de nos provinces méridionales, j'arrivai à cette grande chaîne de montagnes qui nous sépare de l'Espagne. Je m'arrêtai là dans une solitude charmante; j'y louai une jolie petite habitation, et je me décidai à y passer tout l'été. Ma maison, située sur le penchant d'une montagne couverte d'arbres, de plantes et de verdure, étoit entourée de rochers et de sources d'une eau pure et transparente; je dominois sur une vaste plaine entrecoupée de canaux formés par les torrens qui s'y précipitoient du sommet des montagnes, je n'avois pour voisins que des cultivateurs et des bergers; là mes rêveries n'étoient point troublées par ce fracas tumultueux des villes; ce bruit importun de chevaux, de voitures, de crieurs publics, qui ne rappelle que les vaines agitations produites par l'intérêt, par l'orgueil et l'activité turbulente de la frivolité, ou du vice et des passions. Dans ma paisible cabane je n'entendois que la voix majestueuse de la nature, la chute imposante et rapide des cascades et des torrens, le mugissement des troupeaux dispersés dans la prairie, les sons rustiques du flageolet, des cornemuses, et les airs champêtres que répétoient les jeunes pâtres assis sur la cime des rochers. Dans ces lieux où la campagne est si belle, je consacrois la plus grande partie du jour à la promenade. Je parcourus d'abord toutes les montagnes qui m'environnoient; j'y rencontrai souvent des troupeaux; les bergers qui les gardoient étoient tous des enfans ou des jeunes gens, dont les plus âgés avoient tout au plus quinze ans. Je remarquai que ces derniers occupoient les montagnes les plus élevées, tandis que les enfans, n'osant encore gravir les roches escarpées et glissantes, se tenoient dans les pâturages d'un accès moins difficile. A mesure que l'on descend ces montagnes, on voit les bergers diminuer de taille et d'années; et l'on ne trouve sur les collines qui bordent les plaines, que de petits pâtres de huit ou neuf ans. Cette observation me fit imaginer d'abord que les troupeaux des vallées avoient des gardiens encore plus jeunes, ou du moins de l'âge de ceux des

collines. Je questionnai un des enfans : « Con-
» duisez-vous quelquefois vos chèvres là-bas?
» lui demandai-je. — J'irai quelque jour, me
» répondit-il en souriant; mais avant cela il
» se passera bien du temps, et il faudra que
» je fasse bien du chemin. — Comment donc?
» — Il faudra d'abord que je monte tout là-
» haut; et puis, après cela, je travaillerai avec
» mon père, et puis dans soixante ans, j'irai
» dans la vallée. — Quoi! les bergers des prai-
» ries sont donc des vieillards? — Mais vraiment
» oui, mes frères aînés sont sur les hauteurs,
» et nos grands-pères sont dans les plaines. »
Comme il achevoit ces mots, je le quittai,
et je descendis dans la fertile et délicieuse vallée
de Campan. Je n'y distinguai d'abord que les
nombreux troupeaux de bœufs et de brebis
qui en occupoient presque tout l'espace; mais
bientôt j'aperçus les vénérables pasteurs assis
ou couchés sur les lisières de la prairie. J'é-
prouvai un sentiment pénible en voyant ces
vieillards isolés, livrés à eux-mêmes dans
cette solitude. Je venois de contempler le plus
riant tableau, ces montagnes peuplées d'habitans si jeunes, si lestes, si bruyans, séjour heureux de l'innocence et de la gaieté;

dont les échos ne répétèrent jamais que des chants joyeux, des rires ingénus et les doux refrains des musettes ! je quittois ce qu'il y a de plus aimable sur la terre, l'enfance et la première jeunesse, et je ne me trouvai qu'avec une sorte de saisissement au milieu de cette multitude de vieillards. Ce rapprochement des deux extrémités de la vie m'offroit un contraste d'autant plus frappant, que ces bons vieillards, nonchalamment étendus sur l'herbe, paroissoient plongés dans une rêverie mélancolique et profonde. Leur morne tranquillité ressembloit à l'abattement, et leur méditation à la tristesse causée par un cruel abandon; je les voyois seuls, loin de leurs enfans; je les plaignois, et je m'avançai lentement vers eux, avec un sentiment mêlé de compassion et de respect. En marchant ainsi, je me trouvai vis-à-vis un de ces vieillards qui fixa sur lui toute mon attention; il avoit la figure la plus noble et la plus douce; des cheveux d'une blancheur éblouissante tomboient en ondes argentées sur ses larges épaules; la candeur et la bonté se peignoient dans ses traits, et la sérénité de son front et de ses regards exprimoit l'inaltérable tranquillité de son âme. Il étoit assis au pied d'une montagne coupée à pic dans cet endroit, et tapissée de mousse et d'herbages; une énorme et prodigieuse masse de rochers, placée perpendiculairement au-dessus de lui, débordoit le haut de la montagne, et formoit, à plus de deux cents pieds d'élévation, une espèce de dais champêtre, qui garantissoit sa tête vénérable de l'ardeur du soleil. Ces roches étoient couvertes de guirlandes naturelles de lierre, de pervenche et de liseron couleur de rose, qui retomboient de tous côtés en gerbes touffues et en festons inégaux distribués et groupés avec autant d'élégance que de profusion. A quelques pas du vieillard on voyoit deux saules inclinés l'un vers l'autre, mêler ensemble leurs branches flexibles en ombrageant une fontaine qui descendoit des montagnes. L'onde, écumante à sa source, franchissoit impétueusement, du haut des monts, tout ce qui sembloit s'opposer à son passage; mais, paisible dans son cours, elle serpentoit mollement parmi l'herbe et les fleurs, passoit aux pieds du vieillard, et alloit se perdre avec un doux murmure au fond de la vallée. Après avoir obtenu du vieillard la permission de m'asseoir à côté de lui, je lui contai ce que le petit berger des montagnes venoit de me dire, et j'en demandai l'entière explication. « Dans tous les temps, me répondit le vieillard, les hommes de ces contrées ont consacré à la vie pastorale les deux âges qui semblent surtout faits pour elle, ces deux extrémités de la vie, l'enfance qui sort des mains de la nature, et la vieillesse prête à rentrer dans son sein. Les enfans, comme vous l'avez vu, conduisent les troupeaux sur les hauteurs; c'est là qu'ils acquièrent cette vigueur, cette agilité, cette hardiesse, qui distinguent particulièrement l'habitant des montagnes; ils s'exercent à gravir les rochers, à franchir les torrens; ils s'accoutument à contempler sans effroi la profondeur des précipices, et souvent à courir sur le bord des abîmes, pour atteindre et ramener une chèvre fugitive : mais à quinze ans, ils quittent l'état de berger pour devenir cultivateurs : à cette époque, le jeune homme, fier de s'associer aux travaux de son père, abandonne sans regret ses montagnes, il remet avec joie sa houlette en de plus foibles mains; désormais la pioche et la bêche exerceront plus dignement ses bras nerveux. Cependant, avant de descendre dans la plaine, il jette un triste regard sur son troupeau, unique objet jusqu'alors de toutes ses sollicitudes, et il ne reçoit pas sans attendrissement les dernières caresses de son chien fidèle. Admis dans la classe des laboureurs, nous y restons jusqu'au déclin de nos forces; mais quand nous ne pouvons plus nous livrer aux travaux de l'agriculture, nous reprenons humblement la panetière et la houlette, et nous venons dans ces prairies passer le reste de nos jours. » Le vieillard cessa de parler, un léger nuage obscurcit un moment la sérénité de son front : je vis qu'il se rappeloit avec une sorte de peine l'instant où la vieillesse l'avoit forcé de se consacrer sans retour à la vie pastorale; il se taisoit, et je n'osois plus l'interroger; mais bientôt rompant le silence : « Au reste, reprit-il, notre vieillesse est parfaitement heureuse; elle s'écoule dans une douce tranquillité.... — Cependant, interrompis-je, une longue habitude du travail ne rend-elle pas ennuyeux ce repos éternel? — Non, répondit-il, parce que ce repos est utile. L'ennui me consumeroit si j'étois oisif dans nos cabanes; qui ne se rend pas utile aux autres est surtout à charge à soi-même; mais, gardien de ces troupeaux, assis tout le jour sous ces rochers, je sers aussi bien ma famille que dans le temps où je pouvois labourer la terre et conduire une charrue: cette pensée suffiroit seule pour me faire aimer ma paisible condition. D'ailleurs, croyez que lorsqu'on a, pendant plus de cinquante ans, exercé sans relâche et ses bras et sa force, il est doux de n'avoir plus d'autre devoir à remplir, que celui de passer ses journées mollement couché sur le gazon des prairies. — Et dans cette inaction totale, jamais vous n'éprouvez d'ennui? — Comment pourrois-je m'ennuyer au milieu des objets qui m'environnent, et qui me retracent des souvenirs si chers! Ces montagnes en amphithéâtre qui nous entourent, je les ai toutes parcourues dans ma première jeunesse; je reconnois d'ici, par la disposition des groupes de sapins et des masses de rochers, les lieux où j'allois le plus souvent; ma vue affoiblie ne me permet pas de distinguer tout ce que vos yeux découvrent; mais ma mémoire sait y suppléer; elle me représente fidèlement ce que mon œil ne peut apercevoir; cette espèce de rêverie demande une certaine application d'esprit, qui en augmente l'intérêt. Mon imagination me transporte sur ces monts élevés qui se perdent dans les nuages ; d'ineffaçables souvenirs me guident à travers ces route stortueuses, ces sentiers escarpés et glissans qui les coupent et les unissent ; quelquefois, cependant, ma mémoire chancelante m'abandonne tout à coup, tantôt sur les bords d'un torrent, tantôt sur le penchant d'un précipice : je m'arrête, je frémis.... et si, dans cet instant, je puis me rappeler le chemin que j'ai perdu, mon cœur palpite encore de joie, comme au printemps de mes jours. C'est ainsi que, sans sortir de ma place, m'élançant sur ces montagnes, je les reconnois, je les parcours, et que je retrouve les vives émotions, les plaisirs de ma jeunesse. » Comme le vieillard achevoit ces mots, nous entendîmes dans le lointain, et du sommet de la montagne derrière nous, les sons du flageolet. « Ah! dit le vieillard en souriant, voici Tobie qui vient sur le rocher ; il répète l'air que j'aime tant, c'est la romance que je jouois si souvent à son âge ! » En disant ces paroles, le bon vieillard marquoit doucement la mesure avec sa tête, et la gaieté brilloit dans ses yeux. « Qu'est-ce que Tobie ? lui demandai-je. — C'est un berger dans sa quinzième année ; il aime Lina, ma petite-fille, ils sont de même âge ; puissé-je, avant de mourir, les voir unis ensemble ! Voici l'heure où nos petites-filles viennent chaque matin nous voir et nous apporter des rafraîchissemens. Tobie alors rapproche toujours ses chèvres du rocher sous lequel il sait que je repose. » Le vieillard parloit encore, lorsque j'aperçus de loin, à l'autre bout de la vallée, une nombreuse troupe de jeunes filles, qui s'avançoit lestement, et qui bientôt se dispersa dans la plaine. Au même moment, tous les bergers placés sur les hauteurs accoururent à la fois, et parurent sur les bords escarpés des montagnes qui nous environnoient. Les uns, le corps penché en avant sur l'extrémité des précipices, donnoient l'inquiétude de voir s'écrouler, sous leurs pieds, la terre qui les portoit ; les autres avoient grimpé au faîte des arbres, afin de découvrir de plus loin la troupe aimable et brillante, attendue tous les jours à la même heure. A cette époque de la journée, les troupeaux des montagnes, abandonnés un instant, pouvoient errer en liberté ; tout étoit en mouvement sur les monts et dans la plaine ; la

curiosité, l'amour naissant, la tendresse paternelle, produisoient une émotion générale parmi
les jeunes bergers et les vieux pasteurs. Cependant les villageoises, se séparant les unes des
autres, alloient dans la prairie chercher leurs
grands-pères, pour leur porter, dans de jolis
paniers d'osier, des fruits et des fromages;
elles couroient avec empressement vers ces
bons vieillards qui leur tendoient les bras :
j'admirois la grâce et la démarche légère de
ces jolies paysannes des Pyrénées, qui toutes
sont remarquables par l'élégance et la beauté
de leur taille; mais mon cœur s'intéressoit surtout à Lina. Elle étoit encore à cent pas de
nous, lorsque son grand-père me la montra au
milieu d'un groupe de jeunes filles, en me disant, *c'est la plus jolie*, et l'amour paternel
ne l'abusoit pas; en effet, Lina étoit charmante. Elle vint se jeter dans les bras du vieillard, qui la serra tendrement contre son sein,
ensuite elle le quitta pour aller lui chercher
son panier que tenoit une de ses compagnes.
Dans ce mouvement, Lina leva des yeux timides vers le sommet de la montagne, et Tobie, sur la pointe du rocher, recueillit ce regard, ce touchant regard impatiemment attendu

depuis le lever de l'aurore, et douce récompense de tous les travaux du jour! Dans cet instant, Tobie jette un bouquet de roses, qui tombe à quelques pas du groupe formé par Lina et ses compagnes. Lina rougit, et n'ose ramasser le bouquet ; le vieillard jouit de son trouble, et les autres jeunes filles, en riant avec un peu de malice et beaucoup de gaieté, s'écrient toutes à la fois : *C'est pour Lina, c'est pour Lina.* Enfin, Lina est condamnée à s'emparer du bouquet : d'une main tremblante elle l'attache sur son cœur, et pour cacher son embarras, elle vient se réfugier sous la roche de son grand-père, et s'asseoir auprès de lui. Je les laissai goûter le charme d'un entretien plein de tendresse, de douceur; et la tête remplie, et du respectable vieillard, et de Lina, et de Tobie, je regagnai ma petite habitation en disant : Si le bonheur existe sur la terre, voilà les mœurs, voilà les sentimens qui doivent en assurer la possession.

...... On a vu que la vie d'un paysan des Pyrénées est divisée en trois époques très-remarquables : il est d'abord berger des montagnes, depuis l'âge de huit ans jusqu'à quinze; ensuite il entre dans la classe des cultivateurs;

enfin, parvenu à la vieillesse, il devient pâtre des vallées. La plus brillante de ces époques est celle où le jeune homme est élevé au rang de laboureur : aussi la célèbre-t-on avec solennité. Aussitôt que le berger des montagnes a quinze ans accomplis, son père va le chercher pour le conduire dans les champs ou dans la vigne qu'il doit désormais cultiver ; ce jour mémorable est un jour de fête pour la famille du jeune homme. Je voulus voir cette cérémonie champêtre. J'en parlai à mon bon vieillard, le grand-père de Lina, qui m'apprit que Tobie devoit, dans un mois, quitter pour jamais les montagnes, et ce rocher sur lequel son amour pour Lina l'avoit conduit si souvent. Une circonstance assez singulière ajoutoit encore à l'intérêt de cette cérémonie : le père de Tobie, âgé de soixante-dix ans, devoit, le même jour, renoncer à la classe des cultivateurs pour rentrer dans celle des bergers ; il rassembloit autour de lui quatre fils d'un premier mariage ; Tobie étoit enfant d'un second lit, et le plus jeune de ses frères avoit au moins trente ans.

Le jour fixé pour la cérémonie arriva enfin : je me rendis dans la plaine, trois heures avant

le coucher du soleil; j'y trouvai tous les vieux
pasteurs rassemblés au pied de la montagne
où Tobie gardoit ses troupeaux. Bientôt après,
nous vîmes accourir une foule de paysans et
de villageoises de tout âge, attirés par la curiosité. Lina, conduite par sa mère, vint se
placer près de moi, et sans doute elle n'étoit
pas celle qui prenoit le moins d'intérêt à la
fête. Cette troupe précédoit le vieillard, père
de Tobie, qui s'avança gravement, entouré
de ses quatre fils; le vieillard portoit une bêche, et marchoit appuyé sur le bras de l'aîné
de ses enfans. Arrivé au bas de la montagne,
toute la multitude s'ouvrit pour lui laisser le
passage libre; mais le vieillard s'arrêta, en
regardant tristement la route escarpée qui con-
duisoit au sommet de la montagne; il soupira,
et après un moment de silence : « Je devrois,
dit-il, suivant l'usage, aller moi-même chercher mon fils; mais j'ai soixante-dix ans, et
je ne puis que l'attendre!... — Eh bien! mon
père, s'écrièrent ses enfans, nous allons vous
porter, venez. » La multitude applaudit à cette
proposition, le vieillard sourit, et ses fils,
formant avec leurs bras entrelacés une espèce
de brancard, l'enlevèrent doucement et se

mirent en marche aussitôt. Toute la troupe
villageoise resta dans la plaine ; pour moi, je
suivis le vieillard, car je voulois être témoin
de son entrevue avec Tobie. Nous marchions
lentement, et de temps en temps, le vieillard
faisoit arrêter ses porteurs pour leur faire reprendre haleine, pour considérer les lieux que
nous parcourions, et qui lui retraçoient le doux
souvenir de sa jeunesse ; il tressailloit en entendant de toutes parts les sons argentins des
clochettes suspendues au cou des brebis et des
chèvres, et qu'on ne fait porter qu'aux troupeaux des montagnes ; souvent il nous annonçoit d'avance les objets que nous allions voir ;
mais souvent aussi, le temps avoit détruit ou
changé ce qu'il nous avoit dépeint. Il considéroit tout ce qui s'offroit sur notre passage,
avec le double intérêt du sentiment et de la
curiosité : à mesure que nous avancions dans
notre route, l'expression de sa physionomie
devenoit plus vive et plus animée ; la joie
étinceloit dans ses regards ; il sembloit reprendre une nouvelle vie, en respirant encore,
pour la dernière fois, l'air actif et pur des
montagnes. Enfin, nous arrivons au terme de
notre course ; on pose le vieillard sur un ro-

cher ; il se lève, et s'appuyant sur sa bêche qu'il tenoit toujours, il contemple avec ravissement le pays immense qu'il domine ! Dans cet instant, Tobie, abandonnant son troupeau, vient se jeter aux pieds de son père, et le vieillard l'embrassant avec attendrissement : « Tiens, mon fils, lui dit-il, prends cette bêche qui m'a servi pendant plus d'un demi-siècle, puisses-tu la garder aussi long-temps ! Pour la remettre moi-même en tes mains, j'ai prolongé, au delà du terme ordinaire, des travaux pénibles à mon âge ; je quitte aujourd'hui, pour toujours, nos champs labourés et nos vignes ; mais tu vas m'y remplacer...... » En disant ces paroles, le vieillard donna sa bêche à Tobie, et lui demanda sa houlette en échange. « O mon père ! dit le jeune homme attendri, recevez encore ce chien fidèle qui m'obéit depuis sept ans ; qu'à l'avenir il vous suive et vous défende, il ne m'aura jamais plus utilement servi. » A ces mots, le vieillard ne put retenir quelques larmes qui couloient doucement sur ses joues vénérables ; il caresse le chien que son fils lui présente, et l'animal, se débattant dans les bras de Tobie, semble exprimer, par ses gémissemens, la crainte de changer de maître. Cependant, nous reprenons tous ensemble le chemin de la vallée ; nous y retrouvâmes tous les villageois, et la fête se termina par un bal champêtre, où j'eus le plaisir de voir danser Tobie avec Lina. Les jours suivans, je retournai dans la prairie ; j'y trouvai toujours mes deux bons vieillards, assis l'un à côté de l'autre, sous l'abri du rocher, s'entretenant de leur jeunesse, et surtout de leurs enfans. Lina leur apportoit exactement, à l'heure accoutumée, des fruits et du laitage. Tobie n'y étoit plus ; mais Lina jetoit toujours les yeux sur le rocher, et voyoit, avec un vif intérêt, l'amitié mutuelle des deux vieillards, c'étoit pour elle un doux présage. En effet, j'ai su depuis que les vieillards avoient joui du bonheur de célébrer les noces de Lina et de Tobie, et que Lina est aujourd'hui la plus tendre, la plus heureuse des épouses et des mères.

———

J'ai beaucoup vu, dans mon enfance et dans ma première jeunesse, le fameux Vaucanson, le plus grand mécanicien de son temps, qui avoit fait un automate qui jouoit de la flûte, et un canard artificiel qui mangeoit et digéroit. Lorsqu'il fut reçu à l'académie des sciences, il s'aperçut que presque tous ses nouveaux confrères lui faisoient fort mauvaise mine. Il en demanda la raison à M. de Buffon, qui lui répondit, avec sa bonhomie ordinaire : « C'est que vous n'êtes pas plus fort que moi en géométrie, et qu'ici ils ne font cas que de cela. Eh! que ne me le disoient-ils! s'écria Vaucanson; je leur aurois fait un géomètre. » Il ne pensoit pas que cela fût plus difficile que de faire un flûteur et un canard.

Voici un plaisant trait d'avarice : M. de C***, très-riche, et devenu aveugle d'une cataracte formée sur les deux yeux, vint du fond du Languedoc à Paris, pour consulter Granjean, qui lui dit qu'il étoit temps de lui faire l'opération, et qu'il en répondoit. M. de C*** demanda ce que lui coûteroit l'opération : Cinquante louis, répondit Granjean. M. de C*** se récria douloureusement, il voulut marchander. Granjean fut inflexible, il fallut céder. Quelques jours après, Granjean se rendit chez M. de C***, et il commença l'opération; lorsqu'il eut enlevé la cataracte de l'œil droit; M. de C***, transporté, s'écria qu'il voyoit parfaitement. En effet, il distingua tous les objets et toutes les couleurs. Allons, dit Granjean, passons à l'autre œil.... Un moment! reprit M. de C***; vous prenez cinquante louis pour l'opération entière, ce qui fait vingt-cinq louis pour chaque œil; moi, je vois tout autant qu'il m'en faut, je me contente d'un œil; faire opérer l'autre seroit un luxe fort inutile : voilà vingt-cinq louis; je veux bien rester borgne.

———

J'ai une manière de juger du mérite et du génie des auteurs, qui m'est tout-à-fait particulière : je cherche à connoître, en lisant leurs ouvrages, si par l'élévation de leur âme, la justesse et l'étendue de leur esprit, la pureté de leurs principes, ils auroient pu être, avec éclat, autre chose que poëtes et auteurs. Dans cet examen, le grand Corneille est incomparable : quel homme d'état, ou quel magistrat intègre, ou quel bon prince souverain, ou quel républicain incorruptible il eût été!..... La connoissance parfaite du cœur humain est utile, car elle prouve un esprit réfléchi, juste, pénétrant. Ainsi Racine auroit pu être, avec gloire, autre chose que poëte. Mais peut-on se figurer Voltaire occupant une grande place avec honneur, sagesse et dignité? Peut-on se le représenter sur un trône, maintenant l'ordre, la paix et les bonnes mœurs? Peut-on le supposer ministre, ambassadeur, ou magistrat, ou évêque? Il ne pouvoit faire que des tragédies brillantes et des livres. Mais avec de la légèreté, de l'imprudence, de l'inconséquence, des passions vives, un orgueil immodéré, et le manque absolu de principes, on ne fait pas des livres immortels. Ainsi, par cette manière de juger les auteurs, on juge aussi très-solidement du mérite réel de leurs ouvrages. Si Voltaire n'eût pas écrit, il auroit toujours trouvé le moyen de faire du bruit; il eût de même passé pour un homme d'un esprit infini, mais brouillon et dangereux; on lui eût refusé le génie, parce qu'il n'y a point de génie sans profondeur d'esprit, sans grandes vues, sans pénétration supérieure : il n'y a point non plus de mérite éminent sans principes de morale et sans empire sur soi-même. Tel est l'homme, tels sont les ouvrages : c'est une règle infaillible.

Je m'étois promis de conter une petite histoire ; mais je veux parler aujourd'hui d'autre chose, et retracer ici une partie de ce que nous avons dit ce soir. J'avois à souper le comte de Schomberg, le marquis de Chastellux et cinq ou six autres personnes. On a parlé de la pièce nouvelle; quelqu'un a dit qu'il étoit singulier que l'on ne songeât pas à faire une tragédie de la mort de Lucrèce; que rien ne seroit plus théâtral que le serment de Collatin et de Brutus, qui jurent sur le poignard teint du sang de Lucrèce de venger cette infortunée, etc. M. de Schomberg a dit, avec beaucoup de raison, selon moi, que la *délicatesse françoise* ne supporteroit pas une *héroïne souillée*, alors même qu'elle ne seroit déshonorée que par une violence. Lucrèce reparoissant sur le théâtre, après le crime du fils de Tarquin, inspireroit une sorte de dégoût invincible, et prêteroit au ridicule aux yeux d'une certaine partie des spectateurs. Le marquis de Chastellux a remarqué que cette délicatesse de goût honore d'autant plus notre nation, qu'elle n'appartient qu'à elle : les Allemands et les Anglois surtout ne la conçoivent pas. Pourrions-nous tolérer sur notre théâtre *The fair Penitent* (la Belle

Pénitente), de Rowe? J'ai vu jouer cette pièce en Angleterre, et je n'en connois point de plus absurde et de plus indécente. On ne s'intéresse à personne. Caliste, la belle pénitente (qui ne se repent point du tout), n'a ni noblesse, ni remords, ni vraie passion, et elle calomnie indignement Horatio, l'ami de son mari; Altamont est un sot mari; Lothario un scélérat de sang-froid; Sciolto, père de Caliste, un père dénaturé et un très-mauvais chrétien, puisqu'il prescrit, comme une belle action, un suicide à sa fille, ce qui, dans nos mœurs, est aussi extravagant qu'atroce. La scène où l'on voit Caliste dans une chambre tendue de noir, à côté du cadavre de Lothario, ne fait nul effet : cela ressemble à une épreuve de franc-maçon, et il est de la dernière absurdité qu'un père ait la barbarie de condamner sa fille à cet horrible supplice, et d'afficher ainsi son déshonneur. D'ailleurs Caliste considère fort tranquillement le corps de Lothario, et après quelques froides réflexions elle dit seulement :

Is this that haughty, gallant, gay Lothario ?
« Est-ce là ce hautain, ce galant, ce gai Lothario? »

Amboina, pièce tragique et très-fameuse, de Dryden, offre un inconcevable tissu d'horreurs. Les Anglois prétendent qu'elle est fondée sur un fait historique : cette pièce est une sanglante satire des Hollandois, faite pour exciter les Anglois à leur déclarer la guerre. La scène est dans l'île d'Amboine, appartenant alors aux Hollandois ; des Anglois y débarquent ; l'Anglois Towerson a sauvé la vie à Harman, fils du gouverneur. Il est bien reçu ainsi que ses compagnons ; mais les Hollandois veulent le faire assassiner ; leur complot manque. Towerson épouse Isabinda, une jeune et riche Indienne ; Harman en est amoureux ; il donne le repas de noces ; le soir, il conduit à pied Isabinda chez son époux ; il l'égare en chemin, il veut lui faire violence ; elle se sauve, il court après elle ; ce qui termine la scène. Dans la scène suivante, la toile se lève, et découvre Isabinda en pleurs, attachée à un arbre ; son mari survient, elle lui raconte qu'elle a reçu d'Harman le dernier des outrages. Towerson se bat contre Harman et le tue. Le gouverneur fait arrêter Towerson et tous les Anglois ; on les accuse d'un complot imaginaire ; on leur fait subir mille tortures, et on les met tous à mort. Les Hollandois sont peints dans cette pièce comme des monstres et de véritables bêtes féroces; on n'excepte aucun individu; on accuse la nation entière de la dépravation et de la cruauté la plus monstrueuse. Cette pièce fut jouée à Londres avec un brillant succès, et il est inouï qu'une nation se permette de représenter un peuple voisin, et en temps de paix, sous des traits si vils et si abominables. On peut avec justice reprocher aux Anglois d'avoir toujours montré le mépris le plus ridicule pour les autres nations; ce manque d'équité et de bienséance en est aussi un de grandeur et de goût. Avec quelle indignité les Anglois n'ont-ils pas parlé de l'un de nos plus grands rois, Louis XIV !

On ne connoît guère en France que les pièces de Shakspeare, et on ne les connoît en général que sur des traductions qui en exagèrent les défauts, et qui n'en font pas sentir les beautés : car il n'existe pas une seule bonne traduction de Shakspeare. Trop souvent, parce que des traductions sont littérales, on accuse injustement les auteurs originaux d'avoir écrit des choses extravagantes et vides de sens. Il y a dans toutes les langues des manières de parler que l'usage a consacrées, mais qui par elles-mêmes sont extrêmement vicieuses, et qui même ne signifient rien ; par exemple, ces expressions, *une âme bien née*, ou *cela ne laisse pas d'être agréable*, ou *j'ai dans l'idée*, etc., ne paroîtroient dans une traduction angloise qu'un galimatias ridicule ; comme on ne pourroit traduire littéralement en françois cette phrase angloise : *je suis en hauts esprits* [1], c'est-à-dire de bonne humeur. Je crois que la langue la plus parfaite est celle qui a le moins de ces tournures vicieuses, qui sont infiniment plus multipliées en anglois et en allemand qu'en françois. Il ne faut donc pas juger le style et les pensées de Shakspeare, dont le langage a vieilli, surtout sur des traductions très-imparfaites ; il faut encore moins le juger d'après les critiques de M. de La Harpe, qui ne savoit pas l'anglois ; et d'après les moqueries de Voltaire, qui n'a pas été de meilleure foi en parlant du père de la tragédie angloise, qu'en commentant les chefs-d'œuvre du créateur de notre théâtre. Voltaire, uniquement pour tourner Shakspeare en ridicule, s'est amusé à dénaturer une scène de sa pièce

---

[1] I am in high spirits.

intitulée *Jules César*; en traduisant littéralement les phrases et les mots : dans cette même scène il a omis cependant une traduction essentielle, ce qui produit un effet très-grotesque; il conserve à César le titre anglois de milord, que lui donne Calpurnie en lui parlant. Voltaire fait là-dessus beaucoup de plaisanteries, qui toutes tombent à faux : car *lord* signifie seigneur; et c'est le titre que nous donnons nous-mêmes, dans nos tragédies, aux personnages héroïques. Les Anglois, dans leurs prières, appellent aussi Dieu milord. Si M. de Voltaire eût lu des Heures, il n'auroit pas manqué de dire que les Anglois faisoient de la divinité un pair de la Grande-Bretagne.

Pour apprécier Shakspeare avec équité, il faut songer qu'il n'avoit fait aucune étude, qu'il n'avoit pas la moindre idée du théâtre grec, et que de son temps il n'existoit pas en Europe une tragédie moderne qui fût passable, ni une comédie qui eût le sens commun. Il faut songer encore que dans ce siècle, et même long-temps après, la bonne compagnie, les gens graves et les femmes surtout n'alloient point aux spectacles; ce fait explique une chose qui paroit incompréhensible quand on l'ignore :

c'est la modestie des femmes angloises, et la licence abominable des pièces de théâtre. Shakspeare travailla particulièrement pour la populace; mais tous ceux qui savent l'anglois conviendront qu'il eut une prodigieuse imagination, une profonde connoissance du cœur humain, et la diversité de talent la plus étonnante; il est, avec une égale supériorité, terrible, touchant, doux, gracieux, naïf et comique. Outre ses tragédies, il a fait des comédies très-plaisantes et de charmantes pastorales. Que lui manqua-t-il ? de l'instruction, une nation plus éclairée, et le goût qui résulte de ces deux choses pour ceux qui ont un esprit supérieur.

Shakspeare reçut de la nature des dons immenses, et, semblable à ces possesseurs d'une grande fortune qui font mauvais usage de leurs richesses, il a très-mal employé tous ses trésors. Convenons avec les Anglois qu'il eut un très-grand génie, et que ses tragédies sont les plus belles du théâtre anglois; mais disons avec autant d'équité, que ces mêmes

---

[1] Il a placé plusieurs enfans dans ses pièces, et il les a fait parler avec une grâce et une ingénuité inimitables.
(Note de l'auteur.)

tragédies, quoique remplies de scènes et de traits admirables, sont des pièces horriblement défectueuses et de véritables monstres. Les autres auteurs tragiques de cette nation, bien moins excusables que Shakspeare, sont en général infiniment plus licencieux, et ils offrent dans leurs ouvrages des scènes beaucoup plus ridicules. Ce n'est pas Shakspeare qui a représenté dans une tragédie un vieux sénateur amoureux d'une courtisane, faisant le *petit chien* et le *taureau* pour lui plaire [1]. Shakspeare n'a rien imaginé d'aussi atroce [2] que le dénoûment de *Montezume*, tragédie de Dryden. On voit dans cette pièce, sur le théâtre, Montezume et Guyomar attachés tous les deux sur une roue, et Pizarre leur faisant donner la question, pour les forcer d'avouer où sont leurs trésors; Guyomar pousse des cris douloureux; et Montezume lui dit ce mot si connu : *et moi, suis-je sur un lit de roses ?...* Shakspeare

---

[1] Les scènes entre *Antonio* et *Aquilina*, dans *Venice preserved*, d'Ottway. (Note de l'auteur.)

[2] En supposant, comme on le croit généralement, que l'extravagante pièce intitulée *Titus Andronicus* ne soit pas de lui. (Note de l'auteur.)

n'a pas fait l'éloge d'un lâche assassinat commis par l'ordre d'un prince chrétien, et c'est ce qu'a fait Dryden dans sa pièce intitulée *The Duke of Guise*. Shakspeare, dans ses tragédies, n'a ni calomnié ni injurié les nations, et beaucoup d'autres Anglois n'ont réussi sur le théâtre de Londres, que parce que leurs pièces étoient des libelles; entre autres la mauvaise tragédie de *Dennis*, qui a pour titre *Liberty asserted*, et qui est la plus sanglante satire contre la France. Le principal défaut de Shakspeare est de faire sans cesse un mélange bizarre du sérieux et du grotesque; mais toutes ses peintures sont d'une vérité parfaite. On croiroit qu'il a étudié toutes les classes et tous les âges; qu'il a passé une partie de sa vie dans les palais des rois, et l'autre aux champs, dans les hameaux et dans les tavernes. Il semble qu'il ait connu tous les caractères qui peuvent exister, qu'il ait éprouvé tous les sentimens et toutes les passions du cœur humain; il est toujours observateur profond et peintre fidèle. On trouve dans les autres auteurs dramatiques anglois cette bigarrure intolérable que l'on reproche justement aux pièces de Shakspeare; mais en général tous leurs tableaux sont foibles ou faux, la vérité presque toujours y manque. Quant au très-petit nombre de tragédies angloises d'un meilleur goût, elles ont si peu d'intérêt, qu'elles sont à peine supportables à la lecture, et on ne les joue point, pas même la meilleure de toutes en ce genre, *la Mort de Caton*, d'Adisson : cette pièce, qui contient un monologue célèbre et quelques belles scènes, est néanmoins si froide, qu'il seroit impossible d'en faire une traduction intéressante; elle est écrite en vers blancs, mais les derniers vers de chaque acte sont rimés. Ce petit morceau de poésie tient peu au sujet, et ressemble aux ariettes qui terminent les scènes des opéras italiens : cette bizarrerie dissipe toute illusion.

Les comédies angloises, à l'exception d'un très-petit nombre, sont le véritable opprobre du théâtre anglois; et les pièces même que l'on veut bien dire qui ne le déshonorent pas, sont telles néanmoins qu'on n'en permettroit certainement pas la représentation sur la scène françoise. Ainsi notre nation, qui passe pour être si légère et si frivole, est cependant celle qui montre mieux le goût de la décence : notre public est le seul qui commande le respect ; le seul qui se croie outragé, lorsqu'on ose lui offrir des tableaux licencieux ; le seul enfin qui soit austère dans ses amusemens. Cette délicatesse, unie à tant de gaieté, forme le caractère national le plus aimable et le plus beau. Puissions-nous le conserver toujours ! La nation dont on loue tant la raison est celle, au contraire, qui affiche le plus scandaleux mépris de toute bienséance, et qui regarde comme des chefs-d'œuvre les dégoûtantes peintures de la plus vile dépravation. Comme j'écris dans ce journal tout ce qui m'a frappée, soit dans la société, soit aux spectacles ou dans mes lectures, je vais parler avec un peu de détail des comédies angloises, et je ne citerai que les auteurs comiques qui, parmi les Anglois, ont une grande réputation. *Congrève* : toutes ses pièces, sous le rapport des mœurs, sont généralement infâmes. Voici une scène du *Old Batchelor*. La femme d'un banquier est avec son amant, déguisé en vieil ecclésiastique ; son mari, qu'elle n'attendoit point, survient ; il est accompagné d'un de ses amis ; la femme n'a que le temps de faire cacher son amant dans sa chambre à coucher, qui est à côté du salon. Le mari entre en annonçant qu'il restera toute la soirée; un moment après, il va chercher un papier dans son cabinet, en disant qu'il va revenir. Son ami reste avec sa femme, qui par conséquent ne peut faire sortir l'amant caché dans sa chambre. Le mari revient; aussitôt la femme court au-devant de lui, et accuse l'ami de l'avoir voulu embrasser de force, etc. L'ami confondu veut en vain se justifier; le mari le chasse; la femme prie son mari de le suivre, afin de s'assurer de son départ; mais le mari n'en fait rien, et reste. Ensuite il dit qu'il veut aller prendre quelque chose dans la chambre à coucher; alors la femme lui conte qu'un pauvre vieil ecclésiastique, qu'elle voit souvent, a été saisi d'une violente colique, et qu'il est sur son lit; elle fait cet ingénieux récit à la porte de la chambre, et à tue tête, afin d'instruire son amant. Le mari trouve cette histoire très-vraisemblable : il entre dans la chambre; il en revient en disant qu'il a été sur la pointe des pieds, afin de ne pas réveiller le pauvre malade qui dort sur le ventre.

The Way of the World, du même, est

encore plus licencieux : les Anglois font le plus grand cas de cette pièce, qui n'offre pas un seul personnage intéressant, et dont le héros est un fourbe, et les femmes les plus viles créatures. *The Double Dealer* est la meilleure de ses pièces ; l'intrigue en est excellente, mais les mœurs en sont tout aussi mauvaises. Les pièces de *Wicherley* sont de la même immoralité. *The Country Wife* est pillée de l'*École des Femmes* et de l'*École des Maris*, de Molière ; mais Wicherley a gâté ces canevas en les rendant d'une licence inconcevable : M. Horner fait croire à tout le monde qu'il est devenu *eunuque*, ce qui le met à l'abri de la jalousie des maris, et lui donne la facilité de corrompre plusieurs femmes : voilà l'invention de Wicherley ; l'intrigue est prise de Molière.

Farquhar, le plus gai des auteurs comiques anglois, n'est ni plus moral ni plus décent que les autres, et surtout sa pièce intitulée *a Trip to the Jubilee* offre les scènes les plus choquantes. M. Vizard, un hypocrite (*vizard* signifie *masque*), est amoureux d'une jeune personne qui le méprise ; il jure de s'en venger. Un jeune homme revient de Paris, et demande à

M. Vizard de lui procurer une jolie fille pour quelques jours; M. Vizard lui enseigne la jeune personne dont il a été maltraité, en lui disant que c'est une fille publique. Il lui donne une lettre cachetée pour la mère, à laquelle il mande que le jeune homme est riche, vertueux, et qu'il veut épouser sa fille. La mère le reçoit très-bien, et le laisse seul avec sa fille. Le jeune homme est d'une telle insolence qu'il est impossible d'en citer les détails; et cette erreur, cette horrible indécence se prolongent pendant trois actes entiers. Le dénoûment est digne de la pièce; la jeune personne se passionne pour celui qui la traite ainsi, et après l'avoir désabusé, elle l'épouse. Les Anglois citent comme une pièce très-morale *The Careless Husband*, de Cibber. Ce mari négligent, lord Easy, devroit être appelé le mari libertin; il a deux maîtresses à la fois: l'une est lady Graveairs, mariée ainsi que lui; et l'autre, la femme de chambre de lady Easy sa femme. Au dernier acte, la toile se lève, et l'on voit, au point du jour, lord Easy et la femme de chambre qui ont passé la nuit ensemble, tous les deux endormis à côté l'un de l'autre. Lady Easy survient; elle se contente de mettre son mouchoir de cou sur la tête de son mari, sans le réveiller. On la présente comme le modèle des femmes, parce que, dans ce moment, elle n'est occupée que du soin de préserver son mari d'un rhume de cerveau. Cette attention discrète convertit tout à coup le *mari négligent*, qui devient l'époux le plus tendre et le plus fidèle, ou du moins, c'est ce qu'il promet dans la dernière scène. Il y a, dans sa pièce intitulée *The Double Gallant*, une scène assez plaisante, mais qui ne seroit admise chez nous qu'entre un tuteur amoureux et sa pupille : une femme mariée, seule avec sa femme de chambre, reçoit une lettre d'amour, y veut répondre, et ayant écrit déjà quelques lignes, elle est surprise par son mari ; elle ne peut lui cacher la lettre, alors elle lui dit que la lettre est pour sa femme de chambre, qui ne sait pas écrire. Le mari propose à sa femme de faire lui-même cette lettre, et il la dicte fort tendre.

Le fameux *Fielding* a fait des comédies absurdes et infâmes. Dans *the Lottery*, il représente une femme qui quitte un amant qu'elle aimoit, afin de duper un fripon qui se donne pour un lord, et auquel elle fait croire qu'elle est très-riche, quoiqu'elle n'ait rien. Ces deux intrigans se trompent mutuellement et s'épousent; ensuite, après le mariage, ils s'avouent leurs fourberies. L'ancien amant, présent à cette scène, propose au mari de lui donner une somme d'argent, s'il veut lui céder ses droits sur sa femme; le mari et la femme y consentent.

Dans la pièce de *Richard Steel*[1], *The Funeral*, on voit un entrepreneur d'enterremens, auquel un fossoyeur vient dire qu'il n'a pas pu tirer du doigt du dernier grand seigneur qu'il doit enterrer, une belle bague qu'il avoit, mais qu'il lui apporte le doigt : car il apporte le cercueil avec le cadavre dedans, etc. Il y a dans cette pièce beaucoup de plaisanteries de ce joli genre.

Dans la pièce de *Dryden*, qui a pour titre *The Spanish Friar*, pièce très-goûtée en Angleterre, l'auteur a représenté sur la scène un véritable prêtre qui, pour de l'argent qu'il reçoit d'un jeune homme, facilite des rendez-vous, et donne à une femme mariée, en la confessant, et des lettres d'amour et les plus

---

[1] Qui a fait de jolis articles dans *le Spectateur*.
(Note de l'auteur.)

infâmes conseils. Je ferai ici une remarque qui me paroît bonne, parce qu'elle est juste et qu'elle honore le caractère françois ; c'est que, parmi les protestans, les littérateurs étrangers, et surtout les Anglois, se permettent sans cesse des moqueries indécentes sur la religion catholique, et les calomnies les plus atroces contre les ministres de notre culte ; tandis que nous, observateurs scrupuleux et fidèles des égards dus aux nations étrangères, nous croirions, en nous conduisant ainsi, manquer de goût et de bienséance. Nos théologiens ont combattu et dû combattre l'hérésie ; mais jamais nous n'avons tourné en ridicule les sectes religieuses ou leurs ministres sur nos théâtres, dans nos romans et dans nos voyages. Voilà donc encore la nation réputée si *légère*, si inconsidérée, qui se trouve sur ce point, comme sur tant d'autres, la nation la plus modérée, la plus circonspecte, et par conséquent la plus sensée.

Dryden, qu'on ne se lasse pas de citer, voulant peindre dans une de ses tragédies une femme ambitieuse qui vient d'acquérir un trône à force de crimes, la fait poignarder par un amant qu'elle a trahi, et qui ensuite s'est tué lui-même; alors l'ambitieuse, expirante, entourée de ses nouveaux sujets, et s'adressant au cadavre de son meurtrier, dit :

« Meurs pour nous deux ;... je n'ai pas
» maintenant le loisir : je viens d'acquérir
» une couronne qui ne doit point céder au
» destin ;... et cependant je sens quelque
» chose de semblable à la mort qui s'appro-
» che... Mes gardes ! mes gardes !... empêchez
» ce vilain squelette de paroître. Sûrement la
» mort se méprend ; cette mort n'est pas la
» mienne, elle radote, et c'est le fil d'une
» autre vie qu'elle veut couper. Dites-lui que
» je suis une reine... Mais il est trop tard !...
» En expirant, j'accuse mon destin de rébel-
» lion... (*Aux Maures, ses sujets :*) Inclinez-
» vous profondément, vous, esclaves ! proster-
» nez-vous promptement, montrez-moi votre
» soumission : avant de mourir, je veux goûter
» la douceur de régner . »

(La Conquête de Grenade.)

1. . Die for us both... I have no leisure now...
A crown is come and will not fate allow.
And yet I feel something like death is near...
My guards ! my guards !...
Let not that ugly skeleton appear.
Sure destiny mistakes; this death's not mine,

Ce n'est pas ainsi que Corneille a peint une ambitieuse dans *Rodogune;* Cléopâtre ne dit pas toutes ces belles choses, et elle meurt platement, sans accuser la mort de *radoter.* On nous répète tant que les Anglois ont plus de naturel que nous, qu'il faut bien croire que les idées et les sentimens exprimés dans cette tirade sont d'une parfaite vérité. C'est encore Dryden qui, dans une pièce de vers, parlant des boutons de petite-vérole de lord Hastings, les compare dès leur naissance à des boutons de rose, ensuite à des rubis, et enfin à des astres funestes et de mauvais présage. (Lord Hastings mourut de cette maladie.) C'est avec le même bons sens que Dryden, dans sa tragédie d'*Arthur,* fait parler Emmelina, l'héroïne de la pièce, qui est aveugle-née. On lui demande quelle idée elle se fait de la figure de son amant ; elle répond, sans hésiter, qu'elle imagine qu'il a *un visage d'or noir*, parce que

> She doats and meant to cut another line.
> Tell her I am a queen... But 'tis too late!
> Dying I charge rebellion on my fate.
> Bow down, ye slaves!... (*to the Moors.*)
> Bow quickly down and your submission show:
> I'm pleas'd to taste an empire eer I go.
>
> (*The second part of the Conquest of Grenada.*)

l'or est la chose la plus précieuse, et le noir la couleur la plus douce et la plus pure. Cependant Dryden avoit de grands talens ; mais que sont les talens littéraires sans le goût ! Il y a de belles choses, et même du génie dans sa tragédie d'*Antoine et Cléopâtre ;* cette pièce est l'une des plus sages du théâtre anglois : c'est apparemment par cette raison qu'on ne la joue plus.

Avant de terminer cet article, je dois parler de deux jolies comédies justement estimées des Anglois, dont le ton est fort licencieux, mais qui d'ailleurs n'offrent rien contre les mœurs. L'une est intitulée *a bold Stroke for a Wife* (un coup hardi pour une femme). C'est une jeune personne qui, par la dernière volonté de son père, ayant quatre tuteurs différens, ne peut se marier avec sa dot sans le consentement de ces quatre personnes. Son amant, le colonel Fainwill, prend successivement les formes qui conviennent à chacun des tuteurs, et obtient leur consentement. Cette pièce, quoique fort agréable, en a produit une françoise qui n'a point eu de succès : *les Tuteurs*, de M. Palissot. Mais elle a fourni tout le fond du charmant roman intitulé *Cecilia*, de miss Burney. L'autre comédie, en cinq actes, aussi du même auteur, est une pièce de caractère; elle a pour titre *The Busy body*, titre qu'il est impossible de traduire littéralement, et qui signifie *l'homme affairé*. Il y a deux intrigues d'amour que Marplot, l'homme affairé, traverse, sans le vouloir, par sa curiosité, son commérage et sa maladresse. Il est officieux, veut se mêler de tout et brouille tout. L'auteur de ces pièces a fait encore une comédie assez amusante, mais beaucoup trop romanesque. Cet auteur, qui mérite un rang très-honorable parmi les auteurs dramatiques anglois, est une femme qui vivoit sous le règne de la reine Anne. Elle avoit un singulier nom; elle s'appeloit Suzanne *Centlivres*. On assure qu'avant son mariage, possédée du désir de s'instruire, elle passa plusieurs mois, déguisée en homme, à l'université de Cambridge.

J'ai encore plusieurs petites réflexions à faire sur la *solidité angloise*, et sur la *frivolité françoise*; je les écrirai demain.

Qu'est-ce qu'une nation inconsidérée, légère et frivole ? Ce seroit une nation absolument hors d'état de concevoir et d'exécuter de grandes choses, parce qu'elle n'auroit ni la profondeur d'idées que peuvent donner la sagesse et la méditation; ni la suite, la prudence et la persévérance qui peuvent seules assurer le succès de ce qui est éminemment utile et bon, et par conséquent glorieux; enfin ce seroit une nation turbulente, inconstante, ne pouvant conserver la même forme de gouvernement, et sans cesse bouleversée par des troubles intérieurs, des guerres civiles et des révolutions [1].

D'après cette définition, que je crois très-juste, il n'existe point en Europe de nation inconsidérée, frivole et légère. Le siècle brillant et religieux de Louis XIV a tellement per-

---

[1] Tel etoit jadis l'état de Gênes. Cette ville et son territoire, gouvernés d'abord par des comtes, s'érigea en république, et eut successivement pour chefs, des *consuls*, des *capitaines du peuple*, des *abbés du peuple*, que l'on supprima pour reprendre un seul capitaine du peuple, et ensuite deux *capitaines*. On supprima encore les *capitaines*, et on créa encore un *podestat*, puis on reprit les *capitaines*, et enfin on établit les *doges* et durant plus de cinq cents ans, ce peuple inconstant et lé-

fectionné la civilisation; les souverains, éclairés par tant d'instructions sublimes, savent si bien que leur autorité dépend de la justice; les sujets sont enfin si persuadés qu'il n'y a pour eux ni sûreté, ni bonheur, ni repos, sans la soumission à leurs lois et à leurs chefs, qu'à moins de rétrograder, les nations européennes ne pourroient retomber dans l'anarchie et dans les horreurs des guerres civiles.

La nation françoise est la nation de l'Europe qui a conservé le plus long-temps sa forme de gouvernement, sa religion et ses lois; celle qui, depuis son établissement, a éprouvé le moins de révolutions, et souffert le moins des troubles intérieurs; celle enfin qui a obéi à la race des rois la plus ancienne. Les Anglois lui reprochent sans cesse de supporter,

ger, ne pouvant s'arrêter à une forme de gouvernement, changea sans cesse de magistrats, de lois et de domination, se donnant tour à tour à la France et à divers princes d'Italie. Toujours turbulent et factieux, il ne parut faire la guerre civile et la guerre extérieure, chercher la liberté, ou demander l'esclavage, que par un besoin irrésistible de mouvement et de changement. Voilà un peuple leger, il n'en existe plus de tel.

(Note de l'auteur.)

de temps immémorial, dans son gouvernement, des abus intolérables; et comme assurément on ne peut pas accuser les François de lâcheté, il faut donc attribuer à la seule constance cette tranquillité d'une nation si brave et si belliqueuse. Il est absurde de soutenir qu'elle est à la fois indolente et vive, persévérante et légère.

Les Anglois forment la nation dont l'histoire offre le plus de révolutions sanglantes. On pourroit accuser de légèreté un peuple inquiet et turbulent, que l'histoire représente continuellement, et surtout depuis deux siècles, toujours agité, toujours rompant le premier les traités de paix avec ses voisins; emprisonnant, détrônant ses rois, abolissant la royauté, s'érigeant en république; peu d'années après, rétablissant l'état monarchique, ensuite chassant et proscrivant la famille régnante, plaçant sur le trône un étranger [1]; enfin, changeant de religion, et formant dans son sein des milliers de sectes différentes.

[1] Et l'on peut dire qu'il n'y eut jamais une usurpation plus odieuse que celle du prince d'Orange, puisqu'elle outrageoit la nature.

(Note de l'auteur.)

La France a produit plus de savans et de moralistes du premier ordre, plus de têtes véritablement pensantes, qu'aucune autre nation. Montaigne, Descartes, Mallebranche, Pascal, Bossuet, Bourdaloue, Nicole, Massillon, Fénélon, Labruyère, Montesquieu, Buffon, et tant d'autres que l'on pourroit placer encore au premier rang des penseurs, n'avoient pas, je crois, des têtes légères et des esprits superficiels. Que seroit-ce, si je donnois l'énorme liste des auteurs estimables et véritablement utiles, qui consacrèrent leur vie entière à des recherches laborieuses, à des travaux qui demandoient surtout une infatigable persévérance !

Les Anglois ont aussi des savans de la plus haute réputation, leur littérature *sérieuse* est sans doute très-riche aussi ; mais ce ne sera pas leur faire une injustice que de prétendre avec eux à l'égalité à cet égard : on pourroit si facilement la leur disputer ! Le peuple françois peut dire, sur tous les points :

> Je n'ai point de rival
> A qui je fasse tort en le traitant d'égal.

Le théâtre anglois est déshonoré par une licence effrénée en tout genre, par des puérilités étranges, par des extravagances inconcevables.

Le théâtre françois est, parmi les modernes, le plus décent, le plus raisonnable et le plus sage de tous les théâtres, et c'est un aveu que doivent faire même ceux qui ne le trouveroient pas le meilleur ; ceux enfin qui auroient le malheur de préférer Shakspeare et Dryden à Corneille et à Racine, seroient encore forcés de convenir que du moins on peut louer, dans nos plus grands poëtes dramatiques, la noble simplicité, la sagesse, la raison et les intentions morales. Les François veulent en toute chose de la raison, et c'est pourquoi ils ont tant de goût. Sans raison, rien ne leur plaît, du moins pendant long-temps; ils en exigent dans les vers, dans les romans, dans un conte, dans une allégorie; ils se lassent, ils se dégoûtent promptement de ce qui en manque.

Est-ce l'austérité des mœurs angloises qui donne à cette nation une telle réputation de solidité ? Les François et les Italiens passent pour les hommes les plus sobres de l'Europe; ils aiment mieux la conversation que le vin et la table : c'est bien là un genre de raison, et la tempérance est une vertu recommandable qui fait assurément une partie des bonnes mœurs. Les Anglois, au contraire, passent plus de la moitié de leurs journées à boire et à manger : la solidité de cette manière de vivre est un peu matérielle, et ne prouve pas beaucoup la solidité de l'esprit. Les Anglois, et même les Angloises, aiment le jeu avec une fureur qui n'a jamais été aussi générale en France; et non-seulement ils jouent dans leurs maisons, mais ils ont trouvé le secret de perdre ou de gagner des sommes immenses sur des tapis de verdure ainsi que sur des tapis de velours. Ils se ruinent en se reposant sur une chaise, ou en courant dans des plaines, ou même en soutenant leurs opinions; les courses de chevaux et les paris nous viennent d'eux; la discussion, c'est-à-dire la conversation animée, est pour eux un trafic, un moyen de gagner de l'argent. On accuse quelques François d'*anglomanie*, et l'on a raison de s'en moquer : il faut respecter toutes les nations; mais il faut s'honorer de la sienne, c'est s'honorer soi-même. Les Anglois disent beaucoup de mal de nous, même en temps de paix; cependant ils prennent toutes nos modes : la cuisine des gens riches est à la françoise, tous les meubles des maisons élégantes sont faits en France. On nous reproche comme une grande preuve d'inconstance, d'avoir bouleversé nos jardins pour les refaire dans le goût anglois; mais les Anglois ont fait exactement la même chose, il y a environ soixante-dix ans : ce fut Adisson qui, dans *le Spectateur*, leur donna cette idée. Il proposa de faire des jardins imitant la nature; il entre dans beaucoup de détails à cet égard, en produisant, dans son charmant journal, une prétendue lettre sur ce sujet, où l'on fait la description d'un jardin et d'une volière non fermés [1]. On commença, comme nous, à faire des jardins excessivement surchargés. Il existe encore quelques-uns de ces premiers jardins, Lesowes et Stow, et deux ou trois autres. Ensuite ce genre se perfectionna, et l'on fit ces jardins simples et majestueux que nous n'avons pas encore imités.

Les François aiment les arts, parce qu'ils

---

[1] La description de cette volière a servi de modèle à J.-J. Rousseau, pour la volière décrite dans son roman de *la Nouvelle Héloïse*.

(Note de l'auteur.)

en ont le génie et qu'ils y excellent; néanmoins ils ne rendent point à des comédiens les honneurs qui ne sont dus qu'aux héros et aux grands hommes dont les talens sont utiles. On ne voit point à Saint-Denis, parmi les tombes de nos rois, des tombeaux d'acteurs et de comédiennes; et c'est ce qu'on voit à Westminster. L'austérité françoise ne souffre même pas que des comédiens soient admis dans nos sociétés savantes : Molière, l'inimitable Molière, ne fut pas de l'Académie françoise!...

Les arts les plus frivoles sont les mieux payés en Angleterre. Les chanteurs et les danseurs ne font de véritables fortunes qu'à Londres. Le goût des romans et des contes de revenans est certainement beaucoup plus vif en Angleterre qu'en France; enfin, le luxe des Anglois surpasse de beaucoup le nôtre. Est-ce donc la perfection de leur constitution politique qui leur donne cette haute réputation de sagesse? Ce gouvernement est-il donc en effet si digne d'admiration? C'est assurément ce que je ne déciderai point; mais l'un des meilleurs auteurs anglais, Pope, répondra à cette question : *Laissons*, dit-il, *les sots disputer sur la forme des divers gouvernemens; le meilleur est celui qui est le mieux administré*, c'est-à-dire, celui sous lequel on est le plus paisible et le plus heureux. Les combats, les querelles, les séditions parmi le peuple anglois, sont les événemens de tous les jours ; et notre peuple est le plus doux et le plus gai de l'Europe. On paie en Angleterre deux ou trois fois plus d'impôts qu'en France. Les voleurs en Angleterre attaquent et dépouillent tous les jours les passans et les voyageurs dans les rues, aux environs de Londres, et sur les grands chemins ; nous parcourons nos villes, nous voyageons jour et nuit sans rencontrer de voleurs. Les Anglois meurent fréquemment du spleen, et le suicide est infiniment plus commun dans ce pays que dans aucun autre ; nous avons la plus brillante humeur, notre gaieté a passé en proverbe : quand on veut s'amuser et voir des gens heureux, on vient chez nous ; on y vient même pour s'y guérir de la consomption, et souvent l'inclination y fixe les étrangers. Ainsi, d'après la définition de Pope, qui me paroît parfaite, je conclus que notre gouvernement vaut mieux que celui d'Angleterre : ce n'est heureusement pas moi, c'est un penseur anglois qui le décide. On juge les Anglois et les François comme on juge communément les individus dans la société, sur l'extérieur qui trompe si souvent. Les gens gais passent facilement pour des étourdis; les gens taciturnes se font, à peu de frais, une réputation de sagesse. Souvenez-vous, m'a dit plus d'une fois madame de Puisieux, qu'avec des yeux noirs, une démarche leste et légère, un air animé et de la gaieté, il faut être beaucoup plus raisonnable qu'une autre.... Si les François étoient moins aimables et moins brillans, et surtout s'ils avoient moins de désintéressement, s'ils s'occupoient davantage de spéculations financières, on ne les accuseroit pas de manquer de raison. *Ne s'attacher qu'au solide*, est une expression qui signifie, pour tous les gens d'affaires, *ne s'occuper que de ses intérêts pécuniaires, ne songer qu'à gagner de l'argent.* Ne nous étonnons donc plus de notre réputation de frivolité et de légèreté. Puissions-nous conserver le noble caractère et les qualités aimables qui nous la procurent !

―――――

J'ai découvert deux jolies divinités de la fable, et qui sont peu connues, *Abéone* et

Adéone. La première présidoit au départ, et la seconde au retour [1]. J'en ai fait faire en miniature deux petits tableaux; M. de La Harpe, qui a trouvé ces deux figures charmantes, a fait pour elles des vers que j'ai gravés sur les cadres. Voici ceux d'Abéone :

> Ah! dans un long adieu dont la douleur s'irrite,
> Le cœur s'échappe en vain vers l'objet que l'on quitte;
> On s'éloigne à pas lents, les bras en vain tendus,
> Et l'œil le suit encor quand on ne le voit plus.

Voici les vers pour Adéone :

> O bonheur! il revient! le retour a des ailes!
> Quel plaisir de conter les souvenirs fidèles!
> Que de pleurs! ce moment va donc les essuyer!
> Que d'ennuis! ce moment les fait tous oublier [2].

---

[1] Les anciens plaçoient toujours la statue de la Liberté entre ces deux figures, pour marquer, par une très-juste allégorie, que le droit le plus incontestable de la *liberté* est celui d'aller et de revenir à son gré. Les prétendus patriotes de la révolution, si enthousiastes pour les païens, n'avoient pas fait, comme on voit, une étude très-approfondie de leur mythologie.
(Note de l'auteur.)

[2] Ces vers ne se trouvent point dans la Correspondance de M. de La Harpe; on les donne ici parce qu'ils n'ont jamais été imprimés
(Note de l'auteur.)

Ces deux figures, avec ces jolis vers, pourroient fournir les sujets de deux gravures très-agréables.

J'ai entendu ces jours-ci la lecture d'un roman manuscrit, fait par un homme de beaucoup d'esprit et qui vit dans le plus grand monde; et dans cet ouvrage, la peinture du monde n'a pas la moindre vérité. C'est que les gens du monde, du moins en général, lorsqu'ils ont de la littérature, sont plus frappés de ce qu'ils lisent que de ce qu'ils voient; il leur paroît plus commode de copier que de peindre d'après nature. Ils ne sont que de foibles imitateurs des auteurs de profession, plus exercés qu'eux dans l'art d'écrire. Ils pourroient avoir une originalité piquante, s'ils se donnoient la peine d'observer ce qui se passe sans cesse sous leurs yeux; et, au lieu de piller sans grâce Crébillon et Marmontel, ils offriroient des tableaux vrais et nouveaux.

Il n'y a rien de *physique*, non dans les qualités naturelles, mais dans les vertus véritables. Il y a beaucoup de *physique* dans tous les vices.

Pourquoi la douleur et la joie sont-elles toujours au-dessous de ce que nous pouvons nous les représenter? Pourquoi notre imagination est-elle si au-dessus de nos facultés réelles? Cela prouve qu'une autre vie doit succéder à celle-ci. Cette imagination que rien n'arrête et qui surpasse tout, est, pour l'homme de bien, le gage heureux des jouissances spirituelles qui lui sont réservées; mais pour l'homme vicieux, c'est l'annonce terrible des souffrances qui doivent justifier toutes les terreurs du méchant.

Je trouve dans les *Œuvres de Lamothe* une anecdote très-remarquable, parce qu'elle fait voir combien, depuis ce temps, notre caractère national a changé. On aimoit alors avec enthousiasme tous les traits de grandeur, et les succès éclatans de Corneille le prouvent; mais en même temps on détestoit tout ce qui peut ressembler à la férocité. Lamothe conte qu'à la Comédie-Françoise, avant Baron, l'acteur disoit avec une extrême rudesse ce vers des *Horaces*:

Albe vous a nommé, je ne vous connois plus;

et que ce vers ne faisoit sur le public qu'un effet désagréable. C'étoit cependant ainsi que l'auteur l'avoit conçu. Mais Baron, le premier, continue Lamothe, prononça ce même vers avec un reste d'attendrissement; de sorte que *je ne vous connois plus*, signifioit seulement *je ne veux plus vous connoître*; et le public applaudit avec transport. Baron dit à Lamothe, que Corneille fut surpris de lui entendre dire ainsi ce vers, et qu'il l'en félicita. Du temps de Lamothe, on suivoit toujours cette manière de Baron ; aujourd'hui elle est oubliée : plus l'acteur, en prononçant ce vers, met de férocité dans son accent, et plus notre parterre applaudit..... Que de réflexions affligeantes pourroient résulter de ce seul fait !....

J'ai dîné, ces jours passés, chez M. de Buffon : il y avoit beaucoup de monde; la société étoit toute composée de savans et de littérateurs. J'étois, dans ce cercle imposant, la seule ignorante; cependant le ton de la conversation étoit si naturel, on causoit avec tant de bonhomie et si peu de prétention, que je me trouvois là parfaitement à mon aise. Je dîne tous les quinze jours chez M. de Buffon, et j'y trouve toujours cette aimable simplicité; c'est le maître de la maison qui l'inspire : il en a tant lui-même! Personne, en sa présence, n'ose montrer de la pédanterie, ou prendre un ton dogmatique et tranchant. Il n'aime ni les discussions, ni les entretiens scientifiques; il dit que la conversation doit être un délassement, et que, pour être agréable il faut qu'elle soit un peu frivole. Comme je lui disois que j'étois charmée qu'il eût cette opinion qui me convient si bien, il me conta qu'une femme de province, nouvellement arrivée à Paris, et voulant voir une assemblée de beaux-esprits, vint dîner chez lui, imaginant qu'elle entendroit des choses merveilleuses; elle écoutoit avec la plus grande attention, et s'étonnoit de ne rien recueillir de remarquable; mais elle pensa que l'on réservoit les bons mots pour égayer le dîner. On se mit à table; alors son attention redoubla : on ne parla que de bonne chère, on ne disserta que sur la bonté des vins de Bourgogne et de Champagne; et au second service, la dame étrangère perdant patience, se pencha vers son voisin, en lui disant tout bas : *Mais quand donc ces messieurs commen-*

ceront-ils? J'ai entendu un autre jour, chez
M. de Buffon, M. Hérault de Séchelles lire un
parallèle de M. de Buffon et de J.-J. Rousseau ;
je ne me souciois nullement de l'entendre,
bien certaine d'avance que ce morceau ne contiendroit, d'un bout à l'autre, que les louanges de M. de Buffon. S'il m'étoit permis d'avoir une opinion, et de porter un jugement
dans ce genre, je placerois M. de Buffon au-dessus de tous les écrivains de ce siècle; mais
je hais la flatterie et la partialité. Pendant la
lecture, j'étois assise à l'autre extrémité de la
chambre, très-loin du lecteur. M. Hérault a une
grosse voix, qui pourroit être sonore ; mais il
parloit bas, je n'entendois qu'un murmure de
basse-taille très-grave, et je ne distinguois
que les noms de *Buffon* et de *Rousseau*. Rien
n'étoit plus comique que la manière dont il les
prononçoit : pour les deux noms, il élevoit la
voix; mais toujours il articuloit le premier
d'un air triomphant, et avec l'accent le plus
emphatique, tandis que le nom de *Rousseau*
ne s'échappoit de sa bouche qu'avec une inflexion affoiblie et un ton négligé, quelquefois même dédaigneux. Sans entendre un mot
du reste du discours, je jugeois facilement

qu'on élevoit aux nues M. de Buffon, et que le pauvre Rousseau lui étoit toujours sacrifié. Après la lecture, tout le monde successivement est sorti; je me suis trouvée seule avec M. de Buffon, qui m'a demandé ce que je pensois de ce parallèle : je lui ai répondu très-sérieusement qu'il me paroissoit qu'il y avoit un peu de galimatias, un ton déclamatoire qui donnoit à ce discours la tournure d'un panégyrique, et qu'enfin on y rabaissoit trop Rousseau pour exalter le mérite de celui qu'on lui préféroit justement, mais qu'on louoit sans grâce et sans finesse. M. de Buffon, sans doute par reconnoissance, a d'abord un peu combattu ma critique; j'ai soutenu vivement mon opinion : il a fini par convenir que j'avois raison. Alors je lui ai avoué la vérité, c'est-à-dire, que je n'avois réellement entendu que ces deux noms : *Buffon....*, *Rousseau;* ce qui l'a fait rire aux éclats. Il a dit que dans le monde on décide souvent de la manière la plus tranchante avec beaucoup moins de connoissance. Il m'a conté ce jour-là le trait suivant : Un jeune prince étranger étant venu voir le cabinet d'histoire naturelle, M. de Buffon fut le recevoir, et au moment où le prince alloit partir, M. de Buffon lui offrit son histoire des oiseaux; alors le prince lui répondit très-poliment : « Monsieur, vous êtes bien bon ; je ne veux pas vous en priver ; » et M. de Buffon, charmé de voir un prince si bien élevé, n'insista pas, et garda son ouvrage.

Le chevalier de Monbarey étoit fort aimé du feu roi Louis XV : un de ses amis, qui vivoit depuis long-temps en province, persuadé qu'un homme qui est bien traité du roi peut tout obtenir, lui écrivit pour l'engager à lui faire donner une place qui eût fait sa fortune. Le chevalier de Monbarey lui répondit : « Si jamais le roi prend du crédit, je vous promets de lui demander ce que vous désirez. »

On confond trop souvent l'enthousiasme avec la flatterie ; il me semble qu'on ne devroit pas regarder comme des *flatteurs* ceux qui rendent d'éclatans hommages à un mérite éminent. Pourquoi ne se passionneroit-on pas pour un grand homme, parce qu'il est roi ? Heureux qui peut se livrer à l'enthousiasme pour ses maitres : Lauzun et Lafeuillade n'étoient point des flatteurs, ou pouvoient n'en pas être. On doit porter le même jugement de Thomas Gresham, ce négociant anglois si célèbre par sa magnificence et par sa bienfaisance. La reine Élisabeth l'aima beaucoup; elle l'honora de plusieurs visites. Un jour qu'elle alla coucher dans sa maison de campagne, elle critiqua une cour qu'elle trouva trop grande; elle dit qu'elle aimeroit mieux qu'elle fût coupée par un mur : Gresham fit venir secrètement de Londres des ouvriers qui bâtirent ce mur dans la nuit, de sorte qu'Élisabeth, à son réveil, le trouva fait. Ce n'est pas là l'action d'un vil flatteur : car il étoit bien possible de se passionner pour une reine qui avoit tant de talent et de génie. Mais M. Bouret, fermier général, n'approchant jamais de Louis XV, ne lui devant aucune reconnoissance, et s'enthousiasmant pour lui, dépensant des millions pour lui faire bâtir à Croix-Fontaine un pavillon de chasse, etc.; M. Bouret n'étoit bien certainement qu'un flatteur.

Une chose qui paroit très-remarquable, c'est qu'on n'a jamais dit qu'Henri IV ait été *flatté*. Cependant il fut, de tous les rois, le plus loué durant sa vie ; on formeroit une bibliothéque des vers, des éloges, des poëmes et des panégyriques composés pour lui, depuis l'époque heureuse où il monta sur le trône, jusqu'à sa mort ; enfin il eut les admirateurs et les amis les plus passionnés : on ne soupçonna jamais de flatterie dans toutes ces choses ; pourquoi ? c'est qu'à la gloire la plus brillante, ce prince a réuni la suprême bonté. Louer Henri IV, c'étoit ne parler que du bonheur public.

J'ai été chez le chevalier de Durfort voir un homme qui fait des choses extraordinaires, quoique ce ne soit point son métier ; il ne prend point d'argent ; il fait tous ses tours pour son plaisir : c'est un charlatan *amateur*. Il n'est pas le seul de cette espèce. Il aime à causer, sinon de l'admiration, du moins de l'étonnement : beaucoup de gens encore, ainsi que lui, prennent cela pour de la gloire. Voici un de ces tours : on place à un bout de la chambre deux bougies allumées sur un guéridon ; et vis-à-vis, à l'autre extrémité de l'appartement, on met deux lampes allumées. L'homme se tient auprès des bougies, il les éteint l'une après l'autre, et au même moment les lampes correspondantes s'éteignent, sans communication, sans que personne soit auprès de la table. Dans un autre tour, un grand bocal de verre a sauté en l'air, et fut brisé en morceaux, nous avons couru tous un très-grand danger : j'étois à côté de madame la duchesse de Chartres, et mon premier mouvement a été de lui mettre mon manchon sur le visage. Tout le monde m'a fort louée de cette action ; j'ignorois l'avoir faite : j'ai eu très-peur ; ce mouvement a été absolument machinal et sans aucune réflexion.

On m'écrit de Lausanne, que M. Gibbon, qui s'y est établi pour quelque temps, y a beaucoup de succès, et y est extrêmement bien accueilli. Il est, me mande-t-on, très-engraissé, et d'une grosseur si prodigieuse, qu'il a beaucoup de peine à marcher. Avec cette figure et ce visage étrange qu'on lui connoît, M. Gibbon est infiniment galant, et il est devenu amoureux d'une très-aimable personne, madame de Crouzas.[1] Un jour, se trouvant tête à tête avec elle, pour la première fois, il voulut saisir un moment si favorable, et tout à coup il se jeta à ses genoux, en lui déclarant son amour dans les termes les plus passionnés. Madame de Crouzas lui répondit de manière à lui ôter la tentation de renouveler cette jolie scène. M. Gibbon prit un air consterné; et cependant il restoit à genoux, malgré l'invitation réitérée de se remettre sur sa chaise; il étoit immobile, et gardoit le silence. «Mais, monsieur, répéta madame de Crouzas, relevez-vous donc... — Hélas! madame, répondit enfin ce malheureux amant, *je ne peux pas...*» En effet, la grosseur de sa taille ne lui permettoit pas de se relever sans aide. Madame de Crouzas sonna, et dit au domestique qui survint : *Relevez M. Gibbon.* Cette déclaration d'amour me rappelle celle d'un abbé Chauvelin, bossu par devant et par derrière, d'une petitesse extrême, mais spirituel, vif, effronté, et très-entreprenant avec les femmes, quand

---

[1] Depuis, madame de Montolieu, auteur du charmant roman intitulé *Caroline*, et de plusieurs traductions très-agréables. (Note de l'auteur.)

par hasard il trouvoit l'occasion de l'être. Un soir, il alla chez madame de Nantouillet ; elle étoit seule, un peu malade, et sur sa chaise longue. L'abbé passa subitement de la galanterie à l'amour, et devint si pressant et si impertinent, que madame de Nantouillet se hâta de sonner de toutes ses forces. Un grand valet de chambre arrive. Mettez monsieur l'abbé sur la cheminée, lui dit-elle. La cheminée étoit haute, le valet de chambre robuste ; il saisit le petit abbé qui se débat en vain ; on l'assied sur la cheminée... L'abbé frémit en se voyant placé à cette élévation prodigieuse pour lui ; il n'auroit pu sauter sur le parquet, sans risquer sa vie. Les éclats de rire de madame de Nantouillet augmentoient encore sa fureur, qui fut au comble, lorsque, dans cette fâcheuse situation, il entendit annoncer une visite.

J'ai reçu, il y a quinze jours, une lettre qui m'annonçoit que je suis nommée *commissaire du comité d'inspection* de la Société d'Émulation, à la place de madame de Senneterre, qui, dit-on dans la lettre, a passé son temps, et qui avoit pour adjoint madame la duchesse de Villeroi. On a ajouté, qu'au lieu d'une femme, on me donne pour adjoint M. de La Rochefoucault. Cette lettre m'a paru d'autant plus extraordinaire, que je n'ai aucune relation particulière avec les membres de cette société, et que je n'ai été qu'une seule fois à une de ses séances publiques ; et ce ne fut que pour y voir Franklin, que je n'avois jamais vu alors, et avec lequel j'ai dîné souvent, depuis, chez madame de Boulainvilliers. J'ai donc cru que cette lettre étoit une plaisanterie de M. Thiars, qui m'en a fait plusieurs de ce genre. Mais enfin, ayant acquis la certitude que j'ai très-véritablement l'honneur d'être *commissaire*, j'ai été à ce comité, et je m'y suis fort amusée.

Ce comité est composé de dix ou douze personnes. Il y a en outre plusieurs autres comités ; mais celui-ci est le plus considérable : Élie de Beaumont en est le président ; et il est risible de voir combien cet homme, blanchi dans les affaires, attache d'importance à sa charge de président. J'ai été tout de suite initiée dans les secrets de la société ; j'ai vu qu'il y règne une grande désunion par la jalousie mutuelle des comités les uns contre les autres, qui veulent réciproquement s'arroger différens droits contraires aux premiers règlemens. Nous avions, ce jour-là, un député d'un autre comité qui étoit chargé de plusieurs demandes *ambitieuses*, et qui n'alloient à rien moins qu'à transporter toute l'autorité à son comité; il y a eu là-dessus des disputes très-vives et très-aigres, et qui m'ont fort divertie. Notre président et nos autres chefs répétoient sans cesse les grands mots de *bien public*, d'*égalité*, de *désintéressement*, d'*amour de la paix*; on croyoit entendre parler les chefs d'une république; et cela avec une gravité et une importance vraiment comiques.

Élie de Beaumont, en nous en allant, m'a donné le bras, et m'a dit tout bas sur l'escalier : « Ils auront beau faire, notre comité est » le maître de tous les autres, et nous ne souf- » frirons pas qu'on diminue rien de notre au- » torité. » J'ai souri en regardant l'homme qui me parloit ainsi, avec sa grosse perruque et ses cinquante-six ans. J'admire à quel point le désir de jouer un rôle et de dominer peut rapetisser les hommes ! Je sais qu'une grande ambition a fait des héros; mais quand elle se porte sur des petits objets, elle est, de toutes les passions, celle qui peut donner le plus de puérilité ; il faut qu'elle produise des choses éblouissantes, ou qu'elle rende ridicule. Au reste, après avoir rendu un devoir de politesse, et satisfait ma curiosité, je suis très-décidée à renoncer à mes fonctions de *commissaire*, et à ne plus retourner à ce comité d'inspection.

J'ai fait vœu de relire tous les ans, pendant deux ou trois mois, des mémoires et des ouvrages du temps de Louis XIV. Il seroit à désirer que tous les littérateurs eussent lu avec attention les excellentes *Réflexions sur la Critique*, de Lamothe : cet ouvrage est parfait dans son genre ; il répond avec autant de goût, de finesse, que d'esprit et de charme, aux injures de madame Dacier. Avant leur brouillerie, il lui avoit rendu l'hommage le plus éclatant, en faisant une ode à sa louange, qu'il lut à une séance publique de l'Académie ; mais, depuis la dispute sur les anciens et sur les modernes, madame Dacier, indignée que Lamothe soutînt la cause des derniers, prit pour lui une haine violente, et l'injuria publiquement dans ses écrits, avec une inconcevable grossièreté. Lamothe, en réponse, dans ses *Réflexions sur la Critique*, loin de rétracter ses louanges anciennes, les rappelle pour les confirmer, et pour lui en donner de nouvelles. Madame Dacier l'avoit accusé d'*envie*, de *malignité*, de *mauvaise foi* ; elle dit qu'il est *froid* et *plat*, qu'il est *plein d'orgueil*, qu'il *n'a pas le sens commun*, qu'il est *ridicule*, *impertinent*, d'une *ignorance honteuse*, etc. Cependant M. de Lamothe ne crut pas qu'un tel oubli de bienséance pût l'autoriser à manquer aux égards qu'un homme doit à une femme. Il répond à ce torrent d'injures avec le ton de l'estime pour son érudition, et du respect pour sa personne ; il se plaît à reconnoître, à louer le mérite de celle qui rend si peu justice au sien ; il vante de bonne foi l'utilité de ses traductions ; il ne se permet que des épigrammes fines et douces, qui ne tombent que sur la manière dont elle le traite. Piquant seulement par l'esprit et par la grâce, il est toujours équitable et respectueux. Madame Dacier, dans un de ses écrits contre Lamothe, disoit qu'Alcibiade donna un grand soufflet à un rhéteur qui n'avoit lu aucun ouvrage d'Homère, et elle ajoute : Que feroit-il aujourd'hui à celui qui liroit l'*Iliade* de M. de Lamothe ? A cela, Lamothe se contente de répondre : *Heureusement, quand je récitai un de mes livres à madame Dacier, elle ne se souvint pas de ce trait d'histoire.* Combien cette douceur a de grâce ! Mais, pour écrire et se conduire ainsi, il faut un aimable caractère, beaucoup d'esprit, de goût et d'usage du monde.

De tout temps, les princes ont aimé les nains, les fous et les enfans : des individus sans art, sans éducation, bien simples, bien naïfs, sont toujours sûrs de leur plaire : ils forment un contraste amusant avec des courtisans. La vérité plaît toujours aux princes, quand elle n'est bonne à rien. Ils ne la craignent communément que lorsqu'elle peut être utile, parce qu'elle est alors raisonneuse et sévère. D'ailleurs les princes, en général, sont timides; ce qui me paroît très-naturel quand on fixe sur soi tous les yeux : c'est pourquoi ils montrent souvent tant d'embarras dans la conversation. On les écoute, on les cite; ils osent à peine parler : un enfant, un petit monstre, dans un salon, est une distraction, un sujet d'entretien ; c'est beaucoup.

Nous avons, au Palais-Royal, un petit nègre qui fait nos délices. Il succède à un autre, qui, devenu grand, est relégué maintenant dans l'antichambre : *Narcisse* a treize ans, et n'est plus qu'un domestique. *Scipion* a sept ans, et c'est le petit nègre des quatre parties du monde le plus caressé et le plus gâté. Il règne depuis quatre ans dans le salon du Palais-Royal, au milieu du plus beau cercle ; il marche à quatre pates, et fait la culbute sur le tapis ; il casse tous les éventails qu'il peut attraper ; il se glisse sous les chaises des dames, les déchausse très-adroitement, et s'enfuit en emportant leurs souliers. Il débite, d'une manière très-bruyante, tout ce qui lui passe par la tête. L'autre jour, il s'approcha de madame la princesse de Conti, et lui dit très-gravement : *Madame, pourquoi donc avez-vous un si grand nez ?* Cette question, faite à la princesse du monde la plus sérieuse, la plus imposante, qui a le plus grand nez, et, devant quarante personnes, causa un étrange embarras : on voulut renvoyer Scipion ; il s'obstina à vouloir s'instruire, et répéta sa question en ajoutant : *Je veux savoir ça*. On fut obligé de l'emporter; il se débattoit en s'écriant : *C'est que je n'ai jamais vu un nez si long....* Il a fait, il y a quelque temps, une réponse très-spirituelle. Madame la duchesse de Chartres le prend souvent avec elle dans sa voiture : un soir, elle lui dit qu'elle le mèneroit à la comédie. En effet, il descendit avec nous; mais il se trouva que la voiture étoit remplie, et qu'il n'y pouvoit entrer : comme il paroissoit regretter beaucoup la comédie, madame la duchesse de Chartres lui proposa de monter derrière la voiture, en ordonnant aux valets de pied de le bien tenir. Scipion dit qu'il aimoit mieux rester. Pourquoi cela, lui demanda-t-on? *Oh! répondit-il, c'est que, lorsqu'une fois j'aurai été derrière, on ne me prendra plus dedans*. Il sait très-bien que *Narcisse* a joui de toute sa faveur; il faut qu'il ait profondément réfléchi là-dessus.

M. de Boulainvilliers, prevôt de Paris, a, par sa charge, le droit de porter le cordon rouge. Il chasse assez souvent avec le comte de La Marche [1]. Un jour, à l'une de ces chasses, on s'égara, et l'on appela un paysan pour s'informer du chemin. Ce paysan, sans qu'on le sût, connoissoit le prince et M. de Boulainvilliers; il répondoit au prince avec un respect très-marqué; M. le comte de La Marche lui demanda, en riant, pourquoi il ne témoignoit pas plus de considération pour M. de Boulainvilliers que pour lui : car, ajouta-t-il, tu vois bien que la plaque de son ordre est d'or, et que la mienne n'est que d'argent. Oui, repartit le paysan, *mais la sienne est de faux or, et la vôtre d'argent fin.*

La jolie réponse de ce paysan m'en rappelle une autre, qui fut faite aussi par un paysan à un homme de ma connoissance. Ce paysan se plaignoit vivement d'un fermier, son voisin, qu'il accusoit de friponnerie. Il est plus fin que l'ambre, ajouta-t-il. *Pourquoi,* lui demanda-t-on, *dis-tu qu'il est plus fin que l'ambre?* C'est, répondit-il, que l'ambre n'enlève que la paille, et que lui enlève le grain.

---

[1] Depuis prince de Conti, aujourd'hui en Espagne.
(Note de l'auteur.)

Le marquis de Genlis est, comme on le sait, le moins fidèle des maris; sa femme, très-jeune encore, se conduit toujours bien. Un soir, qu'il soupoit avec elle au Palais-Royal, on remarqua la coiffure de sa femme, qui n'avoit, dans ses cheveux, qu'une étoile et un croissant de fort beaux diamans. Le marquis de Genlis disoit à madame de Serrant, qui admiroit ces deux ornemens, qu'il venoit de donner l'étoile à sa femme, au moment où elle s'étoit assise dans sa voiture; qu'il l'avoit mise lui-même dans ses cheveux, au-dessus du croissant, sa parure ordinaire, et qu'elle ne l'avoit pas encore vue! C'est un talisman, sans doute, repartit madame de Serrant : car on peut croire que c'est votre étoile qui vous préserve du *croissant*.

Madame de La Vaupalière n'est plus de la première jeunesse ; mais elle a une physionomie agréable, de la douceur, de l'esprit, et une sorte d'ingénuité dans le caractère qui la rend très-piquante; tout cela compose une fort aimable personne. Elle s'est trouvée, il y a quelque temps, dans un plaisant embarras, dont elle s'est tirée d'une manière singulière. Se promenant à cheval, elle rencontra la chasse du roi, et elle aperçut le roi, à cheval aussi, qui s'avançoit vers elle ; alors ne sachant pas si une femme, en amazone, doit ou non ôter son chapeau au roi, lorsqu'il vient lui parler, elle fut dans une cruelle perplexité, craignant de manquer de respect, ou de faire une chose ridicule : cependant le roi s'approchoit, il falloit prendre un parti. Dans cette extrémité, elle imagine d'ôter son chapeau, de le tenir un peu en l'air de la main droite, et de l'autre de se gratter doucement la tête : car, dit-elle, en contant cette histoire, je raisonnois de cette manière : si je dois ôter mon chapeau, il est ôté ; si l'étiquette, pour une femme, est de le garder, le roi pourra croire que je ne le tiens que pour me gratter la tête, pour rajuster mes cheveux, etc. Le roi s'arrêta près d'elle quelques minutes ; comme elle étoit dans une attitude très-gênante, elle trouva qu'il lui parloit bien long-temps, et elle fut extrêmement soulagée lorsqu'il la quitta.

M. de Pont, intendant de Moulins, étoit amoureux de madame de Montesson, ma tante, qui ne s'en doutoit pas; il étoit son ami depuis plusieurs années, et il ne lui avoit jamais laissé soupçonner ses sentimens. Un soir, se trouvant tête à tête avec elle, il lui fut impossible de se contraindre plus long-temps, et, sans aucune préparation, il se jeta à ses genoux, en lui disant les choses du monde les plus passionnées: cette brusque déclaration parut ridicule à madame de Montesson; elle aima mieux en rire que de se fâcher contre un ami qu'elle estimoit. Elle tenoit un écran, et en plaisantant elle en donna un petit coup sur le visage de M. de Pont; mais le petit clou d'épingle qui attachoit le manche de l'écran au carton, s'enfonça et s'accrocha au nez de M. de Pont, de manière que cet écran resta collé sur son visage, comme un masque, car madame de Montesson l'avoit lâché en riant aux éclats. Dans cet instant quelqu'un entra; les rires de madame de Montesson redoublèrent, et M. de Pont, profitant de son malheur, sans être vu, se leva précipitamment avec l'écran sur son visage, et prit la fuite en l'emportant; il ne le décrocha que dans l'antichambre. Le tiers qui avoit interrompu le tête-à-tête, n'ayant pas vu le visage de M. de Pont, ne sut pas son nom ce jour-là; madame de Montesson ne voulut pas le dire; mais M. de Pont fut trahi par la profonde égratignure qu'il avoit au nez, qu'il conserva plusieurs jours, et qui le fit reconnoitre.

———

Deux hommes que je connoissois viennent de se tuer avec une réflexion qui fait horreur. L'un étoit un peintre en miniature, qui avoit du talent; il se nommoit Melli. Il avoit commencé mon portrait il y a trois mois, et n'ayant pas le temps de lui donner des séances, je lui avois laissé cette ébauche à laquelle je ne pensois plus, lorsqu'il m'écrivit qu'il alloit faire *un grand voyage*, et pour me demander de finir mon portrait; je lui donnai trois séances, il n'en falloit plus qu'une : je lui indiquai un jour assez éloigné; il me dit qu'il vouloit absolument partir avant ce jour-là; qu'il avoit déjà retardé pour moi son départ, qu'il ne pouvoit plus le différer : j'insistai vivement, et il céda après une longue résistance; il finit mon portrait qu'il me laissa, et le lendemain il se tua. L'autre étoit un homme de cinquante ans, très-instruit, qui avoit beaucoup voyagé, qui étoit lié avec plusieurs gens de lettres, entre autres avec l'auteur des *Druides*, chez lequel il logeoit, et avec Dorat, qui me l'avoit fait connoître. Il s'appeloit M. de L'Orme : quoiqu'il eût quelquefois une conversation assez intéressante, lorsqu'il parloit de ses voyages, il ne me plaisoit pas, parce qu'il étoit *philosophe*; et, à mon avis, il n'y a rien de si ennuyeux qu'un philosophe vieux et triste, qui n'a pas infiniment d'esprit. Les lieux communs philosophiques sont insoutenables; on ne supporte pas des maximes qui sont à la fois fausses, dangereuses et triviales. Cependant je ne sais pourquoi ce pauvre M. de L'Orme avoit une sorte d'amitié pour moi ; il m'en a donné une singulière preuve. Quelques jours avant sa mort, il vint me proposer de lui faire une rente viagère de quinze mille francs d'argent comptant qu'il vouloit me remettre ; je le remerciai, et je lui offris de lui faire placer cette somme sur le Palais-Royal. Il me dit qu'il désiroit ne la donner qu'à moi : je persistai dans mon refus. Le lendemain il m'écrivit pour me faire la même proposition pour mon frère ou pour ma mère. Cette offre fut encore rejetée ;

je n'entendis plus parler de lui, et trois jours après il se tua. On trouva, dans son secrétaire, cette somme de quinze mille francs qu'il avoit eu tant d'envie de me laisser.

On dit toujours que *la mémoire nuit à l'esprit;* je ne connois rien de plus faux que cette maxime : car assurément on ne veut pas dire que la lecture méditée de tous les chefs-d'œuvre écrits dans les langues anciennes et modernes, puisse gâter l'esprit. Mais il est vrai que si ces belles choses ne laissoient qu'un souvenir vague et confus, que le germe des idées qu'on avoit admirées, on parviendroit à prendre ces réminiscences pour ses propres conceptions; on travailleroit sur ce fonds d'emprunt ; et, plagiaire de bonne foi, en s'enorgueillissant d'un mérite imaginaire, on affoibliroit ou l'on dénatureroit des idées originales et sublimes. Ce malheur si commun ne vient que du *défaut de mémoire;* mais quand on se rappelle nettement tout ce qu'on a lu d'important, l'esprit s'agrandit, parce qu'il ne s'attache qu'à recueillir ce qui a pu rester dans les champs déjà moissonnés, où à découvrir par tant de routes ouvertes, de nouveaux points de vue. Le génie est un noble don de la nature; il ne s'enrichit d'aucune dépouille: rayon immortel de la suprême puissance, il n'est grand que parce qu'il est pur, il n'envahit rien, il est créateur.

Plus on a d'esprit et d'imagination, plus il est utile d'avoir de l'instruction et de la mémoire : si l'on en manquoit, on devineroit au lieu de créer, on n'épuiseroit son génie que pour trouver des choses déjà connues; on inventeroit sans gloire, on paroîtroit commun à proportion de la facilité qu'on auroit de se rencontrer avec les auteurs distingués par la justesse de leur esprit. Ainsi il est donc bien faux que *la mémoire nuise à l'esprit.*

Il me semble que lorsqu'on veut devenir auteur, il faudroit savoir tout ce qu'on a dit d'intéressant, de bien ou mal, pour ne pas répéter, ou pour tâcher de développer mieux, et afin de connoître aussi ce qui reste à dire de nouveau; et pour tout cela, il est nécessaire d'avoir une très-belle mémoire. J'ai remarqué que tous les auteurs véritablement profonds et originaux avoient une vaste érudition, c'est-à-dire, une grande mémoire, tels que Montaigne, Bossuet, Pascal, Montesquieu, Buffon, etc.; tandis qu'au contraire, ceux qu'on accuse d'avoir peu d'idées originales, ont fort peu lu, et n'ont lu que très-superficiellement. On pourroit là-dessus citer quelques exceptions, mais elles sont rares.

Voici un trait d'enfant qui m'a paru plaisant. M. le duc de Montpensier [1], qui n'a pas quatre ans, est d'une si grande foiblesse qu'il tette encore, et qu'il n'a jamais marché sans être tenu par ses lisières; ce qui me paroît d'autant plus singulier, qu'il est dans un appartement matelassé, où il pourroit se heurter et tomber sans se faire le moindre mal. Aujourd'hui, à ma prière, sa gouvernante a bien voulu le mettre debout au milieu de sa chambre, et l'y laisser tout seul. L'enfant, accoutumé à être tenu par les lisières par deux femmes de chambre, est resté stupéfait et immobile en se trouvant dans cet effrayant iso-

[1] Frère de S. A. R. monseigneur le duc d'Orléans actuel.
(Note de l'auteur.)

lement. Nous l'avons invité à s'avancer vers nous ; alors il a mis ses mains derrière lui pour chercher ses lisières ; et, les saisissant, il les a ramassées en avant en étendant les bras, et les tenant avec force, dans l'intention de se conduire lui-même, et, rassuré par cette prudente précaution, il s'est approché de nous d'un pas assez ferme. La première éducation de ces jeunes princes est si molle, qu'elle prépare beaucoup de peine à ceux qui seront chargés de l'achever.

———

Je ne connois point de femme plus intéressante et plus estimable, sous tous les rapports, que madame de Boulainvilliers ; elle est épouse irréprochable, bonne mère, bonne amie : toutes ces qualités sont solides, parce qu'elles ont pour base une piété sincère. Elle a de l'esprit, de la finesse et un cœur excellent. Je rencontrai chez elle un jour une jeune personne qui, sans être jolie, avoit une tournure agréable ; elle parloit à madame de Boulainvilliers avec une expression de respect qui me fit connoître que madame de Boulainvilliers étoit sa bienfaitrice. Quand cette jeune personne fut parlie, comme je me trouvois seule avec madame de Boulainvilliers, je la questionnai à ce sujet: elle me conta l'histoire suivante. Un soir qu'elle se promenoit près de sa maison de Passy, elle aperçut un petit garçon de dix ans, bien déguenillé, qui portoit sur son dos une petite fille de six ou sept, qui paroissoit être fort malade : ces enfans demandoient l'aumône. Madame de Boulainvilliers, touchée de ce spectacle, les interroge; elle apprend qu'ils sont orphelins, n'ont point d'asile, et que leur père venoit de mourir à l'Hôtel-Dieu. « Et que faisoit votre père ? demanda-t-elle. — Oh ! rien : car il étoit gentilhomme. — Gentilhomme? — Oh ! oui : il nous l'a dit trois jours avant de mourir. — Et qui prend soin de vous ? Personne, depuis la mort de notre père. — Eh bien ! suivez-moi. » Les enfans ne demandèrent pas mieux. Madame de Boulainvilliers les emmène chez elle, les fait habiller et les garde trois semaines. Durant ce temps, d'après les renseignemens qu'elle reçoit d'eux, elle fait faire à l'Hôtel-Dieu des informations sur leur père : elle apprend avec surprise qu'il avoit la croix de Saint-Louis; et elle voit avec plus d'étonnement encore, sur son extrait mortuaire, qu'il s'appeloit *Valois*. Cependant elle met les deux enfans en pension; elle fait des informations sur leur famille pendant deux ou trois ans, sans succès. Au bout de ce temps, elle acquiert quelques lumières, et finit par découvrir, avec certitude, me dit-elle, que ces deux enfans sont les descendans d'un bâtard de Charles IX. Elle avoit mis la petite fille en apprentissage, elle la retire à cette époque et la place dans un couvent (c'est cette même jeune personne que j'avois vue chez elle); elle donne des maîtres au petit garçon, qu'elle fait appeler le chevalier de Valois. Ce jeune homme a aujourd'hui dix-sept ans. Madame de Boulainvilliers, voulant le faire entrer dans la marine, me demanda de faire quelques démarches en faveur de ce jeune homme, qui est un très-bon sujet. Nous avons réussi; il vient d'être placé [1]. Ce qui me frappe le plus dans cette étonnante histoire, c'est la discrétion de madame de Boulainvilliers, qui a conduit si mystérieusement

---

[1] La sœur du jeune homme a été, depuis, cette madame de Lamothe, si fameuse, par l'étrange et malheureuse histoire du collier de diamans.

(Note de l'auteur.)

toute cette bonne action pendant sept ou huit ans, sans en dire un seul mot à ses amis les plus intimes; et elle ne m'en a parlé que parce qu'elle a cru que je pouvois, dans cette occasion, concourir à compléter sa bonne œuvre. Voilà comme les vraies dévotes font le bien; et madame de Boulainvilliers, femme d'un homme très-riche, mais qui ne prodigue point du tout l'argent, n'a qu'une pension de quatre mille francs pour son entretien : elle vit dans le grand monde; elle est mise convenablement; et, avec une pension si modique, elle trouve le moyen de faire de telles actions ! Que l'économie de la charité est ingénieuse ! combien elle donne de ressources !

J'ai connu dans le monde deux saintes dont je me rappellerai toujours le souvenir avec une profonde vénération : l'une étoit mademoiselle de Montesson, belle-sœur de ma tante; elle est morte à soixante-quinze ans, et n'a vécu que pour Dieu et pour les pauvres. Elle avoit trente mille livres de rente, ne s'en réservoit pas six, et donnoit tout le reste aux infortunés. Prier Dieu, soigner des malades, délivrer des prisonniers, faire élever des orphelins, donner aux pauvres : voilà toute sa vie. On ne fait pas un roman de cela ; mais quelle belle histoire ! Je ne l'ai jamais vue qu'à la mort de son frère : elle n'alloit point dans le monde, elle ne cultivoit pas les gens heureux ou qui paroissoient l'être ; la compassion seule pouvoit lui donner de l'activité : le malheur fut un aimant pour elle, il l'attiroit et la fixoit !.... Je tiens ces détails de ma tante, qui ne parle d'elle qu'avec admiration.

Mon autre sainte fut mademoiselle de Sillery : j'ai beaucoup vécu avec celle-là, parce qu'elle logeoit chez son frère, M. de Puisieux. C'étoit un ange sous tous les rapports ; elle étoit, par son esprit et son caractère, extrêmement aimable. Elle avoit trente-six mille livres de rente ; logeant chez son frère, et passant huit mois de l'année à Sillery, elle n'en dépensoit pas dix : le reste appartenoit aux pauvres. Elle revenoit de Sillery tous les ans avec deux ou trois petits orphelins qu'elle emportoit dans sa voiture, et qu'elle mettoit en apprentissage ; et l'on n'a découvert que dans sa dernière maladie, et après sa mort, que, sans compter ses aumônes journalières, elle donnoit par an environ douze mille francs de pensions réglées à des vieillards, des infirmes, etc. Elle avoit le plus tendre attachement pour son frère; elle le veilla jusqu'à son dernier soupir, et le saisissement et la douleur la conduisirent elle-même au tombeau peu de jours après.

Il faut convenir, à la gloire des lettres, que ceux qui les cultivent avec application et succès sont, en général, moins vindicatifs et moins haineux que les autres hommes. Ils disputent entre eux trop souvent avec la grossièreté, tout l'emportement de la colère, de l'orgueil blessé; mais il n'est pas rare de les voir ensuite se réconcilier avec sincérité: leur amour-propre est très-délicat et très-irritable; néanmoins il semble qu'il n'ait qu'un premier feu, et que la réflexion, ou, pour mieux dire, le charme de l'étude, en amortisse tous les ressentimens. La haine personnelle envenime le cœur; il y a toujours de l'atrocité dans ses desseins ou dans ses désirs: les haines littéraires n'ont point cette véhémence et cette férocité, et, à moins de noirceurs particulières dont on a vu peu d'exemples, elles ne détruisent ni l'humanité ni l'estime. Un bon écrivain est piqué plutôt qu'irrité d'une critique injuste : quand il a répondu, il se croit vengé; il n'y pense plus; et si son ouvrage est accueilli du public, le pardon des injures ne lui coûte guère.

On a remarqué que, dans le parlement d'Angleterre, ce sont les mauvais orateurs qui conservent une véritable rancune contre leurs adversaires; il en est de même parmi les auteurs : ceux qui sont dépourvus de talens sont quelquefois implacables; tous les traits lancés contre eux ont porté. Dans la carrière littéraire on n'opprime point un mérite supérieur; on n'y peut immoler que les sots : ceux-là sont donc très-excusables lorsqu'ils se montrent vindicatifs; le grand *tribunal d'appel* n'existe pas pour eux; ils savent que le public ne cassera point les arrêts dont ils sont les victimes, alors même que la sentence est injuste.

Ce n'est point le génie qui attire des persécutions; mais il faut admirer la Providence, qui a réglé que celui qui fait un pernicieux usage de ses talens, aura toujours lieu de s'en repentir. La véritable gloire fut souvent funeste aux héros; elle ne l'est jamais aux écrivains : elle ne leur suscite que de petites contradictions qui ne sont, au vrai, que des tracasseries puériles [1].

Si J.-B. Rousseau n'eût jamais profané ses talens par d'infâmes épigrammes, on ne l'auroit point accusé d'avoir composé les couplets qui causèrent sa perte; mais M. de Voltaire, avec tout son crédit, ses nombreux partisans et ses intrigues, n'a pu, dans aucun moment, affoiblir la gloire de ce grand poëte : il eut beau calomnier Fréron, ce dernier, dans ce temps même, passa toujours pour être un excellent critique. Si M. de Pompignan eût eu plus de goût et plus de grâce dans l'esprit, Voltaire n'auroit pu le tourner en ridicule. Au reste, toutes ces moqueries ne tomboient, en général, que sur la personne de M. de Pompignan; elles n'attaquoient point ses écrits.

Jamais la seule flatterie n'a fait naître un

[1] L'auteur ecrivoit ceci avant la révolution; et tout ce qu'on a vu depuis ne prouve rien contre ces réflexions. On ne peut juger sainement les hommes que dans les temps calmes et dans le cours ordinaire de la vie.

(Note de l'editeur)

véritable attachement; et les critiques littéraires ne peuvent inspirer qu'une haine superficielle et momentanée : ce qui n'affecte point l'âme ne peut inspirer une haine profonde. Il résulte de tout ceci que le cœur est délicat et plus sensible que l'amour-propre : c'est une vérité qui honore la nature humaine; malheur à ceux qui ont employé tout leur esprit à la combattre ! Je trouve, à l'appui de cette opinion, beaucoup de traits frappans dans l'histoire des littérateurs anglois; en voici quelques-uns.

Blackmore fut l'auteur d'un poëme intitulé *le Prince Arthur*, qui eut un grand succès dans ce temps. Dennis, célèbre critique, fit une satire sanglante de cet ouvrage, ce qui n'empêcha pas Blackmore de devenir par la suite son ami, et d'écrire que Dennis étoit égal à Boileau pour la poésie, et supérieur à lui pour la critique.

Spence fit une critique écrite avec politesse, mais très-détaillée, contre l'*Odyssée* de Pope. Ce dernier trouva cet ouvrage si bien fait qu'il désira en connoître l'auteur : il se lia avec lui de la plus intime amitié; et dans la suite, par son crédit et par ses amis, il contribua infiniment à l'avancement de sa fortune.

Antony Collins, qui fit un si mauvais usage de ses talens, possédoit une fort belle bibliothéque; on réfuta tous ses ouvrages, en prouvant qu'il faisoit de fausses citations : stratagème si souvent employé par nos philosophes irréligieux. Non-seulement Collins n'étoit point irrité de ces critiques, mais il ne refusoit jamais de prêter ses livres à ceux qui ne désiroient les avoir que pour réfuter ses ouvrages.

L'histoire dit que le fils de Crésus, né muet (sans surdité), prit subitement l'usage de la parole en voyant son père près d'être frappé par un soldat ennemi, et qu'un puissant effort de la nature déliant tout à coup ses organes, il s'écria : *Soldat, ne tue point Crésus!...* J'ai été témoin dans mon enfance d'une chose à peu près semblable, et qui m'a tellement frappée, quoique je n'eusse alors que sept ans, qu'elle est restée parfaitement présente à ma mémoire.

La comtesse de Sercey, ma tante, conduisit aux eaux de Bourbon-Lancy son mari, tombé en apoplexie, et paralytique de la moitié du corps. Il étoit depuis deux mois aux eaux, et toujours dans le même état, dans son lit, privé de la parole, ne donnant aucun signe de connoissance, ne pouvant faire le moindre mouvement de son bras droit, ni même soulever la main de ce côté, lorsque ma tante reçut une lettre de M. de Chézac, commandant de la marine (nous étions alors en guerre avec l'Angleterre), qui lui faisoit le détail d'une action extrêmement brillante du jeune Sercey, âgé de seize ans, qui servoit dans la marine [1]. Dans un combat, il s'élança le premier à l'abordage, et, malgré plusieurs blessures, il fit des prodiges de valeur. Le vaisseau ennemi fut pris, et, le combat fini, on questionna le jeune Sercey pour le panser, parce qu'il étoit couvert de sang : *Je crois*, dit-il, *que c'est le sang des*

---

[1] Ce jeune homme, qui donnoit de si belles espérances, mourut deux ans après. L'un de ses frères, engagé dans la même carrière dès l'âge de dix ans, a montré le même courage et le mérite et les vertus que les années peuvent seules développer.

(Note de l'auteur.)

Anglois, car je n'ai rien senti. C'étoit bien le sien : il avoit trois blessures, mais qui n'étoient pas dangereuses. Sa mère reçut, avec la lettre de M. de Chézac, un billet écrit de la main de son fils.

Madame de Sercey, pensant qu'il n'étoit pas impossible que son mari eût conservé une sorte de connoissance intérieure, résolut de lui lire ce détail. Il y avoit dans la chambre sept ou huit personnes; j'étois dans ce nombre. On ouvre tous les rideaux, on entoure le lit; je me mis à genoux sur un tabouret, au pied du lit, les yeux attachés sur le malade, qui parut ne faire aucune attention à tout ce mouvement. Mais quand ma tante, se plaçant à son chevet, eut prononcé le nom de son fils, en lui disant que cet enfant (qu'il chérissoit particulièrement) s'étoit couvert de gloire, une émotion très-marquée se peignit sur son visage; il regarda fixement madame de Sercey, qui lut alors à haute voix, et en prononçant doucement, la lettre de M. de Chézac. Lorsqu'elle eut fini, on vit deux larmes couler sur les joues du malade; et au même instant, soulevant ce bras immobile et glacé depuis trois mois, il joint ses deux mains, les élève vers le ciel, en s'écriant distinctement : *O mon Dieu !*..... Tout le monde fondit en pleurs : on crut le malade guéri ; mais ce miracle de la sensibilité ne fut produit que pour donner à ce tendre père une dernière jouissance paternelle : sa dernière lueur d'intelligence fut un mouvement passionné de joie et de gratitude pour l'Être-Suprême ; il recouvra toute son existence durant quelques minutes, il ne la reprit plus, et il mourut peu de mois après. J'ai décrit cette scène à un peintre, il y a deux ou trois ans, et on en a fait un tableau qui la représente assez fidèlement[1].

Mademoiselle Bagarotti, l'amie de madame la princesse de Conti, vient de mourir ; elle a laissé beaucoup de dettes : son bien et son mobilier n'ayant pu suffire pour les acquitter, il restoit quarante mille francs dont les créanciers se trouvoient frustrés. Madame la princesse de Conti, ne voulant point que la mémoire d'une personne qu'elle a aimée soit souillée d'une telle tache, s'est engagée avec

[1] Ce petit tableau est entre les mains de madame de Valence, ma fille.
(*Note de l'auteur.*)

les créanciers à payer cette somme entière de quarante mille francs; et, pour en acquitter sur-le-champ une partie, elle a vendu quelques diamans. Cette action est d'autant plus belle que madame la princesse de Conti est la moins riche de toutes les princesses; on peut même dire qu'elle est très-pauvre pour l'état que son rang l'oblige à tenir. Ceci me rappelle un mot touchant. M. *** étoit au lit de la mort; son ami intime, l'abbé de Lescar, le vit très-agité; et le pressant de lui confier ce qui l'inquiétoit, M. *** lui avoua qu'il avoit beaucoup de dettes, et qu'il croyoit que son bien ne suffisoit pas pour les acquitter. « Eh quoi! lui répondit l'abbé de Lescar, peut-on craindre de mourir insolvable, quand on laisse après soi un ami qui a de la fortune?.. » En effet, après la mort de M. ***, l'abbé de Lescar paya toutes les dettes, qui montoient à cinquante mille francs.

Le médecin de M. de *** lui a rendu compte d'une conversation qu'il a eue ces jours-ci avec madame de ***. J'ai fait sur ce sujet un dialogue que voici :

DIALOGUE

ENTRE UNE FEMME SAVANTE ET SON MÉDECIN.

ALCINDE.

Ah ! mon cher docteur, vous me voyez dans un ravissement, dans un enthousiasme, dans une extase !...

LE MÉDECIN.

Vous vous portez donc bien ; car c'est là votre état naturel....

ALCINDE.

Connoissez-vous le dernier ouvrage de M. de La ***** [1] ?

LE MÉDECIN.

Vous l'avez lu ?

ALCINDE.

Je l'ai dévoré.

LE MÉDECIN.

Vous êtes affamée de sciences...

ALCINDE.

Oui, lorsqu'elles produisent ces découver-

---

[1] *Recherches sur l'Organisation des Corps*, etc. ; par J.-B. Lamarck, etc. (Note de l'auteur.)

tes : ce ne seroit pas la peine d'étudier pour n'apprendre que ce que savoient nos pères.

LE MÉDECIN.

En effet, nous avons de plus qu'eux l'expérience de plusieurs siècles, nous devons les surpasser.

ALCINDE, montrant l'ouvrage de M de La ****.

Ah! comme ce livre-là les recule de nous!... Par exemple, nos ancêtres se sont-ils jamais douté que l'existence des cyclopes n'est nullement chimérique?

LE MÉDECIN.

Comment?

ALCINDE.

Quoi! vous ne vous rappelez pas la recette pour faire des cyclopes, que donne M. de La *****? rien de plus simple. La voici : Prenez deux enfans nouveaux nés, mâle et femelle; masquez-leur l'œil gauche; mariez ces deux borgnes artificiels, quand ils seront grands; faites la même opération aux enfans mâles et femelles qui naîtront d'eux : quand ces derniers auront vingt ans, obtenez une dispense du pape pour les marier ensemble. Suivez le même procédé sur leurs enfans;

masquez toujours les yeux gauches; mariez toujours les frères et les sœurs; et au bout de quelques générations, vous aurez le plaisir de voir ces yeux gauches *s'oblitérer, disparoître*, et l'œil droit se déplacer petit à petit et se fixer au milieu du front [1]...

LE MÉDECIN.

Oui, cela est clair et démontré; et voilà des *cyclopes*. Nous avions déjà trouvé le secret de faire à volonté des filles et des garçons, ou des enfans beaux et spirituels [2].

ALCINDE.

Cela est joli; mais, docteur, je vous en demande pardon, j'aime mieux la découverte de M. de La *****.

LE MÉDECIN.

Observez aussi, madame, que puisque l'on peut créer des *cyclopes*, il sera tout aussi facile de faire des centaures, des faunes, des satyres, etc.

ALCINDE.

Mais comment n'ouvre-t-on pas une souscription pour faire d'aussi belles choses?

[1] Extrait fidèle de l'ouvrage cité.
[2] Nous possédons deux savans ouvrages sur ce sujet.

(Notes de l'auteur.)

LE MÉDECIN.

Prenez patience, on en viendra là.

ALCINDE.

Pour une telle chose je donnerois, s'il le falloit, tout ce que je possède. Oh! si je pouvois faire un *centaure*, un petit Chiron!.. Que les détracteurs de la philosophie nous disent à présent que les esprits forts ne mettent rien à la place de ce qu'ils détruisent! Les métaphysiciens, il est vrai, nous ôtent la religion ; mais ils nous rendent la fable.... que dis-je? ils la réalisent.

LE MÉDECIN.

Quelle époque pour les amateurs de l'antiquité et de la mythologie!

ALCINDE.

Tout ce qu'on révéroit comme des vérités n'étoit que des chimères; tout ce qui ne plaisoit que comme des fictions étoit possible, étoit vrai! Quelle découverte! Nos moralistes radotoient, nos poëtes seuls avoient raison. Cela est charmant : car, assurément, j'aime mieux croire Homère et Ovide que Nicole et Pascal.

LE MÉDECIN.

Beaucoup de gens seront de notre goût. Mais, madame, que dites-vous de ce beau système par lequel on nous démontre qu'il *n'y a point d'espèces dans la nature, mais seulement des individus;* que les races s'améliorent et peuvent, avec le temps et des circonstances favorables, passer d'une classe inférieure à une classe supérieure, et que les classes parvenues au *maximum* de l'organisation, peuvent descendre et déchoir [1]?...

ALCINDE.

Tout cela me paroît lumineux et sublime, c'est la métempsycose philosophique. Et comme ce système est moral! comme il anéantit l'orgueil et toutes les idées d'une vaine gloire!... Oh! les vrais précepteurs du genre humain sont ceux qui nous rangent dans la classe des animaux; c'est attaquer l'amour-propre dans sa véritable source;... c'est mieux que le combattre, c'est le détruire. Pour moi, quand je songe que je ne suis qu'une *mammifère*, je me sens d'une modestie....

[1] Même ouvrage. (Note de l'auteur.)

LE MEDECIN.

Et comment n'auroit-on pas une insupportable fierté, lorsqu'on croit à l'immortalité de l'âme, lorsqu'on est persuadé qu'on peut correspondre avec un être tout-puissant, créateur des cieux et de la terre ?

ALCINDE.

Quelle enflure, quelle hauteur ces opinions doivent donner !.....

LE MÉDECIN.

Nous autres *mammaux*, nous sommes tout naturellement disposés à nous mépriser nous-mêmes.

ALCINDE.

C'est pourquoi les philosophes sont si humbles, et font si peu de cas de la réputation et de la gloire.

LE MÉDECIN.

Sans doute ; nous savons qu'un héros peut descendre d'un reptile, et que ses petits-enfans peuvent devenir des huîtres.

ALCINDE.

On devroit écrire cela en lettres d'or sur le char des triomphateurs, et sur le trône de tous les rois.

LE MÉDECIN.

Oui, ce seroit une grande et belle leçon.

ALCINDE.

On disoit jadis au triomphateur romain : *Souviens-toi que tu n'es qu'un homme.* Il seroit bien plus énergique de dire : *Souviens-toi que tu n'es qu'une bête.*

LE MÉDECIN.

Du moins c'est ce que les savans répètent à tous les grands de la terre dans leurs livres : cela est franc.

ALCINDE.

Que de récompenses mériteroit tant de candeur et de sincérité !

LE MÉDECIN.

On a tellement encensé les princes dans les siècles passés !

ALCINDE.

Oui, les chefs des nations ne se doutoient pas alors qu'ils n'étoient que des *mammaux*...

LE MÉDECIN.

Il n'y a pas quatre-vingts ans qu'un flatteur leur disoit encore qu'ils sont *la providence visible* des infortunés[1].

---

[1] Massillon.

ALCINDE.

Quelle fadeur!

LE MÉDECIN.

Ne persuadoit-on pas aussi aux souverains bienfaisans qu'ils étoient les images de la Divinité? Quelle vanité n'avoient-ils pas lorsqu'ils rendoient leurs sujets heureux! Pour leur ôter cet enivrement ridicule, il a fallu leur dire nettement, *Il n'y a point de Providence, il n'y a point de Divinité*, et de plus, leur déclarer qu'ils ne valent pas mieux que les chevaux qu'ils nourrissent dans leurs écuries.

ALCINDE.

On n'auroit jamais pu les corriger à moins.

LE MÉDECIN.

Et les peuples ne divinisoient-ils pas leurs maîtres, dès qu'ils étoient contens de leur gouvernement?...

ALCINDE.

Ah! maintenant ils sont éclairés; la gloire et les bienfaits ne les rendront plus idolâtres...

LE MÉDECIN.

Voilà pourtant ce que l'on doit aux sciences et à la philosophie..... Et la médecine, quels progrès n'a-t-elle pas faits?

ALCINDE.

Cependant, docteur, on prétend que, dans le siècle de Louis XIV, les octogénaires et les centenaires étoient infiniment plus communs que de nos jours.

LE MÉDECIN.

Cela peut être ; mais un fait certain, c'est que les médecins de ce temps n'appliquoient point l'électricité à la médecine, et ne connoissoient point le galvanisme dont nous tirerons un si grand parti.

ALCINDE.

Le galvanisme n'a-t-il pas déjà guéri des aveugles ?

LE MÉDECIN.

Non, pas encore ; mais il leur cause de vives douleurs...

ALCINDE.

En médecine, c'est toujours un premier pas...

LE MÉDECIN.

Assurément. Le temps fera le reste : on a obtenu de merveilleux résultats des expériences sur les différens gaz.

ALCINDE.

On ne niera plus maintenant leurs propriétés énergiques.

LE MÉDECIN.

Ah! il n'y a plus moyen : car les dernières expériences ont causé à M. de V*** le plus violent crachement de sang... Voilà des faits, et il est clair que des préparations mieux ménagées produiront des effets plus heureux. Et nos essais sur les poisons!

ALCINDE

Cela, par exemple, est d'une utilité!...

LE MÉDECIN.

Les poisons n'offrent point encore de remède curatif; mais il n'a résulté jusqu'ici, de leur emploi, qu'un assez petit nombre d'accidens graves : peu de victimes, et des probabilités d'espérances pour l'avenir, c'est tout ce qu'on peut demander d'abord....

ALCINDE.

On doit convenir qu'il falloit une hardiesse, un courage admirable, pour oser employer des substances si pernicieuses...

LE MÉDECIN.

Et à des doses!... Certainement les Boerhave, les Sydenham, les Guénaut, les Morin, etc., n'eussent jamais tenté de pareilles choses.

ALCINDE.

Enfin, ces anciens médecins n'étoient ni littérateurs, ni philosophes, ni métaphysiciens ; et les nôtres!...

LE MÉDECIN.

Et puis les anciens n'écrivoient que sur la médecine; et certes, il n'est pas étonnant qu'un médecin sache raisonner sur son art : mais nous, dans nos livres, nous parlons de tout autre chose. Eh bien! on lit Tissot, on vend Tissot, et nos livres restent chez le libraire.

ALCINDE.

On est si frivole !

LE MÉDECIN.

Et si ingrat ! On aime *les résultats* de notre métaphysique; ils débarrassent d'une infinité de préjugés incommodes, et nos démonstrations paroissent ennuyeuses...

ALCINDE.

On veut comprendre, on veut s'amuser,

que ne veut-on pas ? Il faut écrire pour sa conscience, et compter pour rien les lecteurs.

LE MÉDECIN.

Mais malheureusement les libraires les comptent pour beaucoup.

ALCINDE.

Il s'agit d'achever d'éclairer la terre. Pour un si grand dessein, les métaphysiciens doivent savoir braver les imprimeurs, et même, s'il le faut, se moquer du public.

LE MÉDECIN.

C'est ce que nous faisons.

―――

Que signifie cette phrase ? *Il est dans sa destinée d'être ou d'éprouver telle chose.* Cela s'explique tout naturellement : notre caractère fait notre destinée. Les personnes communes n'ont point, par cette raison, de *destinée*, elles appartiennent au hasard. Une femme jolie, spirituelle, et qui a de l'originalité dans les idées, doit avoir une vie remplie d'événemens extraordinaires. Si elle joint à cela de la souplesse, si elle peut se résoudre à cultiver les gens qui l'ennuient ou qu'elle méprise, si elle ne préfère pas ceux qui lui plaisent à ceux qui lui peuvent être utiles, sa *destinée* sera aussi brillante que singulière. Un homme qui a du génie, du courage, une volonté ferme et de la persévérance, doit toujours réussir; on peut dire : il est dans sa destinée de triompher de tout.

Le comte de Chabot, depuis duc et frère de M. de Jarnac, a le plus grand succès auprès des femmes. On répète qu'il est impossible d'avoir plus d'esprit, plus de grâce et plus de séduction. Il n'est pas beau; il bégaie, il est toujours distrait ou silencieux dans un cercle; il ne parle jamais que tout bas, et presque tout ce qu'on dit ainsi aux femmes leur paroît fin et délicat : car alors on ne leur parle que d'elles. Dans la conversation générale, le comte de Chabot est absolument nul : il se chauffe, il baguenaude, il n'écoute pas; mais il finit par aller s'établir auprès d'une femme, dont il s'empare pour toute la soirée. Il se met à table à côté d'elle, il ne voit qu'elle, et communément il a l'art de fixer sur lui toute son attention; il faut en effet de l'application pour l'entendre et pour le comprendre : il dit à l'oreille de petites phrases coupées dont le sens n'est jamais clairement exprimé; on veut deviner, on veut répondre dans le même langage. Ces dialogues énigmatiques ressemblent à ces conversations de bal dans lesquelles le masque réputé le plus aimable est toujours celui qui sait le mieux tourmenter et dérouter les gens qu'il attaque. Cette espèce de galanterie n'est, dans le comte de Chabot, qu'un simple jeu de coquetterie. Il la prodigue tour à tour à toutes les femmes à la mode; elle est à tous les yeux sans conséquence, quoiqu'elle ait tourné beaucoup de têtes. Une jeune femme, après avoir causé tout bas deux heures avec le comte de Chabot, dit bonnement à son mari, sans lui donner d'ombrage, que le comte de Chabot a été charmant. Il est singulier d'établir de la sorte un tête-à-tête au milieu d'un cercle, sans que personne le trouve mauvais; et il n'est pas maladroit de se faire ainsi, à la sourdine, une réputation d'esprit et d'agrément, sans faire de frais dans la société, et même en paroissant la compter pour rien.... Mais le comte de Chabot n'efface personne, il ne brille jamais au grand jour, il ne plait qu'à l'écart; et, dans le monde, les choses qui ont de l'éclat sont presque les seules qu'on envie.

———

Madame de *** n'a jamais d'elle-même porté un seul jugement : ce n'est point par modestie ; mais c'est par une incapacité si absolue, qu'elle ne peut se faire illusion à cet égard, quoiqu'elle ait l'espoir de le cacher aux autres. Elle a un ton sentencieux et tranchant ; elle répète affirmativement ce qu'elle entend dire aux gens qui passent pour avoir de l'esprit. Sa confiance n'est jamais fondée que sur la réputation ; nul être au monde ne pourroit l'obtenir personnellement. Il en est ainsi de son amitié : elle n'aime point, ne s'attache point, elle ne recherche que ceux qui sont le plus recherchés dans la société. Sa politesse pourroit donner à un étranger l'idée la plus exacte de la considération des individus qui composent le cercle où elle se trouve. Elle est cérémonieuse avec les personnes d'un rang élevé, elle applaudit les beaux-esprits, elle fait des avances aux femmes à la mode ; quant aux gens simples et réservés, qui n'ont ni éclat, ni renommée, elle ne les écoute pas, ne les regarde pas, elle ne daigne pas les entrevoir. Enfin, elle est toujours éblouie du mérite faux ou vrai, lorsqu'il est reconnu ou prôné; et jamais elle n'aura la gloire et le plaisir si doux de le découvrir quand il est timide et sans prétention. Ce caractère-là est bien commun dans le grand monde, et j'avouerai que je n'en connois point de plus haïssable.

Combien on a fait de tort à la société! combien on a gâté de caractères, en se moquant de tant de qualités précieuses, si utiles dans le commerce de la vie! J'entends répéter universellement que *les gens méthodiques sont insupportables.* Et pourquoi? parce qu'ils poussent jusqu'au scrupule l'ordre et l'exactitude; qu'ils répondent avec précision quand on leur écrit; qu'ils ne manquent jamais un rendez-vous, et y arrivent toujours à l'heure indiquée; qu'ils ne perdent rien de ce qu'on leur confie, qu'ils n'oublient rien de ce qu'ils ont promis, et que l'on peut compter fermement sur leur parole. Pour moi, j'aurai toujours *l'indulgence de supporter* ces gens-là, et j'avoue, qu'au contraire, je ne m'accommode point du tout de ces gens occupés, affairés et distraits, qui ne portent dans les affaires et la société, que de la négligence, de l'inexactitude et de l'oubli. Je veux bien croire que de tels défauts sont des preuves incontestables de génie, et qu'ils n'appartiennent qu'aux esprits supérieurs; mais j'ai la petitesse d'aimer la probité délicate et minutieuse, l'ordre et la sûreté jusque dans les détails journaliers de la vie.

———

Hier au soir, le comte d'Osmond, entrant dans le salon du Palais-Royal, en sortant de l'Opéra, voulut conter une histoire; mais, par l'effet de sa distraction ordinaire, il s'arrêta tout court, parce qu'il ne put jamais se rappeler le nom du principal personnage : « C'est, disoit-il, un homme que nous connoissons tous, c'est le mari de madame de Canillac. Il est inouï que j'aie oublié son nom; aidez-moi donc. Vous riez !... Vous savez, j'en suis sûr, de qui je veux parler... » Au lieu de lui répondre, on éclatoit de rire. Après l'avoir bien impatienté, on lui apprit enfin que *le mari de madame de Canillac* s'appelle M. de Canillac. Alors il conta l'histoire que voici.

M. de Canillac, voulant venir souper au Palais-Royal, traversoit le théâtre de l'Opéra, et s'étant accroché, je ne sais comment, à une coulisse, il a été totalement décoiffé. Il s'est écrié que cet accident le désoloit, parce qu'il n'osoit se présenter en cet état chez madame la duchesse de Chartres. Là-dessus Larrivée, qui étoit encore en habit d'Agamemnon, s'est avancé en disant, qu'ayant jadis été perruquier, il n'avoit point oublié son premier métier, et qu'il alloit raccommoder cette coiffure en désordre. En effet, il l'a retapé, repoudré à blanc, et coiffé à ravir, sans se donner le temps de quitter son superbe costume. M. de Canillac, ainsi frisé de la main *du roi des rois de la Grèce*, est arrivé triomphant; tout le monde l'a entouré, on ne regardoit que ses cheveux, et jamais les plus belles coiffures de Gardanne [1] n'ont reçu autant d'éloges.

[1] Perruquier alors à la mode. (Note de l'auteur.)

Aujourd'hui, à trente ans, je suis entrée dans un couvent cloîtré (Belle-Chasse), pour y passer quatorze ou quinze ans, consacrée à des devoirs qui occuperont toutes les heures de mes journées ; de sorte qu'il faudra prendre sur mon sommeil pour me livrer à mon goût pour écrire. Quant à la musique, je la cultiverai en l'enseignant. Du moins, j'ai fait quelques beaux voyages avant de m'ensevelir ici : j'ai été dans quelques parties de l'Allemagne, dans toutes les provinces de la France, en Suisse, en Hollande, en Italie. Je regrette bien de n'avoir pu aller en Espagne, en Portugal, en Angleterre ; mais je trouverai le moyen de faire ce dernier voyage. Je n'ai point parlé de mes voyages dans ce livre de *Souvenirs*, parce que j'en ai fait des journaux particuliers.

Je connois un homme (M. Gillier) qui a reçu trois soufflets, et qui a tué les trois hommes qui, à différentes époques, les lui avoient donnés. M. Gillier étoit militaire, il a servi long-temps, et vaillamment, dans l'Inde. Il a une taille d'Hercule, et il n'est pas querelleur.

On dit que les *lieux communs*, les maximes, les opinions proverbiales, etc., ne sont devenus des *lieux communs*, que parce que ces espèces de sentences sont remplies de bon sens, de justesse, et souvent de profondeur. Cela est vrai pour un très-grand nombre de proverbes et d'adages vulgaires; cela est faux pour une partie des *lieux communs* les plus répandus, et surtout pour ceux qui ont été créés dans des temps d'orage et de corruption. Les temps de la Ligue, de la Fronde et de la dernière régence ont dû produire de pernicieux *lieux communs*. Les factieux et les scélérats s'autorisent par des discours et des sophismes plus ou moins séduisans ; on en retient quelques phrases spécieuses : ces phrases sont citées, elles passent de bouche en bouche, elles deviennent proverbes, et malheureusement elles restent. De mauvais ouvrages sont réfutés, et tombent dans l'oubli en perdant leur réputation; des proverbes peuvent vivre toujours sans honneur : la gloire n'est pas nécessaire à leur immortalité ; la seule habitude les éternise. Cependant, ce sont les *lieux communs* qui gouvernent les trois quarts de la société : ils font toute l'instruction des ignorans, toute la morale des gens sans principes, tout l'esprit des sots et d'un grand nombre d'auteurs, de journalistes, etc. Ils se glissent avec une égale facilité dans les palais et dans les chaumières; ils ont une autorité sans éclat, mais soutenue et puissante. Attaquer cette puissance sourde et populaire, ce code clandestin qui se trouve si souvent en contradiction avec les vues saines et profondes des grands législateurs, ce seroit certainement un utile emploi de la raison.

Le lieu commun le plus reçu est celui-ci : que *nul n'est responsable de ce qu'il écrit dans une lettre, parce que le secret des lettres est sacré.*

Toutes les fois que l'on voudra établir égalité de procédés entre les chefs et les sujets d'un état, on tombera dans des erreurs absurdes. Le secret des lettres est sacré entre particuliers ; on commet une insigne bassesse quand on viole ce secret pour satisfaire sa curiosité ou ses passions particulières. Mais, dans les chefs qui nous répondent de la sûreté publique, cette même action n'est qu'une surveillance nécessaire, et d'autant moins susceptible d'être censurée, que tout le monde sait qu'elle s'exerce. Celui qui s'expose à ce danger ne doit être surpris ni de la découverte de son délit, s'il a écrit des choses coupables, ni de sa punition ; il savoit qu'on intercepte des lettres, qu'on les ouvre à la poste, et qu'on arrête des courriers particuliers, pour peu qu'ils paroissent suspects.

Il y a environ six mois que l'on vola ici la valeur de dix mille francs d'argenterie, pendant que nous étions au Raincy, où nous ne passâmes qu'une journée. Il m'a été impossible de découvrir l'auteur de ce vol, ni même de pouvoir former un soupçon à cet égard. Hier, M. le curé de Saint-Eustache me fit demander à me parler en particulier : c'étoit pour m'annoncer qu'il me rapportoit la restitution du vol. Nous sommes à la fin du carême, et le voleur a voulu faire ses pâques. Si, au lieu d'avoir été élevé dans la religion catholique, il n'eût connu que la religion des philosophes, il auroit pensé, comme Figaro, que ce qui est bon à prendre est bon à garder. Deux hommes ont apporté dans ma chambre la caisse qui contenoit l'argenterie. M. le curé de Saint-

Eustache a désiré que la restitution fût vérifiée en sa présence. On avoit effacé toutes les armes, rompu quelques cuillères, et ployé en deux trois plats; mais tout s'y trouvoit, il n'y manquoit pas une seule pièce.

———

J'ai fait aujourd'hui une visite à madame Necker, et j'ai trouvé chez elle M. Vatelet et madame Le Comte. Il me paroissoit plaisant de voir chez une femme très-austère ces deux vieux amans qui logent ensemble et qui sont toujours inséparables. Il faut avoir tout le courage philosophique, pour oser produire ainsi sa vieille maîtresse de cinquante-cinq ans, très-ennuyeuse, très-bornée, qu'on a jadis enlevée à son mari pour vivre avec elle sans aucun mystère. Le pauvre M. Le Comte se consola en faisant du vinaigre et de la moutarde; mais il est inconcevable qu'un tel scandale soit toléré dans le monde. Si madame Le Comte étoit bien spirituelle et bien brillante, on seroit indigné de l'effronterie de ce commerce, on verroit un motif de passion qui rappelleroit l'idée de ce désordre. Mais rien n'y fait penser; le vice bien froid, dénué de passion et d'agrémens, ne frappe personne; au grand jour, même il reste obscur; il n'est vivement censuré que lorsqu'il excite l'envie par l'éclat des tale...

J'ai été aujourd'hui à la Comédie-Françoise, voir jouer *Zaïre*. Les jugemens littéraires d'une femme très-ignorante sont sans conséquence; ainsi, je dirai sans détour que cette pièce me paroît extravagante d'un bout à l'autre, et que le premier acte est bien mal écrit. La scène deuxième du premier acte, entre Orosmane et Zaïre, ne peut paroître belle que par l'illusion produite par l'admirable déclamation de Le Kain. Dans la première scène, Zaïre a dit qu'elle aime, qu'elle est aimée, qu'Orosmane veut l'épouser; et dans la scène suivante, Orosmane fait sa déclaration, et demande s'il est aimé. D'ailleurs, dans une tirade énormément longue adressée à sa maîtresse, qui a quinze ans, il parle de politique, et des califes, et de Mahomet, et de Bouillon et de Saladin, etc. Que signifient ces vers?

J'ai cru sur mes projets, sur vous, sur mon amour,
Devoir *en musulman* vous parler sans détour.

Les *musulmans* n'ont jamais eu la réputation d'être plus sincères que les autres hommes, et, comme je viens de le remarquer, il lui a déjà parlé *sans détour* sur tout cela, puisque Zaïre vient de confier à Fatime qu'il l'aime et veut l'épouser.

> Les soudans qu'à genoux cet univers contemple,
> Leurs usages, leurs droits ne sont point mon exemple.

Peut-on dire que l'on ne prend point des *usages* et des *droits* pour exemple?

Il dit que l'univers est à genoux devant les soudans, il est sur ce trône, et il ajoute qu'il est

> Maître encore incertain d'un trône qui chancelle.

L'univers n'est point à genoux devant un tel trône.

Voici des vers bien indignes de la décence et de la majesté de la tragédie, et par l'idée et par l'expression :

> Je sais que notre loi, favorable aux plaisirs,
> Ouvre un champ sans limite à nos vastes désirs,
> Que je puis, à mon gré prodiguant mes tendresses,
> Recevoir à mes pieds l'encens de mes maîtresses ;
> Et, tranquille au sérail, dictant mes volontés,

> Gouverner mon pays du sein des voluptés.
> Mais la mollesse est douce et sa suite est cruelle.

Dans ce dernier vers, le *mais* est mal placé; il falloit pour le sens : *la mollesse est douce, mais sa suite est cruelle.*

> Je me croirois haï d'être aimé foiblement.

Ce vers n'est pas françois.

> Je veux avec excès vous aimer et vous plaire.

Il a voulu dire : *Je veux vous aimer et vous plaire à l'excès.* Il est assez ridicule de déclarer que l'on veut *plaire* avec excès.

> Et du nœud de l'hymen l'étreinte dangereuse
> Me rend infortuné *s'il* ne vous rend heureuse.

L'étreinte dangereuse n'est pas une heureuse expression, et le dernier vers renferme la plus lourde faute de langage; il faudroit : *me rend infortuné si* elle *ne vous rend heureuse.* M. de Voltaire a fait la même faute dans *Nanine* :

> De votre esprit la naïve justesse
> Me rend surpris autant qu'*il* m'intéresse.

Il s'agit de la *naïve justesse*, il falloit donc : *Autant qu'elle m'intéresse.*

Dans la scène troisième du premier acte de *Zaire*, Nérestan dit :

> J'arrache des chrétiens à leur prison funeste,
> Je remplis mes sermens, mon honneur, mon devoir,
> Il me suffit.....

A-t-on jamais dit : Je remplis mes sermens, je remplis mon honneur ?

Si l'on fait jamais des commentaires sur les pièces de Voltaire, le grand Corneille sera bien vengé. Cependant le second acte de *Zaire* est bien beau, et, malgré beaucoup d'invraisemblances, il y a un grand intérêt dans le reste de la pièce. En dépit des critiques les mieux fondées, *Mérope*, *Alzire*, *Sémiramis*, *Mahomet*, paroîtront toujours des pièces très-théâtrales et très-brillantes, et *Brutus*, à mon gré la meilleure de toutes, est un admirable ouvrage.

Le duc de Guines a eu beaucoup de succès auprès des femmes, quoiqu'il ne soit ni beau, ni bien fait. Il n'a précisément que l'esprit nécessaire pour saisir les petits ridicules qui viennent du manque d'usage du monde, et pour s'en moquer d'une manière assez plaisante, quoique peu variée. Il conte avec une brièveté et une certaine originalité qui font rire ; mais ses contes ne sont jamais que des moqueries des provinciaux et des gens de mauvais ton. Il ne peut être aimable qu'aux yeux des personnes du grand monde ; dans toute autre classe il seroit sans esprit, il seroit nul. Voilà des agrémens bien frivoles et un bien petit mérite ; mais aujourd'hui on parvient à tout avec cela : on est comblé des grâces de la cour, on est ambassadeur, on a le cordon bleu, etc.

Il y a parmi les gens de la cour une réputation d'un grand genre, bien plus extraordinaire encore, celle de l'archevêque de Sens[1] : c'est un homme qui a une tournure froide, noble et polie, un air décidé, un ton tranchant, mais de la manière la plus laconique ; il ne s'engage jamais dans une discussion ; il décide impérieusement d'un mot, puis il se tait. Cette décision est si ferme, elle a je ne sais quelle simplicité d'assurance si naturelle, que souvent elle en impose : il semble qu'un homme qui affirme si froidement et si positi-

[1] M. de Brienne.

vement, ne sauroit se tromper. Mais veut-on essayer de le combattre, il sourit et garde un silence obstiné; insistez-vous, il brise l'entretien, parle d'autre chose ou vous quitte. Cette arrogance muette, ou, pour mieux dire, cette impuissance déguisée de répondre, passe pour une supériorité transcendante, qui dédaigne de réfuter des objections vulgaires. Ainsi, le refus du combat ou la retraite sont toujours pour lui des victoires. Sans qu'on ait jamais pu recueillir de lui un bon mot ou une phrase spirituelle, il passe pour l'homme du monde qui a le plus d'esprit et de génie. Il seroit, dit-on, un grand surintendant des finances, et un premier ministre parfait. Sur quels fondemens repose cette éclatante réputation? Qu'a-t-il fait? les mandemens les plus communs et les plus médiocres. Est-il un éloquent orateur? a-t-il rappelé dans la chaire chrétienne les talens d'un Bossuet? nullement: il ne prêche point. A-t-il fait quelque opération de finance? aucune : avec plus de deux cent mille livres de rentes, sans magnificence et sans libéralité, il a fort dérangé ses affaires, il est abimé de dettes. Mais il a connu que la charlatanerie vaut mieux aujourd'hui que le mérite; et la profondeur de son mépris pour la cour a mieux servi son ambition, que ne l'eussent pu faire les talens qu'on lui attribue. Il a soigneusement cultivé les femmes ambitieuses et intrigantes. Dans un salon, au milieu de trente personnes, il en emmène deux ou trois l'une après l'autre dans l'embrasure des fenêtres; là, il parle, il écoute, il répond, il promet surtout.... Tout le monde envie la femme heureuse qui jouit d'une telle distinction, et cette femme revient de là avec un air qui semble dire :

Sa confidence auguste a mis entre mes mains
Des secrets d'où dépend le destin des humains [1].

Elle dit du moins l'équivalent à ses amis, et elle déclare qu'il est impossible d'avoir plus d'esprit et de plus *grandes vues*. En outre, l'archevêque de ******* s'est fait de zélés partisans parmi les beaux-esprits philosophes qui ont le plus d'influence sur l'opinion publique : il a pu les gagner si facilement! Ses mœurs et sa conduite annoncent tant de philosophie!... Enfin, il a remarqué que la cour, toujours incertaine dans ses choix, et plus inconstante encore dans sa faveur, finit tou-

[1] Racine.

jours par élever au ministère ceux que le public a désignés ; et depuis long-temps, dès qu'il est question du renvoi d'un ministre, on parle de l'archevêque de *******; il atteindra son but, et ce sera son écueil. On peut bien parvenir par l'intrigue ; mais dans des temps orageux et difficiles, on ne peut se maintenir dans une place éminente que par les talens et les lumières [1].

M. Vatelet vient de mourir en frustrant ses héritiers et ses créanciers, pour laisser tout à sa maîtresse. Voilà les philosophes !... L'amour illégitime, ancien ou nouveau, est hideux dans un testament. Je voudrois que l'on flétrît la mémoire de ceux qui font des testamens de ce genre.

Un homme qui mérite toute confiance me citoit aujourd'hui un mot admirable d'un paysan. C'étoit à la campagne : un militaire

---

[1] Cette prédiction a été accomplie. Il a été depuis premier ministre, et, par son incapacité et sa présomption, il a beaucoup contribué à la révolution.

(Note de l'auteur.)

d'un grade supérieur exigeoit d'un fermier un travail qu'il n'avoit pas le droit de lui prescrire ; le fermier refusant, le militaire lui dit : « Il faut faire ce que je désire, ou je vous donnerai vingt coups de bâton. — Monsieur, répondit le fermier d'un ton calme ; je ne vous le conseille pas, vous n'auriez pas le temps de les compter. » Que d'esprit, que de finesse et que de fierté dans cette réponse ! Le militaire ne répondit rien, et la vexation n'eut pas lieu.

On m'a conté que madame de Biron[1] se trouvoit à la comédie hier, où le parterre étoit fort tumultueux : on jeta deux oranges dans sa loge ; et comme dans ce moment M. de La Fayette entroit dans sa loge, elle lui présenta les oranges en lui disant : « Monsieur le marquis, voilà des *fruits* de la révolution. »

« Avec un bon cœur, on peut bien naturellement s'attendrir sur les malheurs de ses ennemis ; mais il faudroit une grande perfection de caractère pour ne pas se divertir de leurs ridicules et de leurs sottises..... Hélas ! j'en

[1] Duchesse de Lauzun.

suis bien loin : car j'avoue que j'ai été charmée du *Prospectus* que M. de Rivarol vient de publier de son *Dictionnaire de la langue françoise* [1], et de son *Épître à sa maîtresse*, mauvaise imitation de la jolie *Épître à Fanchon*, de M. de Tressan. Voici quelques vers de l'Épître de M. de Rivarol : après avoir loué sa maîtresse sur son aimable ignorance, il ajoute :

> Vous qui ne connoissez de plumes qu'aux oiseaux,
> Vous qui m'offrez souvent l'aide de vos ciseaux
> Dans les difficultés que l'étude m'oppose,
> Ou quelques bouts de fil pour coudre mes propos;
> Etc., etc.

Le poëte termine ainsi cette jolie pièce de vers :

> Ayez toujours pour moi du goût comme un bon fruit.

Et c'est ce même auteur qui dit modestement : « Je sais qu'on me trouve très-sévère en fait d'admiration; mais à qui la faute? j'ai devancé mon siècle. »

---

[1] Détestable ouvrage que les Allemands reçurent si mal, que l'auteur, qui le donnoit par souscription, n'acheva pas le premier volume.
(Note de l'auteur.)

Je crois que c'est Bacon qui a dit : qu'avec un peu de philosophie on est incrédule, qu'avec beaucoup de philosophie on croit tout ce que la religion nous enseigne. Il est certain que les impies n'ont jamais eu ni véritable élévation d'âme, ni profondeur d'esprit. Ils sont très-inconséquens, irréfléchis et superficiels. Nous serons toujours religieux quand nous sonderons bien notre cœur, quand nous nous rappellerons nos actions passées et leurs résultats, et quand nous saurons observer ce qui se passe sous nos yeux.

Que cette parole de la sagesse divine est admirable : *Jugez-vous, et vous ne serez point jugés!* C'est qu'indépendamment du repentir que doivent nous inspirer nos fautes, nous ne pouvons nous juger équitablement sans être indulgens pour les autres, et en même temps sans reconnoître que tout ce que Dieu nous prescrit est éminemment juste et sage, et que tout ce qu'il nous défend n'est qu'imprudence et vanité. Ainsi donc, la foi naîtra toujours de l'équité de nos jugemens sur notre conduite et sur nos mœurs. Tous nos malheurs viennent de nos défauts, de nos vices et de nos passions. L'homme parfaitement vertueux sera toujours sage, aux yeux même de ceux qui ne jugent que d'après des vues humaines. La vertu seule donne la véritable prudence. La prudence du vice est sans plan, elle s'applique à quelques actions isolées, et se dément dans mille occasions. La prudence du sage s'étend sur toute la vie ; elle est produite par des principes invariables.

Que demande l'incrédule, pour croire à la Providence ?.... qu'elle soit, dans tous les temps, constatée par des faits certains et frappans. Chacun de nous pourroit la reconnoître, cette Providence divine, en réfléchissant seulement aux suites de ses actions bonnes et mauvaises. Et de nos jours les faits éclatans ne manquent pas !... En voici un que j'ai recueilli ici, et dont toutes les circonstances sont bien remarquables. La loi oblige dans ce lieu[1] toute fille séduite, près de devenir mère, à faire sa déclaration en justice ; cette formalité remplie, on conduit la fille dans un hospice, où elle est soignée avec la plus grande humanité ; elle ne quitte cet asile que six semaines

[1] Bremgarten, en Suisse.

après ses couches, et alors elle subit la plus étrange ignominie. Le bourreau vient la prendre en plein jour, la couronne de paille, et lui fait traverser toute la ville au milieu d'une troupe de polissons qui se rassemblent autour de cette infortunée, et qui la poursuivent en lui jetant de la boue; les huées, les insultes de tout genre l'accompagnent jusqu'aux portes de la ville; là, le bourreau lui donne *trois coups de pied dans le derrière* (tels sont les termes de la loi), et la met ainsi hors des portes de la ville. Il est vrai qu'elle est maîtresse d'y rentrer le lendemain; mais, après un tel traitement, on ne profite guère de cette permission. Ces malheureuses deviennent presque toutes des filles publiques, ou bien elles sont forcées de mendier leur pain. Dans les commencemens de mon séjour à Bremgarten, je fus témoin de cette scène odieuse, et je pensai que le crime le plus affreux, l'infanticide, devoit être là plus commun qu'ailleurs. Environ six mois après, le premier magistrat de Bremgarten (M. Honeggre), qui venoit souvent nous voir, nous conta le fait suivant. La veille au matin, un riche fermier des environs, côtoyant la Reuss, vit sur les bords de cette rivière une boîte de sapin retenue et fixée par une touffe de roseaux. Il s'approche, saisit la boîte, l'ouvre, et y trouve un enfant nouveau-né, et mort : il porte cette boîte chez le magistrat, où l'on inscrit la déclaration de ce fait. Une loi non moins étrange que celle dont j'ai rendu compte prescrit dans ce cas, au moment même, *une visite de matrones* chez toutes les jeunes filles de la ville, afin de découvrir, par un examen auquel chacune doit se soumettre, quelle est la coupable. Le bruit de cette visite se répand promptement dans une petite ville, il parvient jusqu'à la coupable, qui, sans perdre un moment, quoiqu'elle fût accouchée le matin à six heures, s'échappe de la ville, au mois de février, et va se cacher dans les environs, du moins à ce que l'on supposoit. Le récit de M. Honeggre finit là. En voici la suite. Cette malheureuse créature se réfugia sur des montagnes couvertes de neige, à six lieues de Bremgarten. La loi ordonnoit de la poursuivre, on la trouva mourante, on la ramena à Bremgarten. Tous les secours qui lui furent prodigués la rendirent à la vie ; mais elle resta paralytique des deux jambes. On la mit en prison dans une tour hors de la ville, que nous pouvions apercevoir de nos fenêtres. A son premier interrogatoire elle avoua tout : elle conta que dix mois auparavant, se trouvant seule au point du jour dans les champs, avec un homme qu'elle n'avoit jamais vu, elle s'étoit laissé séduire par cet inconnu; qu'elle n'avoit appris que le lendemain que cet homme étoit marié; qu'alors elle avoit eu horreur de sa faute, et que depuis ce moment fatal elle n'avoit jamais revu son séducteur. Malgré son crime, cette infortunée intéressa tous ses juges par sa jeunesse (elle n'avoit pas dix-sept ans) et par sa candeur. Sur la fin de l'interrogatoire, on fit paroître l'homme qui, sans la connoître, avoit fait la dénonciation, afin de le confronter avec elle. Aussitôt que le dénonciateur et la coupable furent en présence l'un de l'autre, ils témoignèrent une extrême surprise; la jeune fille s'évanouit : elle venoit de reconnoître son séducteur et le père de son malheureux enfant dans cet homme qui avoit dénoncé son crime. Les juges firent ce qu'ils purent pour sauver cette malheureuse fille; on lui insinua que si, à l'audience publique, elle nioit tout, on ne pourroit la condamner; mais elle persista dans ses aveux, elle demanda

un confesseur, et ne s'occupa plus que de la
mort. On lui signifia sa sentence suivant l'usage de ce lieu, non par un discours, mais
d'une manière symbolique, en brisant devant
elle une baguette argentée et la jetant à ses
pieds. Cette action, faite avec un morne silence, par un magistrat en long habit de deuil,
est une irrévocable sentence de mort. M. Honeggre vint, le jour même de sa condamnation,
nous conter ces détails. Il nous dit que cette
infortunée victime d'un instant de foiblesse
auroit la tête tranchée le lendemain. Il ajouta
qu'on ne faisoit jamais d'éxécution dans la ville, et qu'il n'y avoit même point de place consacrée à cet usage dans les environs; mais
que, suivant la coutume du pays, on tireroit
au sort au point du jour, pour savoir sur quel
champ de propriétaire de ce canton se feroit
l'exécution. Nous fîmes toutes la remarque que
ce seroit une chose bien frappante que le sort
désignât le champ du séducteur. Ce fut en effet
ce qui arriva, et ce que M. Honeggre nous
fit dire le lendemain à midi; et la manière publique et solennelle dont se fait le scrutin en
cette occasion, ne permet pas le moindre soupçon de supercherie. Ainsi, la Providence con-

duisit cet homme sur les bords de la Reuss, afin de lui faire dénoncer un crime dont il étoit la funeste cause; le ciel voulut encore que le champ du séducteur fût arrosé du sang de sa victime; et qu'il ne fût plus possible désormais au séducteur de l'innocence de recueillir les fruits de son travail sans se rappeler son crime et cette affreuse catastrophe. Le peuple se plaît partout à remarquer les coups de la Providence, parce que, dans la simplicité de sa vie, il a moins d'intérêt que nous à ne les pas reconnoître. Il fut, à Bremgarten, si frappé de toutes les circonstances merveilleuses de cet événement, qu'il voulut aller ravager les possessions du suborneur; on eut beaucoup de peine à contenir l'impétuosité de ce premier mouvement. Le coupable se cacha, et, par le conseil même des magistrats, il fut obligé de vendre sans délai, c'est-à-dire à vil prix, sa propriété, et de s'expatrier pour jamais.

Un Allemand de ma connoissance, qui cultive la littérature françoise, a fait l'éloge d'une de ses amies qui vient de mourir. Il parle mal le françois; mais il a remarqué, dit-il, qu'il n'est pas absolument nécessaire de le bien savoir pour écrire des éloges avec succès. D'ailleurs il est nourri de la lecture de nos fameux auteurs modernes : on s'en aperçoit dans son éloge, il a beaucoup pillé nos grands maîtres. Cependant, j'ai trouvé cet éloge si agréable, que je veux le placer dans mes *Souvenirs;* le voici fidèlement copié :

ÉLOGE

De Mme. la baronne de KLOPSKRAKERSTOCK, née PFLEKALKREUKEN.

Je laisse aux chercheurs de dates et aux compilateurs le soin de faire naître et mourir [1] madame la baronne de Klopskrakerstock, née Pflekalkreuken ; je ne chercherai dans une vie si intéressante, que les traits frappans faits pour immortaliser sa mémoire et pour passer à la postérité.

Ce n'est point dans une enceinte environnée de murs, que je veux tracer l'éloge de cet *être céleste, de cette fille du soleil* [2]. Ce n'est point

---

[1] D'Alembert, Éloge de Bernouilli.
[2] M. Guibert, Éloge de mademoiselle Lespinasse.

(Notes de l'auteur.)

à la clarté brillante de l'astre radieux du jour, que j'écrirai ces lignes que mes pleurs efface-ront tant de fois !..... J'ai besoin d'être écouté de la nature entière, de la nature en deuil de cette femme incomparable qui fut son plus sublime ouvrage !... Oui, c'est ici, sur le bord de ce torrent, dont l'onde écumeuse parcourt en gémissant cette plaine solitaire; c'est dans les ombres tutélaires de la nuit, que j'exhalerai des regrets immortels comme leur objet !....

O toi, sombre génie de la douleur ! étends tes ailes funèbres sur le cyprès qui m'ombrage; jette un voile de crêpe sur le front argenté de la lune, et sur ce ciel étoilé, dont mes yeux fatigués de larmes ne peuvent soutenir la douce et foible lumière ! Tendre mélancolie ! viens t'asseoir à mes côtés, et me recevoir dans tes bras; viens tempérer la violence de mon désespoir, et donner à ma voix le charme de tes accens !

Madame de Klopskrakerstock *eut trois nourrices* [1]; elle n'étoit pas belle, ses traits et même sa taille avoient quelque chose d'irrégulier; mais quelle âme ! quel esprit ! quelle sensibilité

---

[1] Éloge de M. Bonnard, par M. Garat.
(Note de l'auteur.)

brûlante!... Un fameux écrivain a dit : *Si j'avois à peindre d'un seul mot la gaieté, la raison et la volupté réunies, je les appellerois* Philosophie [1]. Et moi je les appellerois Klopskrakerstock. Telle étoit cette créature angélique qui eût *animé le marbre et fait penser la matière* [2]! Qui jamais sut allier comme elle le génie le plus profond au goût le plus exquis ! *Elle étoit toujours mise uniment, tout ce qu'elle portoit étoit frais et bien assorti* [3]; *elle savoit que les filles brunes, qui sont sages, et qui cependant aiment à plaire, ne portent ni les blondes, ni le linge, ni les habits d'un beau blanc, parce qu'ils les feroient paroître d'un incarnat noir et terne, et que les femmes coquettes portent les couleurs qui jurent avec le doux incarnat de la pudeur ; en un mot, qu'elles mettent sur toute leur figure des enseignes qui appellent à grands cris les passions* [4]. Aussi, madame la baronne de Klopskrakerstock eut-elle la sagesse de se vouer au

---

[1] Diderot. *Encyclop.*, mot *Gaieté*.
[2] M. Guibert, Éloge de mademoiselle Lespinasse.
[3] Même Eloge.
[4] *Encyclop.*, mot *Carnation*.

(Notes de l'auteur.)

gris de perle ; elle ne porta jamais que cette modeste couleur. Lorsqu'elle parut à la cour, elle y produisit une grande sensation, par la supériorité de son génie et par le charme de sa conversation ! *Partout sa personne étoit en quelque sorte frappée d'une réquisition flatteuse* [1]. Mais elle ne fut point enivrée de l'encens qu'on lui prodigua : *dotée d'un esprit observateur, elle savoit apprécier le morcelé de l'âme des courtisans, et en les hantant, elle ne s'étoit point laissé contagier du souffle impur de leur morgue puérile* [2].

Passionnée pour tous les arts, elle ne dédaigna point ceux que Minerve elle-même enseigne et prescrit aux femmes. Personne, à Berlin, ne tricotoit comme elle. Malgré son goût pour la littérature, elle n'a point laissé d'ouvrages ; mais ses amis conservent des lettres d'elle, écrites en françois, et qui surpassent de beaucoup celles de madame de Sévigné. Elle eût fait, avec le même succès, des ro-

---

[1] Éloge de M de Rivarol, par M. Sulpice de La Platière.

[2] Même Éloge. On a seulement mis au féminin ce qui, dans l'Éloge de M. de Rivarol, est au masculin

(Notes de l'auteur)

-mances et des comédies. Et avec la sensibilité profonde et l'élévation d'âme qui la caractérisoient, qui peut douter que si elle eût entrepris de faire une tragédie, elle n'eût excellé dans ce genre ? Quand on songe à cette facilité prodigieuse et à cette inconcevable diversité de talens supérieurs, on regrette avec amertume que *son dédain magnanime des louanges* [1] nous ait privés de tant de chefs-d'œuvre [2].

Telle fut l'amie que j'ai perdue !..... Je la voyois deux fois par jour ; *je n'ai plus de matin, je n'ai plus de soir* [3]... Comment puis-je me rappeler, sans mourir, les plaisirs champêtres que j'ai goûtés près d'elle dans les environs délicieux de Dietrichsdorf !... « Comme
» nous aimions à trouver la terre jonchée de
» prunes bigarrées, à écarter du pied la pomme
» et la poire, et à contester la cerise aux lo-
» riots ! Les contrastes sont la coquetterie de
» la nature. Comme nos cœurs s'épanouis-
» soient à la vue d'une humble cabane remplie

---

[1] Éloge de madame Necker.

[2] Toutes ces suppositions ne sont qu'une imitation de l'Éloge de M. Turgot, dans la vie de ce ministre, par M. de Condorcet.

[3] D'Alembert.

(Notes de l'auteur.)

» d'heureux de notre façon ! Comme nous nous
» plaisions à voir la paquerette entourer le
» pied des arbres ; et la jacinthe expirer sur
» le sein entr'ouvert de Narcisse ; tandis que
» le chardonneret chantoit sur la flèche d'un
» arbre, comme un bouquet harmonieux [1] ! »

O souvenirs immortels et désolans !......O Klopskrakerstock ! du haut des régions éthérées jette un regard de compassion sur ton malheureux Wolfschaffenbourg !.... Mânes sacrés, venez errer sur ce tombeau champêtre ! vous y verrez *un sentier toujours vert* [2]; *et, dans tous les temps de l'année, le marbre du monument récemment mouillé de mes larmes* [3].

La jeunesse ne réfléchit point, parce que tout lui est nouveau ; elle jouit de tout. Il faut une sorte de sang-froid pour réfléchir. On rend mieux compte de ce qu'on a senti que de ce qu'on sent. Par les mêmes raisons, la jeunesse est trop occupée du présent pour songer à l'a-

---

[1] *Encyclop.*, mot *Bosquet.*
[2] Éloge de Mlle. de Lespinasse, par M. Guibert.
[3] Même Éloge.
(Notes de l'auteur.)

venir ; à peine même en a-t-elle l'idée : c'est l'expérience du passé qui porte nos idées sur l'avenir. La jeunesse d'ailleurs envisage une telle étendue dans l'avenir, qu'elle ne le regarde qu'avec une espèce d'indifférence. Ce qui peut ou doit arriver dans trente ans, nous est presque étranger ; et puis on n'aime pas à fixer sa pensée sur un temps où les brillantes années de la vie seront écoulées. A mesure qu'on avance en âge, l'avenir devient précieux, on est naturellement porté, ne pouvant prolonger une courte carrière, à chercher du moins tous les moyens de la rendre agréable.

Voici un joli passage sur l'absence, que j'ai tiré d'une lettre d'une de mes amies [1] :

« Étrangère à tout, j'éprouve plus vivement
» le besoin de tenir par l'affection à ceux qui
» m'entourent. Je regrette avec plus d'amer-
» tume ce qui est loin de moi ; et maintenant
» qu'il faut que je me supporte toute entière, je
» me trouve d'un poids accablant. Oh ! comme
» l'amitié vous soulage ! combien elle vous

[1] Madame la baronne de Lascours.

» cache vos propres imperfections en les sup-
» portant avec indulgence! Il faut se voir loin
» d'elle pour savoir combien peu l'on vaut. »

—————

Il y a des déclamations bien vaines, par exemple, celle de l'espionnage exercé par les gouvernemens. Comment veut-on que, sans espionnage, les chefs des nations et leurs ministres répondent de la sûreté publique? Un père de famille doit savoir tout ce qui se passe dans sa maison, il ne remplit son devoir qu'à force d'espionnage. Il fait très-bien d'*écouter aux portes* de ses jeunes enfans, d'interroger les domestiques, de renvoyer ceux qui ne l'instruisent pas de tout, etc. Dans tous les gouvernemens fermes, l'espionnage est fait avec soin. Celui du cardinal de Richelieu fut aussi ingénieux qu'actif. On voit dans les mémoires du comte de Rochefort, que ce Rochefort, dans sa jeunesse, étant page du cardinal, fut envoyé par lui à Bruxelles; et que, par son ordre, pour épier certaines manœuvres, il resta un an dans un couvent de religieux, déguisé en frère convers. Dans une autre occasion, ce même page, pour épier ce qui se passoit dans une maison, resta déguisé en mendiant deux ou trois jours, sur un tas de fumier dans une rue. Voilà comme on servoit ce fameux cardinal, qui savoit également se faire aimer et se faire craindre. L'espionnage dirigé par lui étoit du dévoûment, on s'en glorifioit. Ce comte de Rochefort se battit en duel pour son maître. Le cardinal ne fit point sa fortune, le zèle qu'il inspiroit étoit au-dessus de tout intérêt. Les grands seigneurs du siècle suivant possédèrent aussi cet art utile de se faire des partisans passionnés : c'est ainsi que l'on aimoit et que l'on servoit le grand Condé, comme on peut le voir dans les mémoires du temps, et surtout dans ceux de Gourville. Notre siècle, le *siècle des lumières*, n'a rien produit de semblable ; on est trop *raisonnable* pour se passionner dans ce genre, et trop prudent pour se dévouer ainsi.

Quant à l'espionnage ordinaire exercé dans les cours et dans les villes, il demande, de la part de ceux qui le dirigent, un grand discernement : car il est impossible de se fier entièrement aux gens assez vils pour faire un tel métier. L'espionnage n'est dangereux qu'avec un souverain et des ministres sans esprit. Il faut savoir choisir les espions. Il y a des hommes qui, sans être dénués de bon sens et d'une certaine probité, ont une telle grossièreté d'esprit et de caractère, qu'il leur est impossible de concevoir une idée délicate ou un sentiment généreux; ils ne manquent pas absolument de principes, car ils sont incapables de voler et de calomnier; mais, faute de lumières et d'élévation d'âme, ils ne voient dans tout ce qui tient à la délicatesse que duperie et préjugé. On pourroit dire d'eux qu'ils font innocemment des bassesses, ils ne les sentent pas. Quand ces gens-là aiment l'argent, on peut en faire d'excellens espions. Ils pourront quelquefois mal voir; mais ils n'interpréteront pas avec finesse et malignité, ils inventeront encore moins; tandis qu'un homme de beaucoup d'esprit, un homme véritablement éclairé, qui fait le métier d'espion, est nécessairement le plus corrompu de tous les êtres. Comment alors se fier à ses rapports? Non-seulement la passion et la méchanceté le feront mentir, mais il mentira de gaieté de cœur pour faire briller sa pénétration et sa sagacité.

Le bon sens est utile en toutes choses; mais

l'esprit est dangereux partout où il n'est pas nécessaire. C'est pourquoi je ne crois pas qu'il fût bon (*en supposant que cela fût possible*) d'éclairer et de perfectionner l'esprit des gens du peuple. Un tailleur de pierre et un savetier seroient fort malheureux s'ils avoient supérieurement d'esprit, et leurs métiers n'en iroient pas mieux ; au contraire. De tous les subalternes que j'ai eus sous mes ordres, je n'ai été contente que de ceux qui n'étoient pas *au-dessus de leur état*. Ceux-là seuls se consacroient entièrement à leur devoir, et le remplissoient bien. Ce n'est pas ici le cas de dire que *qui fait le plus fait le moins* : on se rabaisse avec peine au-dessous de ses facultés, et l'on fait mal ce que l'on fait avec dédain. On verroit sur la terre une étrange confusion et de terribles soulévemens, si l'on pouvoit établir parmi les hommes une parfaite égalité de lumières ; heureusement que ce souhait de la philanthropie philosophique ne sera jamais exaucé.

Depuis quelques années on parle beaucoup sur le *despotisme;* mais il me semble qu'on ne s'entend guère, et pour moi je ne comprends rien à tout ce qui se dit là-dessus. Qu'est-ce que le despotisme? est-ce le droit de commettre impunément des crimes, de dépouiller le foible, de persécuter, d'immoler l'innocent? Comment ce droit monstrueux pourroit-il être donné par des chrétiens? comment pourroit-il s'exercer avec une religion qui réprouve toute violence et toute injustice? Ce despotisme pouvoit exister chez les païens; ils respectoient, ils adoroient des dieux infâmes; ils pouvoient tolérer dans leurs souverains les vices les plus odieux. Cette belle maxime, qu'*un roi doit être sur la terre l'image de la Divinité*, n'avoit certainement pas pour eux le sens qu'elle a pour nous. Ce despotisme, insensé autant qu'atroce, se trouve encore chez quelques nations barbares, privées des lumières de la religion; mais il est impossible chez les peuples policés qui sont éclairés par le christianisme. Quand ces peuples confèrent un pouvoir absolu, il est toujours convenu qu'ils ne se soumettent aux lois du chef qu'ils élisent, qu'autant que ce chef se soumettra lui-même aux lois divines. Ainsi la religion, le plus sûr garant parmi nous de l'obéissance, l'est aussi d'une autorité sage. Le despotisme, en Europe, ne peut se montrer que sous des formes adoucies. Souvent même les législateurs ont cru devoir entourer le chef absolu, sinon d'obstacles à la puissance, du moins d'entraves à l'ardeur des premiers mouvemens. Quand on parle du despotisme d'un état chrétien, il ne peut donc jamais être question d'un despotisme spoliateur et sanguinaire.

Le roi de Danemarck est plus absolu que le grand-turc. La fameuse charte royale de ce pays lui donne un droit illimité sur la vie et les fortunes de ses sujets, et il est expressément dit dans cette charte, que quiconque, même par insinuation, engageroit sa majesté à céder quelque chose de sa prérogative royale, seroit coupable du crime de lèse-majesté. Cependant il n'est point de gouvernement plus doux.

Dans toute société qui va bien, le despotisme est quelque part. Chez les Romains, si fiers de leur liberté, il étoit dans les familles. Les pères avoient droit de vie et de mort sur leurs enfans, et l'exercèrent souvent. Chez certains peuples (comme, par exemple, chez les Lacédémoniens), il fut dans des lois de la plus excessive dureté; et jadis en France dans la chevalerie. C'étoit une puissance généreuse, mais une puissance usurpatrice, arbitraire, et fondée sur la seule force.

Le despotisme, dans les petits cantons suisses, se trouve parmi le peuple. Le despotisme est comme l'air que nous respirons, tantôt bon et salutaire, tantôt mauvais; mais il est partout, il est inévitable. Quand on entend par despotisme une puissance souveraine, absolue, qui peut souffrir des représentations, des retardemens dans l'exercice de sa force, et non des empêchemens réels, ce despotisme est la vie de toute association considérable dans l'intérieur d'une famille bien réglée, dans l'humble communauté religieuse, dans les classes de collége, dans les ateliers d'artisans, dans les armées et dans l'enceinte des grandes villes. Sous les noms divers de police, d'obéissance filiale et domestique, et de subordination, on le trouve dans tous les lieux où règne l'ordre. Les philosophes de tous les temps l'ont voulu dans les seules lois; ils n'ont pas senti qu'il ne peut exister ainsi que par un code d'une telle austérité, que ce code ne pourroit être suivi que par un peuple naissant et pauvre.

Tout ce qu'on nous conte des républiques anciennes ne prouve que cette vérité. Quand les lois seules commandent, il faut non-seulement qu'elles soient très-sévères, mais excessivement détaillées : telles étoient les lois de Lacédémone. Par exemple, elles prescrivoient le travail, et, ne se contentant pas de punir la paresse, elles imposoient une amende pour l'embonpoint qui passoit une certaine mesure : il est pourtant très-possible qu'un homme fort laborieux devienne trop gras; mais ces lois sévères, pour atteindre sûrement les coupables, risquent sans cesse de frapper les innocens. Ce despotisme, avec nos richesses et nos arts, n'est plus possible. Je ne suis pas assez philosophe pour trouver regrettable et pour envier cette étrange *liberté* lacédémonienne, si vantée, avec laquelle chaque citoyen étoit tyrannisé dans l'intérieur de sa maison, ne pouvant fixer son travail sur ses forces, ni régler sa dépense et sa table à son gré, ni élever ou même conserver ses enfans, dont la loi le privoit au moment de leur naissance. J'avoue que j'aime mieux dépendre d'un homme que tous ses vrais intérêts doivent rendre équitable, et dont la volonté peut changer ou s'adoucir, que de dépendre d'une puissance immuable, invisible, muette, insensible aux murmures, sourde aux prières, et que rien ne peut fléchir. Telle est l'autorité de la loi, lorsqu'elle règne seule ; comme dans ces anciennes républiques. Dans l'origine, le despotisme à Venise fut dans les lois ; mais quand le commerce eut enrichi la république, les lois s'adoucirent, et le despotisme se réfugia dans le sénat. Dans toutes les révolutions des empires il n'a jamais fait que changer de place.

Quant aux chefs qui gouvernent les nations, il me semble qu'il est prouvé aujourd'hui que, plus ils ont de puissance, plus la tranquillité publique est assurée.

Il est plus probable qu'on abusera d'un pouvoir royal, borné à certains égards, que du même pouvoir illimité, parce qu'en général, l'esprit du prince sera tendu à empiéter à quelque prix que ce soit, et que souvent la fierté blessée lui fera mettre de la passion, de la violence, ou de la mauvaise foi dans ses démarches et dans sa conduite. Tous les souverains qui n'ont pas un pouvoir absolu sont artificieux et dissimulés, ou violens et emportés ; ils ont *leur fortune à faire.* Ils intriguent s'ils sont foibles ; et s'ils ont du courage, ils conspirent, ils usurpent. La puissance souveraine est adorable quand celui qui la possède en connoît toute la dignité. Il faut pour cela des lumières et de l'élévation d'âme. Les despotes orientaux n'ont jamais eu l'idée de la véritable puissance, dont le plus haut degré est d'imprimer à certaines choses un caractère ineffaçable. Ces despotes sont comme les enfans qui font avec facilité des châteaux de cartes, et qui s'enorgueillissent de pouvoir les détruire d'un souffle. Par exemple, en Turquie, le grand-seigneur fait des nobles ; mais aussi il fait ce qu'on appele la *mazul*, c'est-à-dire, qu'il ôte la noblesse à celui auquel il l'a donnée, et qu'il le remet à volonté dans la dernière classe du peuple. Ainsi, croyant exercer pleinement la puissance suprême, il la ravale : il ne se reconnoît pas le noble droit, le droit divin de faire une création que rien ne peut anéantir. Il est assurément plus grand de pouvoir conférer une noblesse que le temps même, qui détruit tout, ne pourra qu'illustrer. Celui qui peut donner le plus est certainement le plus puissant. Enfin, chez les nations chrétiennes, la morale de l'Évangile préserve à jamais des Néron et des Caligula; et si, contre toute vraisemblance, il en survenoit un, il seroit facile de le détrôner, car il faudroit qu'il fût imbécile. Mais où me conduit tout le verbiage politique devenu presque universel! Il faut assurément qu'on ait bien déraisonné là-dessus, pour que j'aie pu me laisser entraîner à *raisonner* sur de pareils sujets. Les philosophes et les législateurs modernes, à force de folies, ont donné aux femmes mêmes le droit de les réfuter. Ils ont fait disparoître, ou du moins suspendu la prééminence de leur sexe. Tant que la philosophie dissertera, déclamera; les femmelettes les plus superficielles qui la combattront pourront parler sans scrupule : car il ne leur faudra, pour bien raisonner, que des intentions pures et du bon sens. Nous devons nous taire, mais c'est quand les hommes instruits et raisonnables parlent. Depuis long-temps nous sommes dispensées du silence. Au reste, il est étrange d'être obligé de faire de la politique, pour savoir si l'on doit pardonner à ceux auxquels le ciel a remis l'autorité souveraine, de l'exercer au profit de la tranquillité publique, et de la sienne en particulier.

. . . .
. . . .
. . . .
. . . .

J'ai été ce matin me promener aux Tuileries : assise seule sur un banc, j'ai recueilli une conversation qui se faisoit à côté de moi entre un vieux tailleur et une marchande de paniers de femmes. Je vais mettre cet entretien en dialogue :

LES FRONDEURS,

DIALOGUE

ENTRE UNE ANCIENNE MARCHANDE DE PANIERS DE FEMMES
ET UN VIEUX TAILLEUR DE CORPS BALEINÉS.

(La scène est aux Tuileries; les personnages viennent s'asseoir sur le même banc.)

LA MARCHANDE, s'asseyant et s'adressant au tailleur qu'elle ne connoît pas.

Monsieur est-il de ces quartiers-ci ?

LE TAILLEUR.

Oui, madame; et vous aussi, sans doute ?

LA MARCHANDE.

Ah! j'y étois assez connue autrefois; j'occupois la boutique du *Cerceau d'or*.

LE TAILLEUR.

Cette grande boutique à main droite, où l'on vendoit des paniers pour les dames ?

LA MARCHANDE.

Nous étions là de père en fils, depuis cinquante-six ans ; et puis la révolution....

LE TAILLEUR.

Ah ! oui : *Adieu paniers, vendanges sont faites*, comme dit la chanson. Moi, je vous en livre autant. J'étois tailleur de femmes, je faisois des corps baleinés ; et mon épouse étoit monteuse de bonnets à carcasse.

LA MARCHANDE, soupirant

Quand on compare ce temps-là à celui-ci !...

LE TAILLEUR.

Il y a une belle différence !....

LA MARCHANDE, regardant une jeune personne qui se promène.

Seigneur, bon Dieu ! quelle figure !...

LE TAILLEUR.

Cette jeune dame est en robe de linon ?

LA MARCHANDE

Oui, au mois de mars !.... du linon sur sa chemise !

LE TAILLEUR.

Bon ! elles se mettent comme cela au mois de janvier !

LA MARCHANDE.

Comme elle est fagotée, et comme elle serre son jupon par en bas !

LE TAILLEUR.

C'est pis qu'une culotte.

LA MARCHANDE, *mettant son éventail sur ses yeux.*

Fi ! l'horreur !....

LE TAILLEUR.

C'est pour dessiner les formes... non pas de la taille... mais...

LA MARCHANDE.

Fi donc ! fi donc !....

LE TAILLEUR.

Les enfans, les enfans même ont cette manie... J'ai une petite fille de six ans qui, en jouant hier avec ses sœurs, prit tout d'un coup la queue de son fourreau, et puis sa chemise, et mit tout cela par-dessus sa tête. « Que faites-vous donc là, petite fille ? » lui criai-je. « — Mais, papa, » répondit-elle, « *je me drape.* »

LA MARCHANDE.

« Eh bien ! j'aime mieux cela, c'est plus franc. »

LE TAILLEUR.

« Voilà pourtant où nous en sommes ; nos filles et nos jeunes femmes s'excusent de tout en disant qu'elles font les *Grecques* ou les *statues*, et qu'elles se *drapent*. Elles ne veulent plus porter que de la mousseline bien claire et sans nul apprêt. »

LA MARCHANDE.

« Oui, l'*empesage* est tout-à-fait tombé. C'étoit pourtant si beau, une gaze ou une toile bien empesée, qui se tenoit ferme comme du papier !.... J'ai ma cousine germaine qui empesoit toutes les dames de la cour : eh bien ! à présent, avec tout son talent, elle n'a pas de quoi vivre. »

LE TAILLEUR.

« Pardi ! les dames d'aujourd'hui désirent par-dessus toutes choses que leur vêtement ressemble à du linge mouillé.... »

LA MARCHANDE, haussant les épaules.

« Mouillé ! c'est bien propre !.... »

LE TAILLEUR.

Oui mouillé, parce que cela colle mieux. Et vous verrez qu'elles en viendront à ne plus commencer leur toilette par le bain, et que tout au contraire elles finiront, quand elles seront toutes parées, par se plonger dans une cuve d'eau.... Et déjà, au lieu de se faire friser, ne se lavent-elles pas la tête?.. Elles ne s'arrêteront pas là, je vous en réponds....

LA MARCHANDE.

Oui, oui, la tête emportera le reste; quand on ne porte qu'une chemise, on n'a pas grand'peine à se jeter dans l'eau....

LE TAILLEUR.

Vous sentez la conséquence ! Il n'y aura plus de blanchisseuses....

LA MARCHANDE.

Cela fait frémir !... J'ai deux filles établies à la Rapée, et qui sont blanchisseuses....

LE TAILLEUR.

Et moi donc ! mon fils étoit friseur ! vous jugez comme les coiffures *à la Titus* arrangent ses affaires.!... Et mon gendre est amidonier....

LA MARCHANDE.

Et l'on ne porte plus de poudre!....

LE TAILLEUR.

Vous conviendrez que les choses ne peuvent pas rester dans cet état.

LA MARCHANDE.

Mais à quoi pense donc le gouvernement?

LE TAILLEUR.

Qu'en sais-je?... D'abord, si on ne rétablit pas les corps baleinés et les paniers, il n'y aura plus de mœurs en France.

LA MARCHANDE.

C'est clair.

LE TAILLEUR.

Le costume ancien, le costume ancien; ou tout est perdu!

LA MARCHANDE.

Je parierois qu'on ne l'avoit inventé que pour contenir les femmes.

LE TAILLEUR.

Il n'y a pas de doute.... Quand une jeune personne portoit deux grosses poches, pesant cinq ou six livres; qu'elle avoit des talons de quatre pouces de haut, un bon corps baleiné, busqué convenablement, qui formoit autour d'elle une forte cuirasse; quand elle étoit environnée d'un panier de six aunes; qu'elle avoit une coiffure de deux pieds d'élévation; et pour vêtement de grosses étoffes épaisses comme du cuir; pour parure, un *collet monté* en carcasse, qui lui emboîtoit le visage, en l'empêchant de le tourner à droite et à gauche; un bouquet de côté plus gros que la tête, et aux oreilles des girandoles de diamans, plus larges que ma main; quand, dis-je, une jeune dame étoit équipée de la sorte, je l'aurois défiée d'être aussi leste dans sa démarche, aussi évaporée dans ses manières que nos dames du jour.

LA MARCHANDE.

Au milieu de tout cela, une femme étoit comme dans une citadelle.... La plus légère, la plus étourdie tenoit les hommes à une si grande distance !...

LE TAILLEUR.

Ajoutez à cela qu'une femme, en sortant de la décence la plus grave, risquoit alors, 1. de se casser le cou; 2°. de chiffonner ses dentelles empesées, et 3°. de se dépoudrer et de déranger l'édifice de sa prodigieuse coiffure : au lieu qu'aujourd'hui....

LA MARCHANDE

Oh ! elles peuvent faire toutes les folies qui leur passent par la tête, il n'y paroît pas. Concevez-vous que les pères, les mères, et les maris leur aient permis de se déshabiller ainsi ?

LE TAILLEUR.

Pour mon compte, je n'ai rien à me reprocher là-dessus. Quand je vis les corsets baleinés succéder aux corps, je ne prévis que trop la révolution....

LA MARCHANDE.

Et moi aussi... J'eus de bien mauvais pressentimens, quand on diminua la grandeur des paniers.... Ce qu'il y a de pis, c'est que la multitude est assez dépravée pour ne pas s'affliger de tout cela....

LE TAILLEUR.

Hélas ! il n'existe presque plus de tailleurs de corps, de marchandes de paniers, d'anciens friseurs, de monteuses de bonnets à carcasse : tous ces bons citoyens sont en si petit nombre !...

LA MARCHANDE.

N'importe, rassemblons-nous pour aller en masse faire des représentations au gouvernement....

LE TAILLEUR.

Notre *masse* est bien réduite, et nous sommes tous si vieux !....

LA MARCHANDE.

Nous aurons de si bonnes choses à dire !....

LE TAILLEUR.

Et puis il sera si évident que nous ne sommes guidés que par l'amour du bien public !...

LA MARCHANDE.

Cela touchera.

Allons, nous tenterons cette démarche; et si elle ne réussit pas, le gouvernement est absurde, et la France est perdue.

Ce qu'il faut le plus exiger des hommes, c'est qu'ils soient conséquens; que leurs actions s'accordent avec leurs discours, leurs opinions : ceux-là seuls ont de la suite et du caractère. L'inconséquence de conduite prouve de l'hypocrisie ou de la sottise.

Les gens qui n'ont jamais eu d'orgueil, qui sont naturellement réfléchis, qui ont eu de grands succès, et ont éprouvé de grands malheurs, n'ont plus du tout de vanité.

La vanité des bons esprits s'use avec le temps, la fatuité ne s'use jamais.

Il faut se méfier de certaines fiertés; par exemple, de celle qui paroît croire que c'est se rabaisser, que prendre toutes les précautions possibles pour éviter d'être accusé d'une friponnerie, et qui prétend être tellement au-dessus du soupçon, que ce seroit une humiliation que de donner à cet égard toutes les clartés nécessaires. La marche de la vraie probité n'est jamais celle-là.

Dans une cour gouvernée par un prince supérieur, il doit y avoir au bout de quelques années très-peu d'intrigues. L'ambition vise *à mériter*, et non *à tromper* : voilà l'avantage incalculable de l'opinion universelle, que le souverain est éclairé et en état de juger par lui-même.

J'ai passé ma jeunesse à voir des intrigues et des intrigans ; je m'amusois à les étudier ; ne prétendant à rien qu'à me divertir et à m'instruire, je partageois mon temps entre l'étude et le grand monde, qui étoit pour moi un tableau instructif ou un délassement. En général, alors, j'étois aimée. C'est une chose étonnante que la quantité de confidences que j'ai reçues dès l'âge de dix-sept ans. On me contoit tout, je savois tout : il y avoit souvent bien des mensonges de fatuité dans ces confidences ; mais cela m'apprenoit à connoître les hommes. J'ai vu qu'il falloit plus d'esprit, de finesse et même de sens qu'on ne le croit, pour bien intriguer. Un intrigant a souvent des vues lumineuses. Souvent des gens très-médiocres à d'autres égards m'ont paru étonnans dans ce genre, par leur pénétration et leur prévoyance ; il me sembloit que ces gens-là auroient fait d'habiles négociateurs, mais dans de certains cas seulement. La droiture les déjouoit totalement. Leur grand défaut est de préférer toujours, sans nécessité, le *compliqué* au *simple*, et de supposer souvent des mystères et des finesses où il n'y en a point : ils ont le discernement de la tromperie ; ils n'ont que celui-là : c'est un rétrécissement d'esprit et un vice de caractère. Ce qui me frappoit aussi beaucoup, c'étoit le profond ennui qu'il falloit dévorer, et l'abaissement continuel auquel il faut se soumettre pour exceller dans ce rôle.

J'ai entendu tant de musique aujourd'hui, que je ne parlerai pas d'autre chose ce soir. Il est bien juste que la harpe trouve une petite place dans mes *Souvenirs*.

Un écrivain suédois remarque ingénieusement que, de tous les plaisirs terrestres, la musique est le seul qu'on ait osé placer dans le ciel [1]. Il auroit pu ajouter que; de tous les instrumens, la harpe est le seul que l'on ait osé mettre entre les mains des anges. Cet instrument est à la fois si doux, si mélodieux et si brillant, qu'il réunit tout ce qui peut faire le charme de la musique. Sa forme a tant d'élégance, l'attitude qu'il donne a tant de grâce,

[1] Le chancelier d'Oxenstiern.

qu'il semble ne convenir à une femme que lorsqu'elle est jeune et belle.

Quelques voyageurs prétendent que c'est en Finlande que l'on trouve l'origine de la harpe. Le peuple de ce pays, de temps immémorial, joue en effet d'un instrument qu'il appelle le *harpu*. Cet instrument, sans manche, n'a que cinq cordes de métal, ne formant que cinq tons. Il se monte en *la* mineur, ton favori des peuples du nord.

Il paroît que, depuis le roi prophète, la harpe sans pédales, et sous diverses formes, a passé dans les pays du nord, et s'y est fixée long-temps. Les poésies d'Ossian prouvent son antiquité dans les îles de l'Écosse. Elle étoit connue en Angleterre avant l'invasion des Danois. L'histoire rapporte qu'Alfred le Grand, à peine âgé de quinze ans, dépouillé de la royauté, caché dans une chaumière, et voulant observer le camp des Danois, se déguisa en pâtre, et, portant une harpe, fut admis dans la tente de Guthrum, chef des Danois, et y joua de la harpe durant quelques heures.

Aujourd'hui encore, les pâtres de la principauté de Galles jouent de la harpe dans les champs et sur les montagnes. L'élégance de cet instrument et l'éclat de son harmonie donnent à ces pâtres quelque chose de romanesque qui les fait ressembler à des bergers d'églogues. En parcourant cette province, j'ai regretté que le plus noble, le plus parfait de nos paysagistes, le Poussin, n'eût pas vu ces sites majestueux et pittoresques, dignement ornés par ces pâtres jouant de la harpe sur les rochers ou sur le bord des torrens[1].

Cet instrument a toujours été cultivé aussi par le peuple en Irlande. J'ignore pourquoi l'Irlande a pris pour armes une harpe. Deux lyres posées à côté l'une de l'autre étoient, chez les Grecs, le symbole de la douceur et de la bienfaisance. Dans le Nord, les chants guerriers des bardes ont peut-être fait regarder la harpe comme l'emblème le plus naturel du courage et de la victoire.

La petite harpe sans pédales, avec des cordes à boyaux, est, depuis des siècles, d'un usage populaire en Allemagne. Il est bien extraordinaire que, dans un pays où l'on aime autant la musique, on n'ait pas songé plus tôt

---

[1] Ces harpes ont des cordes de laiton, et deux rangs de cordes.

(Note de l'auteur.)

à perfectionner un instrument si agréable. Apparemment que, profané si long-temps dans les rues et dans les guinguettes, il a été dédaigné parce qu'il étoit avili ; mais c'est cependant un Allemand qui l'a relevé de cet abaissement, et qui, le retirant des tavernes d'Allemagne, l'a fait subitement passer dans les palais des rois. Cette révolution est due à Gaiffre, inventeur des pédales.

L'affectation, qui s'est mêlée à tous les arts, a corrompu aussi le goût en musique ; beaucoup d'artistes, et surtout d'amateurs à prétentions, pour avoir de la *grâce* et de l'*expression*, affectent dans leur jeu une mollesse outrée qui dégénère en niaiserie.

De grands clavecinistes ont établi, de nos jours, qu'il y avoit du charme, non-seulement à ralentir la mesure, mais à jouer hors d'ensemble, à faire marcher régulièrement la basse et à *traîner le dessus*. Les joueurs médiocres prodiguent, exagèrent cette manière essentiellement vicieuse, qui ne seroit bonne que dans les effets imitatifs, comme, par exemple, pour peindre le sommeil, ou l'épuisement qui suit souvent un grand mouvement de l'âme, tel que la colère, la fureur, etc. ;

mais cette manière, employée vaguement, ne plaira jamais aux *vieilles oreilles*, accoutumées à désirer avant tout la précision et l'aplomb. La véritable expression est de faire ressortir les notes qui doivent être touchées avec fermeté, et d'adoucir celles qui doivent être adoucies; ceci indépendamment des pianoforte indiqués par le compositeur. Voilà ce que nul maître ne peut enseigner, et ce qui tient au goût et à l'âme; et non les ralentissemens et les manques d'ensemble devenus si communs, et tellement applaudis, que je suis toujours étonnée qu'on n'y joigne pas la grâce de *jouer un peu faux*; car alors rien ne manqueroit à cette aimable négligence, et beaucoup d'amateurs, sur le violon, ne laissent rien à désirer à cet égard. Ces mêmes amateurs font aussi un usage immodéré des sons coulés ou doublés par une petite note qui précède et qui s'unit au son principal : ces sons ont une grande expression quand on les emploie à propos; mais rien ne rend le violon et le chant plus fades quand on les prodigue. Ce n'est pas ainsi que Viotti joue du violon : c'est à l'école de cet artiste admirable, que tous les amateurs peuvent apprendre que la gentillesse et la sensibilité ne sont jamais de l'afféterie, et que la force, la noblesse et l'exécution la plus brillante peuvent s'allier parfaitement avec la grâce et la douceur.

Des broderies conviennent beaucoup mieux à la musique instrumentale qu'à la musique vocale, parce que l'expression de la première est toujours beaucoup plus vague, tandis que les paroles déterminent positivement l'expression du chant. Il faut d'ailleurs tout le pouvoir de l'habitude pour ne pas trouver extrêmement ridicules les roulades et les broderies qui suspendent si souvent, pendant plusieurs mesures, la dernière syllabe d'un mot. Une ariette de bravoure n'est jamais qu'une extravagance musicale; mais cette même ariette, jouée sur un violon ou sur un hautbois, ne choqueroit en rien la raison. Quand les broderies ne dénaturent point le chant, qu'elles ne sont ni communes ni bizarres, elles sont excellentes; mais en général elles se ressemblent toutes : pour peu qu'on ait l'habitude de la musique, on les prévoit, on les devine aisément; il en existe un recueil de tradition que tous les maîtres apprennent à leurs écoliers. Il est bien rare que les chanteurs et les joueurs d'instrumens sortent de ce cercle si connu; il résulte de ceci un grave inconvénient, celui de mêler à de bonne musique une grande quantité de phrases communes, qui ôtent souvent aux productions nouvelles l'air d'originalité. Pour bien broder, il faut avoir du goût et de l'imagination, et par conséquent du talent pour la composition.

Au reste, je le répète, la musique instrumentale demande particulièrement à être ornée. Il faut absolument, pour charmer, qu'elle soit variée, animée, expressive et brillante. Depuis quelque temps on commence à se lasser des niaiseries sentimentales en musique, et de l'abus des broderies. On a raison; mais on auroit tort d'en conclure que l'expression n'est pas une partie essentielle de la musique, et que les broderies doivent être prohibées. Il faut que l'expression soit vraie, que les règles musicales soient toujours observées, et que les broderies soient bonnes et bien placées. On loue beaucoup la musique et le *jeu sage;* mais la *sagesse* en musique peut facilement paroître insipide, ou ne montrer qu'une prudente timidité. Il faut ne rien hasarder; mais seulement parce qu'il faut être sûr de ce que l'on fait; ce qui ne dispense nullement de faire des choses extraordinaires. Il faut n'être jamais extravagant ou bizarre, mais étonner toujours. La sagesse n'est point ambitieuse, et dans les arts le talent sublime ne s'acquiert que par l'ambition.

Les instrumens qui ont, comme la voix, l'avantage de soutenir et de filer des sons, tels que la flûte et le violon, etc., doivent être joués avec plus de simplicité que le piano et la harpe, surtout lorsqu'ils exécutent des adagio et des morceaux d'expression. L'adagio, constamment nu sur la harpe, seroit excessivement ennuyeux : il ne peut être joué avec une grande simplicité sur cet instrument, qu'en y mettant beaucoup de sons harmoniques, dont la douceur convient si bien aux morceaux d'expression.

Plusieurs amateurs, qui n'ont ni cultivé la musique, ni réfléchi sur cet art, affectent de dénigrer les artistes qui s'appliquent à jouer de grandes difficultés : comme si jouer toute espèce de musique, ou n'en jouer qu'une simple et facile, formoient deux genres, dont le dernier dût avoir la préférence sur l'autre! Il n'en est pas de la musique instrumentale comme de la littérature, où l'on peut, en excellant dans un petit genre, se faire justement un nom célèbre : la raison en est simple, c'est que, dans les opérations de l'esprit, il n'y a rien de mécanique, et que tout le travail du monde ne fera jamais faire, en dépit de la nature, ni une bonne tragédie, ni seulement une jolie chanson. Tout n'est assurément pas mécanique dans le talent d'un grand joueur d'instrument, puisqu'il faut, pour qu'il atteigne la supériorité, que la nature lui ait donné du goût, l'oreille la plus délicate, un certain genre de sensibilité et l'imagination musicale; mais il y a du mécanisme, et beaucoup, dans ce talent. Le travail seul peut donner à tous l'exécution, du moins jusqu'à un certain point : car il est une certaine exécution rapide, si rare, qu'il est prouvé qu'elle dépend d'une disposition particulière; le seul travail peut mettre en état de vaincre les difficultés les plus extraordinaires; et avec toutes les dispositions possibles, on ne les surmontera jamais sans travail. On a donc le droit d'exiger de l'artiste qui veut s'élever au premier rang, qu'il ait tout ce que la nature et le travail peuvent donner, sans quoi il est condamné à la médiocrité par un arrêt très-équitable. Il doit jouer également bien les petits airs, les variations et les sonates, malgré le mot insignifiant tant répété de Fontenelle : *Sonate, que veux-tu de moi ?* Mot qui prouve seulement que Fontenelle n'aimoit pas la musique, ou que la sonate qu'il écoutoit étoit mauvaise.

Si un artiste est assez maladroit pour ne faire qu'un usage ennuyeux du talent de jouer facilement les plus grandes difficultés, il est dépourvu de goût et de sens commun, et par conséquent il n'est point un artiste supérieur. Mais il est bien aisé de faire un heureux emploi du fruit d'un travail si utile ; et c'est ce que l'on sent quand les grands maîtres jouent dans le genre simple et gracieux. On peut alors leur appliquer ce vers :

Même quand l'oiseau marche on sent qu'il a des ailes.

Leur jeu est plein d'aisance et de facilité, et ils peuvent à volonté l'orner de passages brillans et extraordinaires. Au reste, n'être arrêté par aucune difficulté, c'est posséder l'exercice facile de tous les mouvemens, de toutes les positions des doigts qui peuvent s'exécuter sur un instrument ; et quand on ne possède pas cela, on n'en joue pas parfaitement.

Observons encore que les artistes, en s'exerçant à jouer toutes les difficultés possibles, étendent l'art de la composition en donnant de grandes facilités de plus aux compositeurs, qui si souvent se refusent de beaux passages, dans la crainte qu'on ne puisse les exécuter.

J'ose dire que la paresse des nombreux amateurs, et même celle des artistes, restreint prodigieusement aujourd'hui le talent des compositeurs; les plus beaux morceaux de musique concertante ne se vendent point, s'ils sont d'une exécution difficile. Tout le monde chante; et si peu de personnes prennent la peine d'exercer leur voix, que l'on n'ose plus faire de romances que pour le médium de la voix. Toutes les anciennes romances vont fréquemment au *sol* et au *la;* aujourd'hui il est rare qu'elles aillent jusqu'au *fa;* communément elles ne passent pas le *mi.*

Pour donner à la musique, à cet art charmant et consolateur, tout l'éclat délicat désirable, il ne suffiroit pas d'applaudir les grands artistes; il faudroit décourager les petits talens, parce qu'ils forment aujourd'hui un nombre si effrayant, que c'est malheureusement pour eux que l'on est obligé de composer.

Je suis auteur, j'ai toute ma vie cultivé les arts, et je n'ai jamais loué foiblement un bon ouvrage ou un grand talent. J'ai pu mal juger, mais en *exaltant* trop, et jamais en *rabaissant*. Nul intérêt, nulle considération n'a pu me faire modérer une louange équitable, ou exagérer une critique. Pour dire la vérité, ou ce que j'ai cru l'être, je n'ai songé ni à mes amis ni à mes ennemis. J'ai pu me taire quelquefois; mais en portant un jugement, j'ai toujours exprimé sans détour et sans ménagement ma pensée la plus intime.

J'ai, par étourderie, fait un nombre infini de maladresses. En voici une assez plaisante. Le comte de Schomberg vouloit absolument que j'aimasse d'Alembert, chose à laquelle je n'avois pas la moindre disposition (je n'étois pas encore auteur); et malgré les soins du comte de Schomberg, cette liaison a toujours été fort superficielle. D'Alembert m'envoyoit ses discours à mesure qu'il les faisoit imprimer. Un jour il m'en envoya un qui n'avoit point de nom d'auteur; c'étoit l'éloge de

La Condamine. Je le lus rapidement, il me fit plaisir ; et le croyant de d'Alembert, je lui écrivis que j'en étois charmée, et que *je l'aimois infiniment mieux que tous les précédens*. Cet éloge étoit de M. Condorcet. M. de Schomberg me gronda beaucoup de cette balourdise, qui jeta un grand refroidissement dans mon commerce épistolaire avec d'Alembert.

FIN DU TOME NEUVIÈME.

www.ingramcontent.com/pod-product-compliance
Lightning Source LLC
Chambersburg PA
CBHW070921230426
43666CB00011B/2266